Frauen als Führungskraft

Sandra Müller

Frauen als Führungskraft

Stärken nutzen, Erfolgspotenziale
realisieren

4., vollständig überarbeitete und erweiterte Auflage

 Springer Gabler

Sandra Müller
München, Bayern, Deutschland

ISBN 978-3-658-40046-0   ISBN 978-3-658-40047-7   (eBook)
https://doi.org/10.1007/978-3-658-40047-7

Die Deutsche Nationalbibliothek verzeichnet diese Publikation in der Deutschen Nationalbibliografie;
detaillierte bibliografische Daten sind im Internet über http://dnb.d-nb.de abrufbar.

Planung/Lektorat: Stefanie Winter
Springer Gabler ist ein Imprint der eingetragenen Gesellschaft Springer Fachmedien Wiesbaden GmbH und ist
ein Teil von Springer Nature.
Die Anschrift der Gesellschaft ist: Abraham-Lincoln-Str. 46, 65189 Wiesbaden, Germany

Für R. C.

Vorwort zur 4. Auflage: Zehn Jahre später

Das Buch wurde 2012 geschrieben, um Frauen dabei zu unterstützen, sich bei Bedarf von ihrem aktuellen beruflichen Umfeld zu emanzipieren und selbstgesteuert an ihrer beruflichen Entwicklung zu arbeiten. Es ging mir darum, Ihnen im Alltag dabei Hilfestellung zu geben, wie Sie Ihre „Flügel auswählen" und auf Wunsch mit dem „idealen Flügelpaar" durchstarten.

Die positive Rückmeldung der Leserschaft bestätigt, dass mein Buch dazu einen Beitrag leistet. Die Praxisfälle und Reflexionswerkzeuge bestehen auch zehn Jahre nach der Erstauflage die kritische Prüfung durch Sie. Ich hätte mir gewünscht, meine Texte wären schon längst überflüssig geworden. Leider nicht. So steht für mich noch immer die Frage im Mittelpunkt: Wo bleiben die Frauen, wenn es darum geht, ihre Karrierewünsche erfolgreich umzusetzen?

Der von mir gesetzte Rahmen liefert einen bewusst eingeschränkten Blick auf das Themenfeld der „weiblichen Karrieren". Ich wollte die Komplexität Ihres Berufsalltags reduzieren, um Lernfelder sichtbar und beherrschbar zu machen. Diese Vereinfachung geht allerdings nicht fair mit den weiblichen Talenten um, da es sowohl Katalysatoren als auch Bremsen der Karrieregestaltung auf Systemebene gibt. Leistung und Selbstmarketing ermöglichen viel – aber natürlich nicht alles. Die von mir gewählte Perspektive legt zudem die Verantwortung zum Gelingen Ihrer Bemühungen ausschließlich auf Ihre Schultern.

Gendersensible Umfeldanalysen mit detaillierten Beschreibungen zum Arbeitsleben von Frauen liegen allerdings bereits in vielen Formaten vor. Für die vorgelegte 4. Auflage dieses Titels habe ich mich trotzdem entschieden, ein Schlaglicht auf den Berufsalltag weiblicher Talente zu werfen. Wie bisher stelle ich Ihnen sechs Praxisfälle vor, die aus meiner Beratungspraxis gewonnen sind. Aus Gründen des Mandantenschutzes sind sie anonymisiert. Zusätzlich kommen in dieser Auflage auch Testimonials mit offengelegter Identität zu Wort:

- In drei Interviews sprechen Frauen aus unterschiedlichen Berufen und Erfahrungstiefen über ihren individuellen Berufsweg.

- Die Damen gewähren einen Blick auf ihre persönliche Karrieregestaltung. Dieser Input wird auch in den Kontext von „Inclusive Leadership", also der aktuellen Forschung gesetzt.
- Die Texte möchten informieren, inspirieren oder können vielleicht sogar in dem einen oder anderen Aspekt als Blaupausen für Ihre Ambitionen dienen.

Zwischen der 3. und 4. Auflage liegen fünf ereignisreiche Jahre, gezeichnet von der Corona-Pandemie, einem globalem Digitalisierungsschub und leider auch dem Ukraine-Krieg. Bundeskanzler Olaf Scholz sprach am 27. Februar 2022 sogar von einer Zeitenwende.[1]

So befragte ich 2022 erneut Berufsanfänger mit Managementpotenzial zu ihrer Wahrnehmung von „Frauen als Führungskraft". Die Ergebnisse biete ich Ihnen als spannendes Update meiner Befragungsergebnisse aus dem Jahr 2016 an.

Wie immer wünsche ich Ihnen beim Lesen und Durcharbeiten der Praxiskapitel viel Freude.

Mein Buch richtet sich an weibliche, männliche und diverse Leser. Ausschließlich aus Gründen der leichteren Lesbarkeit verzichte ich auf den durchgängigen Gebrauch gendersensibler Formen.

München   Dr. Sandra Müller
im Oktober 2022   Expertin für Kundenkommunikation
                                                              und Führung

---

[1] https://www.youtube.com/watch?v=3uZtebfBN2Q, Abruf am 10.06.2022.

Vorwort zur 3. Auflage: Wie geht es weiter für Frauen als Führungskräfte?

Seit 2015 ist die lange besprochene und noch immer umstrittene Frauenquote auch in Deutschland gesetzlich verankert. Ob sie einen Beitrag zur Verbesserung der Karrierechancen weiblicher Talente und Führungskräfte leisten wird, benötigt natürlich noch Beobachtungszeit.

Die Gesetzesveränderung motivierte mich – zusammen mit dem intensiven Feedback der Leserinnen (und erfreulicherweise: auch der Leser) zu diesem Buch – erneut der Frage nachzugehen: Wo bleiben die Frauen, wenn es darum geht, ihre Karrierewünsche erfolgreich umzusetzen?

Die Praxisfälle und Reflexionswerkzeuge dieses Buches haben auch aus der Distanz von fünf Jahren nichts von ihrer Aktualität eingebüßt. Die dritte Auflage von „Frauen als Führungskraft" wird mit den Ergebnissen einer Befragung ergänzt, für die Studierende der Hochschule für angewandtes Management in Erding zur Verfügung standen. Die vielen, intensiven Diskussionen über die Anforderungen an erfolgreiche Führungskräfte in meinen Vorlesungen *Leadership, Teamentwicklung und Kommunikation* weckten mein Interesse an einem Meinungsbild der Generation Y und Z (Geburtsjahrgänge ab 1980) über die Wahrnehmung von „Frauen als Führungskraft".

Ich ging diesen Fragen nach:

- Sehen Berufsanfänger ähnliche Herausforderungen für Frauen auf dem Weg zur Führungskraft wie die Generation X – also Arbeitnehmer ab dem Geburtenjahrgang 1960?
- Welche Herausforderungen für Männer und Frauen auf dem Weg in die Führungsaufgabe werden von zukünftigen Führungskräften benannt?
- Wie ist die Einschätzung von jungen Männern und Frauen: sind Unterschiede nachweisbar, was diese Herausforderungen angeht?

Meine Berufserfahrung als Führungskraft, Coach und Hochschulprofessorin fließt beim zusammenfassenden Ausblick ein: es war mein Anliegen, Ihnen einen Blick auf die

Herausforderungen weiblicher Führungskräfte aus der Sicht zukünftiger Managerinnen und Manager zu ermöglichen.

Ich wünsche Ihnen beim Lesen und Durcharbeiten der Praxiskapitel viel Freude.

München, Deutschland   Dr. Sandra Müller
im März 2017   Expertin für Kundenkommunikation
                                                           und Führung

Vorwort: Weiblicher Blickwinkel?

Medien und Unternehmensvertreter berichten über Erfolgsgeschichten weiblicher Managerinnen, die freiwillige Umsetzung der Frauenquote oder gezieltes Kompetenzmanagement. Das Engagement vieler Frauen in Ausbildung und Beruf eröffnet den weiblichen Talenten mehr Chancen als jemals zuvor. Im Kampf um die besten Mitarbeiter setzen viele Unternehmen auf familienfreundliche Personalpolitik. Das schafft gute Voraussetzungen für Frauen, die berufliche und persönliche Ziele verbinden möchten. Dennoch gelingt es Männern aktuell häufiger, ihre Karrierewünsche umzusetzen. Man fragt sich: Wo bleiben die Frauen? Die Antwort auf diese Frage muss auch ich Ihnen (noch) schuldig bleiben. Mit diesem Buch möchte ich Sie ermutigen, Ihre eigene Mentorin zu werden, damit Sie Ihre beruflichen Ziele erkennen und sie kraftvoll verfolgen.

Als Coach begleite ich Männer und Frauen bei individuellen Anliegen. Meine Beratungsgespräche weisen bei aller Unterschiedlichkeit interessante Gemeinsamkeiten auf hinsichtlich

- Reflexionen über zielgruppenorientierte Präsentationen und Vorträge,
- Betrachtungen, wie man sein Potenzial erfolgreich „vermarktet",
- der Frage, wie man Durchsetzungskraft in Meetings mit Kollegen oder Kunden zeigt,
- der Art und Weise, wie Profis Akzeptanz in der Gremienarbeit mit Geschäftspartnern finden,
- Möglichkeiten, wie man zuverlässig Führungs- und Projekterfolge erzielt.

Ich erkannte, dass der Themenkatalog Critical Incidents der Kompetenzentwicklung auflistet – in männlichen und weiblichen Karrieren.

Dieses Buch konzentriert sich auf weibliche Führungskräfte und Fachexpertinnen. Persönliche Erfahrungen als Führungskraft und Beraterin lieferten das Material. Entscheidend dafür, eigene Erfahrungen und die meiner Kunden in einem Buch anzubieten, war der Wunsch, einige „Klippen im weiblichen Berufsleben" zu benennen und greifbar zu machen: Ich freue mich, wenn Ihnen die Praxisfälle und Werkzeuge dabei helfen, Ihre

Stärken zu nutzen. Ich gehe davon aus, dass die Leserin eine Führungsaufgabe anstrebt oder bereits in dieser Rolle tätig ist.

Das Buch beginnt mit einem detaillierten Überblick über die Inhalte und Schwerpunkte der Kap. 2 und 3. Mit diesen Informationen können Sie das Buch chronologisch durcharbeiten und es gleichzeitig als Nachschlagewerk nutzen. Anschließend erhalten Sie das Angebot, in mehreren Praxisübungen Ihre Entwicklungsschritte zu reflektieren. Das Kap. 1 endet mit einem Selbsttest „Nutzen Sie Ihre Stärken schon?". In der Auflösung finden Sie Anregungen, welche Praxisfälle für Sie aktuell besonders interessant sind.

Im Kap. 2 lade ich die Leserin ein, konkrete Lösungen für die Herausforderungen der Praxisfälle zu erarbeiten. Sie gewinnen Anregungen, die Sie im Joballtag ausprobieren können, um im täglichen Makro- und Mikromanagement zufrieden mit der eigenen Leistung zu sein. Dazu stelle ich im zweiten Kapitel Fragestellungen aus meiner Beratungspraxis in den Mittelpunkt, um sie gemeinsam mit der Leserin zu beleuchten. Sie entscheiden, ob und wann Sie einzelne Übungen lesen, die Aufgaben im Kopf lösen oder sich in den Arbeitsbögen Notizen machen. So setzen Sie Ihre Schwerpunkte selbst. Mein Buch versteht sich als Kombination aus Praxisbericht, Arbeitsbuch und Nachschlagewerk. Mein Ziel ist es, Sie auch nach der ersten Lektüre bei Anliegen im Berufsalltag immer wieder zu unterstützen. Dafür nehme ich bewusst den „weiblichen Blickwinkel" ein:

- In den sechs Praxisfällen stehen weibliche Entscheider im Mittelpunkt.
- Die Leserin analysiert den Case aus der Sicht der Protagonistin und erarbeitet schrittweise Handlungsoptionen für sie.
- Fachorientierte, gendersensible Reflexionsfragen, Checklisten und Praxistipps sind roter Faden und Hilfestellung.

Zu jedem Fallbeispiel stelle ich Ihnen Lösungsstrategien aus meiner Praxis vor. So erhalten Sie eine Grundstruktur und fallbezogene Anregungen, um das für Sie passende Vorgehen selbst zu entwickeln. Auf diesem Weg schärfen Sie Ihren Blick für spezifische Herausforderungen und (unterschiedliche) Lösungswege – bis hin zu Ihrem individuellen Ansatz.

Im dritten Kapitel finden Sie eine kommentierte Zusammenfassung aller Vorgehensweisen. Das beschleunigt den Transfer der Buchinhalte in Ihren Arbeitsalltag, weil Sie die Managementwerkzeuge sowohl im Sinnzusammenhang des Praxisfalls als auch im Kontext eigener Erlebnisse verankern.

Nicht jeder Schritt kann sofort erfolgreich sein, deshalb widme ich den letzten Abschnitt im Kap. 3 dem Umgang mit Rückschlägen. Ich möchte Sie ermutigen, hilfreiche Schlüsse aus Ihrem Verhalten und den Rahmenbedingungen Ihres Alltags zu ziehen. Lernen Sie, Ihre Ziele auch „bei Gegenwind" optimistisch weiterzuverfolgen und sich konstruktive Unterstützer (Familie, Freunde, Kollegen, etc.) zu sichern. Die Expertin für Sport und Entspannung, Melanie Seitz bereichert den Abschn. 3.2 mit Tipps für Ihren Alltag, um in Stresssituationen unkompliziert den Kopf wieder freizubekommen.

München   Dr. Sandra Müller

im Februar 2012   Expertin für Kundenkommunikation

und Führung

Inhaltsverzeichnis

Abbildungsverzeichnis

Einleitung: Wie Sie mit diesem Buch arbeiten

Mein Buch wendet sich an weibliche Führungskräfte oder Führungspotenziale, deshalb spreche ich „die Leserin" an. Ich freue mich sehr, wenn es auch Anregungen für (männliche oder diverse) Personalexperten oder Vorgesetzte weiblicher Talente liefert.

Die Dreiteilung des Arbeitsbuches erleichtert das schrittweise Durcharbeiten: Sie beginnen damit, Ihre Stärken zu reflektieren, und prüfen, wie deutlich Sie diese Stärken im Berufsalltag zeigen (Kap. 2). Anschließend blicken Sie den sechs Protagonistinnen der Praxisfälle dabei über die Schulter, wie sie die Herausforderungen im Alltag lösen (Kap. 3). Im letzten Teil des Buches geht es darum, erfolgreiche Methoden für Selbstmarketing zu reflektieren. Sie erfahren, wie Sie diese Instrumente für die Anwendung im eigenen Alltag anpassen können. Das Kapitel endet mit einem Blick auf den Umgang mit Rückschlägen. Zusätzlich biete ich Ihnen aktuelles Kontextwissen aus drei Interviews und zwei Befragungen an (Kap. 4, 5 und 6) (Abb. 1.1).

Wenn Sie sich trotz Zeit- und Entscheidungsdruck informieren möchten, komme ich Ihnen gerne entgegen: In der Einleitung finden Sie Orientierungspunkte, um sich auch gezielt zu einem Anliegen zu informieren:

- Übersicht zum Aufbau und den Inhalten,
- Leseanleitung, wie Sie mit den Kap. 1 bis 6 erfolgreich arbeiten,
- die Inhaltsangabe der Praxisfälle, um fokussiert zu lesen oder ausgewählte Themen zu rekapitulieren.

Wie Sie mit Kap. 2 arbeiten Sie profitieren besonders von der Lektüre, wenn Sie Ihre persönliche Entwicklung genauer betrachten. Ein Arbeitsblatt unterstützt Sie bei Dokumentationen mit einer Grafik und mit Reflexionsfragen. Nach dieser Sensibilisierung bezüglich Ihrer Stärken lade ich Sie ein, einen Selbsttest zu machen. Er gibt Ihnen Anregungen, wie intensiv Sie Ihre Stärken aktuell nutzen und zeigen.

S. Müller, *Frauen als Führungskraft*, https://doi.org/10.1007/978-3-658-40047-7_1

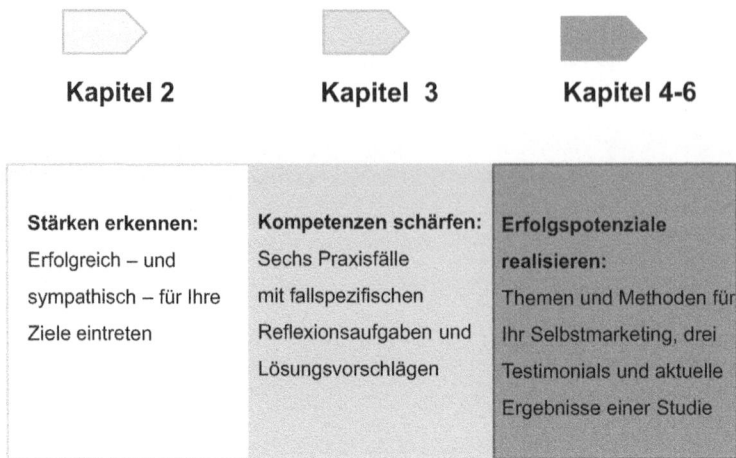

| Kapitel 2 | Kapitel 3 | Kapitel 4-6 |

Stärken erkennen:	Kompetenzen schärfen:	Erfolgspotenziale
Erfolgreich – und	Sechs Praxisfälle	realisieren:
sympathisch – für Ihre	mit fallspezifischen	Themen und Methoden für
Ziele eintreten	Reflexionsaufgaben und	Ihr Selbstmarketing, drei
	Lösungsvorschlägen	Testimonials und aktuelle
		Ergebnisse einer Studie

Abb. 1.1 Übersicht über den Aufbau und die Inhalte des Buches

Wie Sie mit Kap. 3 arbeiten Sechs Praxisabschnitte sind das Herzstück dieses Kapitels. Sie unterteilen sich in einen Praxisfall und situationsangemessene Lösungsvorschläge. Im Fokus stehen diese Themenfelder:

1. Mit der passenden Selbstvorstellung Kontakte knüpfen,
2. E-Mails bewusst einsetzen,
3. Kompetenz in Präsentation und Vortrag ausstrahlen,
4. Profil in Meetings zeigen,
5. Verantwortung in Gremien übernehmen,
6. Erfolgreich Teams und Projektgruppen führen (Abb. 1.2).

Die Praxiskapitel bearbeiten Sie in fünf Schritten:

1. Der erste Schritt stellt Ihnen eine fallbezogene Klärungssystematik vor, die Sie wie ein roter Faden dabei unterstützt, alle Herausforderungen der Klientin im Praxisfall zu erfassen und zu analysieren.
2. Im zweiten Schritt reflektieren Sie Ihre Einschätzung zum Praxisfall. Dabei nehmen Sie – neben Ihrer Perspektive – auch den Blickwinkel der Führungskraft der Frau im Praxisfall ein. Ihre Notizen können Sie in der Rubrik „Blitzlicht" mit meinen Vorschlägen vergleichen.
3. Im dritten Schritt stehen die Lösungsschritte der Protagonistin im Mittelpunkt. Zuerst gehe ich auf ihre Stärken ein, dann lernen Sie Arbeitsbögen und Checklisten kennen sowie die Praxistipps, mit denen meine Klientin gearbeitet hat.
4. Der vierte Schritt erzählt das Fallbeispiel zu Ende: Sie erfahren, wie sich die Führungskraft oder Expertin im Fallbeispiel verhalten hat, um die Herausforderungen zu meistern.

Abb. 1.2 Themenfelder der Praxiskapitel

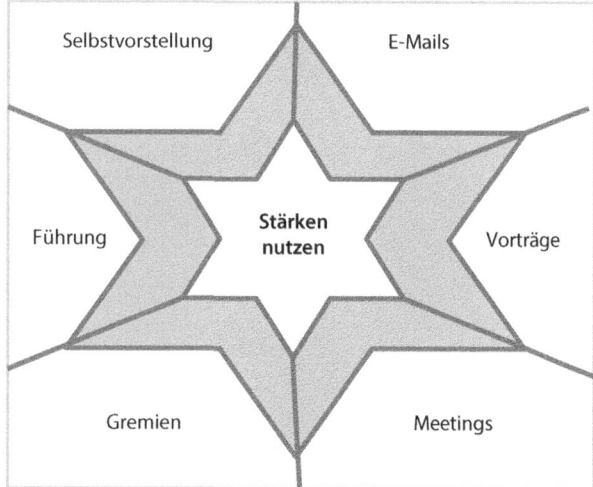

5. Im fünften Schritt bespreche ich in der Rubrik „Highlights und Lowlights" die gelungenen und weniger gelungenen Schritte der Protagonistin im Fallbeispiel. Am Ende des Kapitels sind Sie eingeladen, Ihre Lernfortschritte zusammenzufassen und Ihre Eindrücke rund um den Praxisfall zu dokumentieren (Abb. 1.3).

Inhalte der Praxisfälle im Kap. 3 Um auch in Lesesituationen mit Zeitdruck „Ihren richtigen Fall" nachschlagen zu können, finden Sie hier eine Vorschau auf die Inhalte der Praxisfälle:

- das Fokusthema des Praxisfalls,
- die Schlüsselbegriffe, die ich fallspezifisch erkläre,
- die eingesetzte Systematik im Praxisfall zur Reflexion und Klärung der Situation,
- die Stärken der Protagonistin und welche Lösungswege genutzt werden.

Praxisfall 3.1.1 Neu im Unternehmen
Fokusthema: Mit Ihrer Selbstvorstellung punkten

Schlüsselbegriffe
- **Selbst- und Fremdwahrnehmung – Ambition**
  Die Selbsteinschätzung der eigenen Stärken und Schwächen ist die Voraussetzung für die persönliche Entwicklung. Unter Fremdwahrnehmung verstehe ich in diesem Buch die im Praxisfall geschilderten Reaktionen auf die Protagonistinnen und ihr Verhalten.

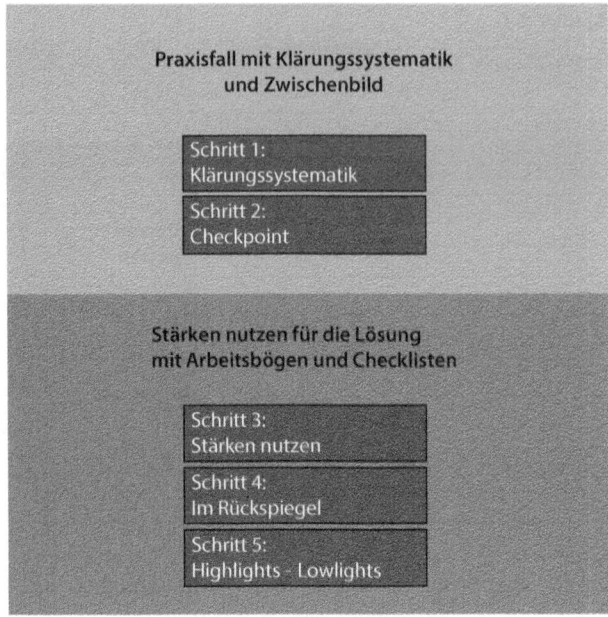

Abb. 1.3 Aufbau der Praxiskapitel

- **Selbstmarketing**
  Ich verwende den Begriff im Sinne von einem sympathischen und kompetenten Auftritt, der zur Persönlichkeit passt. Das eigene Selbstmarketing soll dabei helfen, Kompetenzen und Erfolge passend „ins rechte Licht" zu rücken, ohne das Umfeld mit aggressiven Erfolgsmeldungen zu irritieren oder abzuschrecken.
- **Elevator Pitch**
  Das klassische Training, um die Selbstvorstellung bei Kunden zu üben, wird hier im Sinne einer kurzen und aussagekräftigen Selbstvorstellung genutzt.

Integrationssystematik

Schritt 1: Selbstbild und Ziele klären
Schritt 2: Fremdwahrnehmung reflektieren
Schritt 3: Als Person und Expertin überzeugen

Genutzte Stärken und Lösungswege Mit Leichtigkeit und Kompetenz überzeugen

Mit diesem Werkzeug gelingt es Ihnen, sich sympathisch und kompetent mit Geschäftspartnern und Kollegen ins Gespräch zu bringen. So knüpfen Sie wirkungsvoll Kontakte, ohne „mit der Türe ins Haus zu fallen".

- Werkzeug „Die passende Selbstvorstellung für sich finden" mit drei Arbeitsbögen
- Werkzeug „Formulierungsübungen für Ihren Elevator Pitch"

Praxisfall 3.2.1 Gut mit Worten
Fokusthema: E-Mails bewusst einsetzen

Schlüsselbegriffe
- **Schreib- und Lesemotivation**
  Ich grenze in diesem Kapitel die Kommunikationsabsicht von der Rezeptions-
  erwartung ab. Besonders im E-Mail-Schriftverkehr ist dies wichtig, um erfolgreich
  auf die Lesemotivation der Managementmitglieder oder Experten eines anderen Fach-
  bereiches einzugehen. Häufig orientiert sich der Verfasser zu stark an seiner Schreibmotivation und achtet nicht auf die Anforderungen der Leser.
- **Detailbewusstsein vs. Strategie**
  Experten und Abteilungsleiter sind im Tagesgeschäft verhaftet. Verständnis und
  Lust an Details sind hier wichtig. Im oberen Management beschäftigt man sich mit
  Strategien. Um von Top-Managern in Unternehmen akzeptiert zu werden, ist es sinn-
  voll, Ihre Argumente bewusst auf ein „strategisches Niveau" zu heben. Ich verwende
  deshalb in diesem Buch die eher ungewöhnliche Abgrenzung, um auf die passende
  Darstellung von Kommunikationsinhalten einzugehen.
- **Bewusster Einsatz von Medien**
  Im Praxiskapitel geht es um die erfolgreiche E-Mail-Korrespondenz, deshalb bezieht
  sich der Begriff „Medieneinsatz" auf die elektronische Post und Anhänge wie Folienpräsentationen oder Dateien. Nicht gemeint sind Werbe- oder Lehrmedien.

Mut-zur-Lücke-Systematik

Schritt 1: Schreibmotivation klären
Schritt 2: Leseantrieb verstehen
Schritt 3: Inhalte einer E-Mail passend auswählen und strukturieren

Genutzte Stärken und Lösungswege Medien überzeugend einsetzen
  Mit diesen Werkzeugen präsentieren Sie schriftlich Ihre Argumente und Arbeitsergebnisse: wirkungsvoll, aber arbeitsökonomisch.

- Werkzeug „Checkliste für den Aufbau von E-Mails" mit einem Arbeitsbogen
- Werkzeug „Visualisierungstipps"
- Werkzeug „Hinweise für lesefreundliche Ergebnisdarstellungen"

Praxisfall 3.3.1 Angemessen im Mittelpunkt stehen
Fokusthema: Kompetenz in Präsentationen und im Vortrag ausstrahlen

Schlüsselbegriffe

- **Präsentations- und Visualisierungsmethoden**

  Im Praxisfall und in den Übungen steht im Mittelpunkt, welche optischen Voraussetzungen bei einer Folienpräsentation für die gute Rezeption hilfreich sind. Die Art und Ausführlichkeit der Darstellung der Inhalte sind mir besonders wichtig. Auch die Art der Ansprache des Publikums wird behandelt. Es wird aber nicht im engeren Sinn über die grafische Gestaltung von Folienpräsentationen gesprochen.

- **Präsentationsatmosphäre**

  Ich benutze den Begriff, um die Situation zu bezeichnen, die eine Referentin in einem Meeting vorfindet. Es geht mir dabei um die zwischenmenschlichen Aspekte zwischen der Vortragenden und den Zuhörern, die entscheidend sind für die Akzeptanz ihres Vortrags vor dem Auditorium.

- **Konfliktlöser/Präsentationsentstörer**

  Die Begriffe helfen mir dabei, Methoden und Vorgehensweisen zu beschreiben, die dabei unterstützen, zwischenmenschlich anspruchsvolle Situationen während eines Vortrags zu lösen. Dabei geht es mir um mögliche Kritik der Teilnehmer gegenüber der Referentin, die fachlich unbegründet ist. Hier steht nicht die „normale" Interaktion zwischen Vortragender und Publikum im Mittelpunkt, sondern die kleinen und großen Eskalationen im Meeting-Alltag, die (auch) persönliche Gründe haben.

Kleine-Ursache-große-Wirkung-Systematik

Schritt 1: Präsentationsmethoden prüfen
Schritt 2: Präsentationsatmosphäre analysieren
Schritt 3: Individuelle Vorbereitungen treffen

Genutzte Stärken und Lösungswege Sich für Neues öffnen

Diese Werkzeuge helfen Ihnen dabei, sich flexibel auf die Erwartungen Ihres Publikums einzustellen. Sie erhalten zusätzliches Wissen über die Vorbereitungen von Präsentationen und Vorträgen.

- Arbeitsbogen „Stimmungsbarometer"
- Praxistipps zur Foliengestaltung
- Werkzeug „Präsentationsentstörer"

Praxisfall 3.4.1 Sich in Verhandlungen Respekt verschaffen
Fokusthema: Profil in Meetings zeigen

Schlüsselbegriffe

- **Business-Sprache**
  Für mich steht im Mittelpunkt, dass Sie erkennen, wie wichtig Ihr Sprachstil für Ihre berufliche Laufbahn ist. Dabei geht es mir nicht darum, die „einzig richtige Ausdrucksweise" im Kapitel zu definieren. Ich möchte Sie anregen, Ihren persönlichen Stil zu finden. Allerdings mache ich Sie bei den Übungen auf typische Stolpersteine aufmerksam, die in der Rhetorik unerfahrener Führungskräfte häufig sind.
- **Reviere beanspruchen und verteidigen**
  Im Praxisfall geht es um eine Abteilungsleiterin, die für ihre Rolle unangemessen bescheiden in Meetings auftritt. Sie beansprucht möglichst wenig Raum am Besprechungstisch und spricht in den Besprechungen immer nur kurz. Im Mittelpunkt steht im Praxiskapitel, wie die Protagonistin lernt, „ihr Revier" zu beanspruchen, damit sie nicht länger übersehen wird. Ich gebe einen Überblick, welche Wirkung das Verhalten im Raum, Statussymbole, passende Redebeiträge in Meetings und Ihre Körpersprache haben können. Weiterführende Informationen zu Einzelaspekten entnehmen Sie bitte der Literaturliste.

Profil-Zeichner-Systematik

Schritt 1: Als Player auftreten
Schritt 2: Redebeiträge analysieren
Schritt 3: Körpersprache einsetzen

Genutzte Stärken und Lösungswege Macht gezielt einsetzen

Mit diesem Werkzeug steigt die Aufmerksamkeit für Ihre Argumente in Gesprächsverhandlungen und Meetings. Ihr Einfluss auf Ihre Gesprächspartner steigt.

- Werkzeug „Sprachassistent" mit einer Checkliste und der Übung „Analyse des Vokabulars"
- Werkzeug „Revierabgrenzer" mit der Übung „Analyse der Körpersprache"

Praxisfall 3.5.1 Als Meinungsmacherin gefragt sein
Fokusthema: Verantwortung in Gremien übernehmen

Schlüsselbegriffe

- **Strategische Partnerschaften in Teams**
  Diesen Begriff nutze ich, um über die Bedeutung, den Nutzen und Aufbau von Allianzen in der beruflichen Zusammenarbeit zu sprechen. Im Mittelpunkt steht herauszufinden, wer in einem Gremium einen Standpunkt teilt und wie man lernt, die gemeinsamen Interessen durchzusetzen.

- **Meinungsmacher**
  Im Sinne dieses Buches sind Meinungsmacher Menschen, die in Gruppen die Meinung oder das Verhalten von anderen Menschen beeinflussen (können). Dies passiert meist wegen ihrer (positiven) Reputation in diesen Gruppen. Für mich stand im Mittelpunkt, auf diese Menschen und ihre Rolle in Entscheidungsprozessen in Gruppen hinzuweisen und den erfolgreichen Umgang mit ihnen zu thematisieren.

- **Selbstmanagement**
  Im Praxiskapitel lernt die Protagonistin, ihr Verhalten in der Gruppe zu verändern. Dazu ist es nötig, dass sie sich motiviert Ziele setzt, schrittweise Feedback einholt und selbst kontrolliert, wie nahe sie der Zielerreichung bereits ist. Diese Kompetenzen bezeichne ich als Selbstmanagement oder Selbstführung, weil die Protagonistin in dem Prozess überwiegend – mit Ausnahme von Coaching – ohne fremde Unterstützung auskommt.

Netzwerkersystematik

Schritt 1: Gruppendynamik verstehen
Schritt 2: Meinungsmacher erkennen
Schritt 3: Eigene Rolle gestalten

Genutzte Stärken und Lösungswege Im Netzwerk Koalitionspartner finden
Die Werkzeuge unterstützen Sie dabei, Ihre Standpunkte passend zur Situation darzulegen und andere von Ihrer Meinung zu überzeugen.

- Werkzeug „Situationsentschlüssler" mit einem Arbeitsblatt
- Praxistipp: Dynamik in Männergruppen einschätzen
- Werkzeug „Koalitionsstifter" mit Übersichtsgrafik und einem Arbeitsblatt

---

Praxisfall 3.6.1 Mit Konsequenz überzeugen
Fokusthema: Führungserfolge in Teams und Projektgruppen erreichen

---

Schlüsselbegriffe

- **Standorteinschätzung**
  Ich nutze den Begriff im Sinne einer Selbstreflexion. Sie ist hilfreich, um blinde Flecken in der eigenen Kompetenzentwicklung zu erkennen und auf die aktuelle

Aufgabe (und deren Lösung) zu beziehen. Die Führungskraft reflektiert eigene Stärken und Schwächen als Lernfelder und bezieht diese Erkenntnisse in ihr zukünftiges Verhalten ein.

- **Emotionale Führung – strategischer Blick**
  Mir war es wichtig, auf die sinnvolle Vereinbarkeit dieser Begriffe hinzuweisen. Die Protagonistin im Praxisfall ist gewandt in strategischen Fragestellungen, muss jedoch lernen, dass die ihr anvertrauten Mitarbeiter (auch) andere Informationen benötigen als sachorientierte Strategieerläuterungen. Sie versteht immer besser, dass sie als Führungskraft auf der Beziehungsebene viel für das Gelingen von Projekten tun kann. Es geht darum, auf mögliche Zweifel, Missverständnisse und Blockaden einzugehen, um sie möglichst schnell und nachhaltig aufzulösen. Ich nutze die Begriffe also nicht als Gegensatz, sondern als zwei Teilaspekte von Führung (neben anderen, die hier unbesprochen bleiben).
- **Führungsmethoden für Mitarbeiter und Projektteams**
  Ich gehe in der Fallstudie auf Methoden der Führung ein. Die beschriebenen Situationen stammen aus einer Projektgruppe (fachliche Führung) und einer Abteilung (fachliche und disziplinarische Führung). Ich möchte für den gelungenen Umgang mit Menschen sensibilisieren, unabhängig von der hierarchischen Stellung als Projekt- oder Abteilungsleiter. Aus diesem Grund habe ich die – unkonventionelle – Zusammenfassung gewählt.

Leadership-Systematik

Schritt 1: Anwendungsfall verstehen
Schritt 2: Bedürfnisse erkennen
Schritt 3: Führungsverhalten gestalten

Genutzte Stärken und Lösungswege Ziele setzen und erreichen
   Die Werkzeuge liefern Ihnen Impulse, um gemeinsam mit Ihren Mitarbeitern oder Projektpartnern Ziele zu setzen und das Team nachhaltig während der Aufgabenerfüllung zu motivieren.

- Arbeitsblatt „Vorbereitung Motivationsveranstaltung"
- Checkliste „Motivationsveranstaltung"
- Arbeitsblatt „Vorbereitung Workshop für die Abteilung von Frau Koch"
- Tipps für einen moderierten Abteilungsworkshop

Wie Sie mit Kap. 4 arbeiten Der Abschn. 4.1 fasst alle Werkzeuge und Methoden zusammen, die die Protagonistinnen in den Praxiskapiteln nutzen. Die Übersicht enthält eine Beschreibung und die Einschätzung, in welchen Situationen Sie mit dem Vorgehen erfolgreich sind. Ich bespreche die Werkzeuge, um Ihren Blick für die Anwendungsmöglichkeiten zu schärfen: Sie gewinnen Klarheit darüber, warum das Vorgehen im

Praxisfall empfehlenswert war. Dieses Hintergrundwissen erleichtert es Ihnen, die Methoden an Ihre Anforderungen im Beruf anzupassen und auf Ihre Situation einzugehen. Dazu möchte ich Sie ausdrücklich ermutigen. So können Sie das Gelesene für die Lösung der Herausforderungen in Ihrem Berufsalltag nutzen. Durch den gedanklichen Bezug zu den Praxisfällen im Buch behalten Sie die Maßnahmen zudem im Gedächtnis und sind auf den Transfer in Ihr Tagesgeschäft gut vorbereitet.

Im Abschn. 4.2 finden Sie Anregungen, um Ihre Einstellung und Ihren Umgang mit Rückschlägen zu reflektieren. Nach der Standortanalyse zu Ihrer aktuellen Praxis biete ich Ihnen Hilfsmittel an, um bei Bedarf schlechter Stimmung und Enttäuschung zu begegnen.

Wie Sie mit Kap. 5 arbeiten Im Kap. 5 biete ich Ihnen drei Interviews mit Frauen aus verschiedenen Berufen und Erfahrungswelten an. Sie liefern einen interessanten Einblick in die weibliche Karriereplanung und erfolgreiche Umsetzung im Alltag. Die Testimonials fassen kompakt Meinungen, Reflexionen und persönliche Entscheidungen rund um ihre Rolle als Führungskraft zusammen. Wie ich finde: ehrlich und lebensnah.

Die persönlichen Aussagen ergänzen die anonymisierten Praxisfälle. Sie sind als zusätzlicher Referenzpunkt für Ihre Überlegungen gedacht, welches Auftreten ideal für Ihre Zielerreichung ist.

Wie Sie mit Kap. 6 arbeiten Auch das Kap. 6 ist als Reflexionsangebot gedacht. Die Erwartungen vieler Frauen an eine (veränderte) berufliche Zukunft sind hoch. Der Abschn. 6.1 stellt Ihnen deshalb aktualisierte Befragungsergebnisse mit angehenden Führungskräften aus den Jahren 2016 und 2022 vor. Im Mittelpunkt steht es zu erfahren, ob an Frauen und Männer ähnliche Erwartungen im Beruf gestellt werden, also faire Karrieremöglichkeiten für beide Geschlechter bestehen.[1]

Die Ergebnisdarstellung muss mit Vorsicht erfolgen, da die bearbeiteten Stichproben klein waren und nur ausgewählte Aspekte abgefragt wurden. Es zeigen sich jedoch nachweisbare Trends in den Daten, wenn die jungen Menschen die – aus deren Sicht an einigen Stellen unterschiedlichen – beruflichen Herausforderungen an Frauen und Männer am Arbeitsplatz beschreiben. Mir erscheint dieses Stimmungsbild nicht nur lesenswert, sondern auch als Gradmesser geeignet für die Einschätzung aktueller und künftiger Entwicklungen.

Meine Interpretation unter Abschn. 6.2 unterstützt Sie dabei, die Ergebnisse unkompliziert einzuordnen. Mir ist es dabei wichtig, dass Sie *Ihre* Meinung mit Blick auf Ihre Erfahrungen formulieren. So gelingt es Ihnen, Ihr eigenes berufliches Umfeld noch realistischer zu erfassen. Das ist die beste Voraussetzung für die Auswahl Ihrer nächsten Schritte, um Ihre Stärken ideal einzusetzen.

---

[1] Die Befragung hat aus Gründen der Arbeitsökonomie keine Daten zum Geschlechtsmerkmal „divers" erhoben. Selbstverständlich besteht auch zu diesem Punkt Forschungsbedarf.

Ihre Stärken erkennen

2

2.1 Aus der eigenen Entwicklung Schlüsse ziehen

In Coachings und Führungskräfteseminaren fällt mir auf, dass – weibliche wie männliche – Teilnehmer immer häufiger um Feedback zu ihren Stärken und persönlichen Potenzialen bitten. Die Motive sind unterschiedlich und reichen von dem Wunsch, einen Blick durch „die Brille eines Experten" auf die eigene Person zu werfen, bis zum erhofften „Wegweiser" in Phasen persönlicher Neuorientierung. Informationen über die Fremdwahrnehmung Ihres Verhaltens liefern Anregungen für die Selbstreflexion: Diese Chance sollten Sie sich nie entgehen lassen. Ich möchte Sie zu Beginn dieses Buches auch dazu ermutigen, aus Ihrer bisherigen persönlichen und beruflichen Entwicklung selbst hilfreiche Schlüsse für die nächsten Schritte zu ziehen. Ich betrachte Sie als Expertin für Ihre Kompetenzen und Entwicklungsmöglichkeiten. Damit Sie üben, eigene Ressourcen immer mehr und gezielter für sich zu nutzen, biete ich Ihnen eine dreiteilige Übung an.

Übung – Teil 1

Bitte denken Sie über wichtige Schritte in Ihrer persönlichen wie beruflichen Entwicklung nach. Beginnen Sie mit einem Datum Ihrer Wahl (vor 20 Jahren, vor fünf Jahren oder vor zwei Jahren) und arbeiten Sie sich bis zur Gegenwart vor.

Erweitern Sie Ihren Blick, und konzentrieren Sie sich nicht nur auf Etappen wie Schule, Studium und Arbeitgeber. Auch Freundschaften, Hochzeiten, die Geburt Ihrer Kinder, eindrucksvolle Reisen oder Trennungen von Dingen oder Menschen sind wichtige Stationen in Ihrem Leben. Klären Sie mit den Reflexionsfragen, welchen Einfluss die einzelnen Schritte auf Ihre Entwicklung genommen haben. Notieren Sie Ihre „Meilensteine" in der Grafik (Abb. 2.1). ◄

© Der/die Autor(en), exklusiv lizenziert an Springer Fachmedien Wiesbaden GmbH, ein Teil von Springer Nature 2023
S. Müller, *Frauen als Führungskraft,* https://doi.org/10.1007/978-3-658-40047-7_2

Abb. 2.1 Meine wichtigsten
Entwicklungsschritte

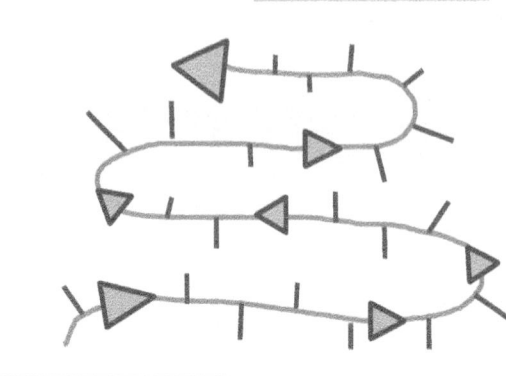

Heute im Jahr ....

Start im Jahr ....

Reflexionsfragen zur Grafik

- Was war bei diesem Schritt die größte Herausforderung für mich?
- Was habe ich in der Situation gelernt?
- Was ist mir gut gelungen?
- Was waren meine größten Bedenken am Anfang?
- Welchen Schritt finde ich aus heutiger Sicht „smart" – also sinnvoll für meine persönliche Entwicklung?
- Welche(n) Schritt(e) habe ich damals – oder später – anders eingeschätzt als heute? Beispiele: ist für mich sehr wichtig, macht mir Freude, wollte ich überhaupt nicht, ist hilfreich für mein Leben, wird von mir erwartet, wird sicher schrecklich oder war eigentlich ganz o. k.

Notizen

....

....

....

◄ ....

Übung – Teil 2

Wenn Sie die Grafik ausgefüllt haben, betrachten Sie bitte Ihren Entwicklungsweg. Welche Kompetenzen haben Sie auf Ihrem Lebensweg dabei begleitet oder welche Kompetenzen haben Sie durch Ihren Lebensweg erworben? ◄

Beispiele

Neugierde, Ehrgeiz, Toleranz, Warmherzigkeit, Frustrationstoleranz, Kommunikations-
stärke, Durchhaltevermögen, Menschenkenntnis etc.
   Bitte schreiben Sie Ihre Eindrücke unten auf. ◄

Notizen

....

....

....

◄ ....

Übung – Teil 3

Betrachten Sie jetzt Ihre Notizen aus Teil 2 und reflektieren Sie erneut Ihre Grafik.
Ordnen Sie Ihre Entwicklungsschritte und Kompetenzen. Erkennen Sie einen „roten
Faden"? Ich gratuliere. Falls Sie noch kein zufriedenstellendes Gesamtbild erkennen
können: Kehren Sie zu dieser Übung zurück, wenn Sie das Buch durchgearbeitet
haben. Die Aufgaben in den Arbeitsblättern sorgen für neue Eindrücke, die Sie bei der
Selbstreflexion unterstützen. ◄

2.2   Selbsttest: Nutzen Sie Ihre Stärken schon?

Sie interessieren sich für Führungsaufgaben. Sicher haben Sie bereits über Ihre Stärken
und Schwächen nachgedacht und eigene Eindrücke durch das Feedback anderer
reflektiert. Im Abschn. 1.1 haben Sie eine Übung gemacht, um aus der eigenen Entwicklung Schlüsse zu ziehen. Das persönliche Kompetenzprofil zu kennen, ist wichtig
für Ihren Erfolg. Genauso wichtig ist es, dass Sie Ihre Stärken im Arbeitsalltag entschlossen einbringen. Der Selbsttest hilft Ihnen dabei zu prüfen, wie gut Ihnen das schon
gelingt. Die Auswahl der Fragen und Antworten ist das Ergebnis meiner Beratungs- und
Coaching-Erfahrung mit weiblichen und männlichen Führungskräften. Bitte entscheiden
Sie sich für eine Antwort. Die Auflösung finden Sie im Anschluss.

1. **Identifizieren Sie sich mit Ihren Stärken?**
   a) Ich habe erkannt, was mich ausmacht, und gleiche kleine Schwächen durch meine
      Stärken aus.
   b) Ich bin sehr kritisch mit mir und beneide andere um die Stärken, die mir fehlen.

c) Mit manchen Fehlerchen habe ich mich angefreundet, trotzdem überschatten sie meine Stärken.

d) Ich bin zufrieden mit mir, wenn ich auch nicht immer an meine Stärken glauben kann.

e) So herausragend kommen mir meine Stärken nicht vor. Das kann doch jeder.

2. **Wie aussagekräftig können Sie Ihre Stärken mit Beispielen belegen?**

   a) Es gefällt mir, meine Stärken durch bisherige Karriereschritte zu illustrieren.

   b) Mir fallen auch spontan Erfolgsgeschichten ein.

   c) Spontan fällt es mir nicht leicht, meine Entwicklung mit Beispielen zu beschreiben: Nach etwas Nachdenken habe ich meistens ein paar Ideen.

   d) Für mich ist es schwer, Beispiele zu finden. Mir fällt einfach nichts ein.

   e) Ich brauche Unterstützung, um Beispiele für meine Stärken zu finden.

3. **Gehen Sie Risiken ein und übernehmen Sie auch mal Aufgaben, die Sie nicht klar einschätzen können?**

   a) Ich bin nicht unerfahren: Ich weiß, wie ich neue Aufgaben meistere, und bitte bei Bedarf auch mal andere um Unterstützung.

   b) Ich habe Spaß daran, mich selbst herauszufordern. Unsicher fühle ich mich dabei nicht.

   c) Ich mache mir viele Sorgen, ob ich Fehler mache. So habe ich schon manche Chance verpasst.

   d) Das traue ich mir nicht zu. Ich denke dann, „Schuster bleib bei Deinem Leisten".

   e) Wenn ich alle Daten und Fakten verstehe, habe ich keine Probleme, neue Wege zu gehen. Das bringt mich weiter nach vorne.

4. **Wie beschäftigen Sie sich mit Ihren Schwächen?**

   a) Meine Schwächen kenne ich und bemühe mich dazuzulernen. Im Mittelpunkt stehen für mich meine Stärken. Da habe ich viel zu bieten.

   b) Manchmal ärgere ich mich über mich, aber das ist schnell verflogen. Wir sind alle nicht perfekt.

   c) Wir haben alle unsere kleinen Defizite. Ich kenne meine, habe jedoch einen liebevollen Umgang damit gefunden.

   d) Es geht mir häufig so, dass ich mich nur noch auf meine Schwächen konzentriere. Über meine Stärken denke ich nie nach.

   e) Ich bin manchmal unzufrieden mit mir und meinen Möglichkeiten, dann werfe ich mir meine Schwächen selbst vor.

5. **Wie häufig bitten Sie Kollegen, Kunden oder Mitarbeiter um Feedback?**

   a) Ich frage in wichtigen Situationen nach Feedback, schließlich will ich mehr über meine Wirkung erfahren.

   b) Wenn man mir Feedback anbietet, höre ich aufmerksam zu.

   c) Es macht mir Spaß, mein Verhalten durch die Augen der anderen zu reflektieren. Kleine Anregungen oder sogar Kritik finde ich sehr hilfreich. So werde ich immer besser.

   d) Wenn es sich ergibt, bitte ich gute Freunde um ihre Eindrücke.

   e) Ich vermeide Feedback. Mir genügen die Hinweise im Alltag.

6. Wie gehen Sie im Alltag mit Rückschlägen um?

a) Rückschläge sind sehr schwer für mich. Ich stelle dann alles infrage, ziehe mich zurück und erhole mich nur langsam.

b) Ich brauche lange, bis mein Selbstbewusstsein sich erholt, und grüble über die Ursachen meines Misserfolgs.

c) Natürlich bin ich traurig, aber mein Vorbild sind die „Stehaufmännchen". Ich sage mir, „Morgen ist ein neuer Tag", und finde schnell in den Alltag zurück. Mein Umfeld hilft mir dabei.

d) Das Selbstmitleid dauert lange bei mir, wenn etwas schiefgeht.

e) Ich versuche, nicht lange Trübsal zu blasen und mich abzulenken.

Punkte und Auflösung

1a)	10	2a)	10	3a)	6	4a)	10	5a)	8	6a)	2
1b)	2	2b)	8	3b)	10	4b)	6	5b)	4	6b)	6
1c)	4	2c)	6	3c)	4	4c)	8	5c)	10	6c)	10
1d)	8	2d)	2	3d)	2	4d)	2	5d)	6	6d)	4
1e)	6	2e)	4	3e)	8	4e)	4	5e)	2	6e)	8

Bis 14 Punkte Sie kennen Ihr Potenzial, sind sich aber nicht darüber im Klaren, wie Sie es nutzen möchten. Ihre Gedanken kreisen um verschiedene Lebens- und Karriereziele. Viele Wege erscheinen Ihnen attraktiv: Sie haben sich innerlich aber noch nicht auf die „genaue Richtung" für Ihre berufliche Karriere festgelegt. Ihre Stärken nutzen Sie aktuell eher spielerisch. Ihr Motto ist „Bescheidenheit ist eine Zier": Ein klares Bild über Ihr persönliches Kompetenzprofil vermitteln Sie noch nicht. Sie experimentieren noch mit unterschiedlichen Haltungen. Feedback verunsichert Sie häufig. Der Praxisfall „3.1.1 Neu im Unternehmen" ist sicher interessant für Sie.

15 bis 28 Punkte Sie haben ein berufliches Ziel vor Augen, mit dem Sie sich identifizieren. Sie haben sich über Ihre Neigungen viele Gedanken gemacht und bereits ermutigendes Feedback erhalten. Ihre Stärken sind Ihnen noch nicht vollständig bewusst. Sie sind öfter mal ratlos und fragen sich, welche Eigenschaften Sie ausmachen. Deshalb weisen Sie andere selten auf Ihre Kompetenzen hin und wirken zurückhaltend. Noch ist Ihr Motto „stille Wasser sind tief". Sie möchten aber aktiv werden und mehr von Ihrer Persönlichkeit zeigen. Mit Feedback kommen Sie immer besser zurecht. Der Praxisfall „3.2.1 Gut bei Wort" bringt Ihnen weitere Anregungen.

29 bis 42 Punkte Ihr Motto ist „alles, nur keine Luftnummer": Sie finden die richtigen Worte für Ihre Stärken, möchten aber nicht zu viel versprechen. Sie haben Ihr nächstes Karriereziel festgelegt. Sie kennen die Anforderungen für die konkrete Tätigkeit und haben sie bereits mit Ihrem Kompetenzprofil verglichen. In anspruchsvollen Situationen fühlen Sie sich ab und zu gehemmt, weil Sie Ihren Fähigkeiten nicht komplett vertrauen. Das spürt auch Ihr Umfeld. Sie bitten häufig um Feedback, weil es für Sie hilfreich ist. Der Praxisfall „3.4.1 Sich in Verhandlungen Respekt verschaffen" liefert Ihnen besondere Denkanstöße.

43 bis 56 Punkte Sie wissen, wie Sie Ihre Stärken zeigen und im Beruf gewinnbringend für Ihre Ziele nutzen. Allerdings geraten Sie bei hoher Arbeitsbelastung oder in Stresssituationen noch unter Druck. Dann stellen Sie manchmal Ihre Stärken infrage und zweifeln an Ihren Leistungen, obwohl Ihr Motto „nur nicht unterkriegen lassen" ist. Sie finden es wichtig, im Alltag noch sicherer in Ihren Argumenten oder Reaktionen zu werden. Sie gelten als kompetent und souverän. Feedback von anderen finden Sie spannend. Nur in Extremfällen wirken Sie auf andere irritiert. Werfen Sie deshalb einen Blick in das „Abschn. 3.5.1 Als Meinungsmacherin gefragt sein".

57 bis 70 Punkte Sie nutzen Ihre Stärken mit großer Natürlichkeit: „Immer die Schokoladenseite zeigen" ist Ihr Motto. Es gelingt Ihnen im Alltag, souverän Ihre Kompetenzen einzusetzen. Dadurch wirken Sie selbstbewusst auf andere. Es gelingt Ihnen, andere Menschen von sich und Ihren Leistungen zu überzeugen. Sie erhalten häufig ermutigendes Feedback. Trotzdem übertreiben Sie nicht und bleiben sympathisch – das ist Ihnen wichtig. Der Blick auf noch unbekannte Facetten Ihrer Persönlichkeit ist für Sie spannend. Der Praxisfall „3.6.1 Mit Konsequenz überzeugen" bringt Ihnen weitere Erkenntnisse.

Bitte bedenken Sie: Die Auflösung ist ein kurzes und aktuelles Feedback zu Ihren Antworten, keine Einschätzung Ihrer Persönlichkeit.

Ziele erreichen: Persönliche Stärken im Berufsalltag nutzen

3

3.1 Mit Ihrer Selbstvorstellung punkten

3.1.1 Praxisfall: Neu im Unternehmen

▶ Nicole Lange ist 29 Jahre alt. Nach ihrem Studium stieg die Betriebswirtin als Referentin für Customer Satisfaction bei einer Bank ein. Das Feedback von Kollegen und Führungskräften zu ihrer Arbeit und ihrem Auftritt waren von Beginn an überdurchschnittlich – auch ihr Gehalt entwickelte sich gut. Nicole Lange gibt es gerne zu: Sie ist ehrgeizig. Die Aussicht, bald ihr eigenes Team zu leiten, motivierte sie zusätzlich. Leider wurde dieser Schritt trotz regelmäßiger Versprechen auch nach drei Jahren nicht vollzogen. Enttäuscht bewarb sich Nicole Lange bei einem Wettbewerber: mit Erfolg. Noch nicht in der ersehnten Führungsposition – dies kündigte der neue Arbeitgeber nach erfolgreich bestandener Probezeit im Vertrag allerdings an. Nun wollte sich Frau Lange in dem neuen Umfeld von ihrer besten Seite zeigen: sympathisch und angenehm im Kontakt – und mit dem Potenzial der zukünftigen Führungskraft.

Nicole Lange wollte bei ihrem neuen Arbeitgeber alle Chancen nutzen, um ihre Kompetenzen und ihren Karriereanspruch deutlich zu zeigen. Sie war – wie immer – im Kontakt entgegenkommend, trotzdem begegneten ihr im neuen Unternehmen einige Kollegen distanziert. Nicole Lange war irritiert, verlor aber keine Zeit bei ihrer Einarbeitung: Sie verzichtete sogar häufig auf ihre Mittagspausen. Um schnell zu lernen, machte sie Überstunden. Bald wollte sie die wichtigen Kunden kennen und die neuen Arbeitsschritte zuordnen können. Sie konzentrierte sich auf ihre Aufgaben und verlor wenig Zeit mit Small Talk. In den Vorstellrunden mit den neuen Kollegen betonte sie ihre umfangreichen Erfahrungen nicht – und nannte meist nur ihren Namen und ihr

S. Müller, *Frauen als Führungskraft*, https://doi.org/10.1007/978-3-658-40047-7_3

letztes Aufgabengebiet beim Wettbewerber. Mitglieder des Managements kannte sie noch kaum, obwohl ihr Einarbeitungsplan entsprechende Treffen vorsah. Dafür blieb aktuell einfach keine Zeit. Das lohnte sich fachlich: Im Teammeeting erschien sie immer gut vorbereitet und bot schon nach kurzer Zeit Verbesserungsvorschläge im Umgang mit wichtigen Kunden an. Die Kunden und Partner der Bank reagierten begeistert auf die neuen Maßnahmen – das Team schien sich nur zögerlich auf die gut gemeinten Hinweise von Nicole Lange einzustellen. Ihre Chefin war mit ihren ersten Schritten sehr zufrieden, erwähnte aber das Stichwort „gutes Klima im Team". Auch fehle es noch etwas an wichtigen Kontakten zu anderen Abteilungen auf der Arbeits- und Führungsebene. Nicole Lange verstand den Wink mit dem Zaunpfahl. Ihr war klar, dass auch ihre soziale Akzeptanz bei den Kollegen und im Führungskreis über ihre Managementkarriere entscheiden würde. In der Kaffeeküche hörte sie kürzlich zwei Kolleginnen über die „Ambitionen der Möchtegern-Chefin" wenig schmeichelhafte Kommentare austauschen. Nicole Lange war verunsichert. Bisher gelang es ihr gut ein Vertrauensverhältnis mit anderen Menschen aufzubauen. Sie war mit vielen Kolleginnen und Kollegen auch privat befreundet. Warum waren die neuen Kollegen nur so skeptisch, wenn es um sie ging? Zusätzlich nagte noch ein Zweifel schon länger an ihr: Sie konnte sich noch immer nicht erklären, warum ihr früherer Chef ihre Beförderung zur Teamleiterin nicht umsetzt hatte. Sie war ein weiblicher Typ und sah mit ihren langen Haaren und der schlanken Figur jünger aus, als sie tatsächlich war. Ob es daran lag – oder hatte ihr Managementpotenzial doch nicht überzeugt? Sie empfand Wehmut nach den Mittagessen mit den früheren Kollegen, die sie unverkrampft um ihren fachlichen Rat baten oder ihre Einschätzung gerne für das eigene Vorgehen übernahmen. Jetzt wollte sie eine Charme-Offensive starten, denn ein gutes Betriebsklima war ihr – bei allem Ehrgeiz – wichtig. Sie wünschte sich, bald von allen gemocht und akzeptiert zu werden. Wie kann sich Nicole Lange die gewünschte fachliche und persönliche Anerkennung erarbeiten?

Aufgabenstellung und Problemanalyse
Nicole Lange möchte eine Führungsaufgabe übernehmen. Sie bringt neben einer erstklassigen Ausbildung auch Leistungsbereitschaft und -freude mit. Auch ihre Berufserfahrung reicht aus. Nicole Lange findet es angemessen, ihre beruflichen Ansprüche auszudrücken. Im neuen Unternehmen gelingt ihr die Integration im Team nicht so einfach wie gewohnt. Beim alten Arbeitgeber fanden die Kollegen Frau Lange sympathisch und kompetent. Jetzt ist sie verunsichert und möchte das Richtige tun. Sie wünscht sich, fachlich *und* persönlich anerkannt zu sein. Wie es scheint: ein Gegensatz im neuen Büro.

    Schritt 1: Integrationssystematik
    Schritt 2: Checkpoint
    Schritt 3: Stärken nutzen
    Schritt 4: Im Rückspiegel – wie ging der Praxisfall weiter?
    Schritt 5: Highlights und Lowlights im Praxisfall „Neu im Unternehmen"

Nicole Lange ist eine beliebte und kompetente Frau: So würden ihre Familie und ihre Freunde sie ohne Zögern beschreiben. Im Augenblick fühlt sie sich verunsichert – und schämt sich dafür. Sie fragt sich, ob sie wirklich das Potenzial für eine Führungsaufgabe hat. Immerhin scheint sie schon auf der ersten Etappe an ihre Grenzen zu stoßen, was ihre emotionale Intelligenz bei ihren Kollegen angeht.

Erster Schritt: Integrationssystematik
Ihr Lernvorteil:
Ein guter Start in einer neuen Abteilung oder im neuen Unternehmen will wohl-überlegt sein. Hier lernen Sie, nichts dem Zufall zu überlassen und sich über Ihre Ziele – aber auch die Herausforderungen – bewusst zu werden.

Sich schnell in einer neuen Umgebung zurechtzufinden, fällt manchen Menschen leichter als anderen: Stress bedeutet es für jeden von uns. Erstaunlich ist jedoch, wie wenig Aufmerksamkeit diese sensible Etappe bei Führungskräften, Mentoren und sogar Personal-experten im beruflichen Alltag genießt. Meist werden jetzt aber wichtige Gleise für Ihre Karriere gestellt: Gilt es doch, Allianzen zu gründen, Netzwerke aufzubauen und neue Routinen zu gestalten – alleine und in der Zusammenarbeit mit anderen. Durch den sich beschleunigenden Wechsel von Projektorganisationen oder Aufgaben in der Linie lohnt es sich, eine persönliche Systematik in drei Schritten für ihre ersten 100 Tage im neuen Job zu entwickeln. Begleiten Sie Nicole Lange bei den nächsten Aufgaben:

Systematik zur Integration im neuen Job
1. Selbstbild und Ziele klären
2. Fremdwahrnehmung reflektieren
3. Als Person und Expertin überzeugen

Nicole Lange möchte sich wieder wohl in ihrer Haut fühlen. Sie versteht, dass sie sich selbst unter Druck setzt. Offensichtlich kommt sie bei den neuen Kollegen nicht gut rüber: Sie konzentriert sich auf ihre Fachaufgaben und bringt ihre guten sozialen Kompetenzen wenig ein. Jetzt arbeitet sie mit Punkt eins der Systematik, um sich über ihr Selbstbild klarer zu werden und ihre konkreten kurz- und langfristigen Ziele in der neuen Abteilung festzulegen.

1. Selbstbild und Ziele klären
Sie erfahren mehr über Ihr Selbstbild und darüber, welche Ziele Sie durch Ihr aktuelles Verhalten im Alltag erreichen – und ob Ihr Verhalten und Ihre Zielsetzung aufeinander abgestimmt sind.

Ihr Lernvorteil
Sie verstehen besser, welche Gedanken Ihre Entscheidungen und Ihr Verhalten im Alltag beeinflussen.

Fragen zu „Selbstbild und Ziele klären" Was ist der größte Unterschied für Nicole Lange zwischen der bisherigen Position und ihrer neuen Aufgabe?

Antwort

....

....

....

Welche Anforderungen werden in der neuen Aufgabe an sie gestellt (Führungskraft, Stellenbeschreibung und Vertragsvereinbarung)?

Antwort

....

....

....

Welche Anforderungen stellt Nicole Lange selbst an sich?

Antwort

....

....

....

Welches Verhalten zeigt Nicole Lange aktuell im beruflichen Alltag?

Antwort

....

....

....

Welche Veränderungen im Verhalten von Nicole Lange sind sinnvoll in Bezug auf ihre eigenen Anforderungen?

Antwort

....

....

....

Nicole Lange prüft, welche Botschaften sie mit ihrem Verhalten unbewusst an die Kollegen gesendet hat. Sie war so mit der neuen Aufgabe beschäftigt, dass sie zu wenig über ihre Art der Interaktion mit den anderen nachgedacht hat. Damit Nicole Lange sich über diesen Aspekt Klarheit verschaffen kann, benötigt sie Informationen über ihr Fremdbild.

2. Fremdwahrnehmung reflektieren
Sie erfahren mehr über Ihre Wirkung auf andere. Dazu ist es wichtig, passende Informationen auf hilfreiche Weise auszuwerten. Eine gute Beobachtungsgabe ist dabei von Vorteil – Sie können aber auch ergänzend um Feedback bitten. Das liefert Ihnen umfassendere Eindrücke.

Ihr Lernvorteil
Sie lernen, die Bedürfnisse Ihres Umfelds besser einzuschätzen. So können Sie bewusst entscheiden, ob und in welchem Maß Sie sich auf Gesprächs- und Verhaltenstraditionen im neuen Job einlassen möchten.

Begleiten Sie Nicole Lange mit diesen Arbeitsfragen in ihrer Reflexion. Nutzen Sie diese Fragen als Leitfaden für Betrachtungen Ihrer Erfahrungen.

▶ **Praxistipp** Wenn Sie sich umfassende Anregungen zu Ihrem Auftritt wünschen, gehen Sie auf frühere Kollegen oder Ihre Familie und Freunde zu, um Feedback zu erfragen. Wichtig ist dabei: Hören Sie in aller Ruhe zu und argumentieren Sie nicht. Prüfen Sie erst am Ende, was Ihr Gesprächspartner Ihnen gesagt hat, und unterbrechen Sie das Feedback nicht. Behalten Sie bitte im Kopf: Es ist sehr anspruchsvoll, konstruktiv Rückkopplung zu geben. Verlieren Sie also bitte nicht die Geduld oder reagieren enttäuscht, wenn Ihr Umfeld zaghaft oder – das passiert aus Übereifer – auch mal zu deutlich für Ihren Geschmack reagiert. Bedanken Sie sich zum Schluss, auch wenn Ihnen das Gehörte vielleicht nicht in allen Punkten gefallen hat. Sie müssen es nicht annehmen. Es steht Ihnen frei, die Inhalte nach sorgfältiger Reflexion ganz oder teilweise zu verwerfen. Schließlich spiegelt das Feedback nur die persönliche Meinung des Sprechers wider. Ich empfehle Ihnen jedoch: Lassen Sie sich Zeit. Der neue Blickwinkel auf Ihre Person kann sehr wertvoll für Sie sein – und war schließlich der Grund für Ihre Bitte um die Eindrücke des anderen.

Fragen zu „Fremdwahrnehmung reflektieren" Was wissen die neuen Kollegen bisher über Nicole Lange?

> **Antwort**
> ....
> ....
> ....

Welchen Schwerpunkt setzt Nicole Lange bei ihrer Einarbeitung?

> **Antwort**
> ....
> ....
> ....

Welche Reaktionen auf sie als Person konnte Nicole Lange bisher bei ihren Kollegen beobachten?

> **Antwort**
> ....
> ....
> ....

Wie viel Zeit nimmt sich Nicole Lange im Tagesgeschäft dafür, ihre Kollegen kennenzulernen und mit den Reaktionen umzugehen?

Antwort

....

....

....

Welche Signale sendet Nicole Lange durch ihr Verhalten an ihr Umfeld im Büro?

Antwort

....

....

....

Nicole Lange hat jetzt besser verstanden, was sie selbst von sich verlangt und welche Erwartungen durch die neue Aufgabe und die neuen Kollegen an sie gestellt werden. Jetzt ist ihre Einschätzung etwas klarer. Sie fühlt sich weniger unsicher, was die Aufgabenstellung angeht. Nun will Nicole Lange einen passenden Weg finden, um die vertrauensvolle Zusammenarbeit mit ihren Kollegen aufzubauen. Sie möchte mit ihren Fachkompetenzen glänzen, ohne „die Streberin" zu sein.

3. Als Person und Expertin überzeugen
Wir schätzen die Fachkompetenzen in unserem Umfeld stärker nach dem Faktor Sympathie ein, als wir es selbst glauben wollen. Zahlreiche Forschungen haben das bewiesen. Gegenseitiges Kennenlernen und Dialog sind für das nötige Vertrauen eine unverzichtbare Voraussetzung. Wer also mit seinen Kompetenzen überzeugen will, darf nicht vergessen, sich zuerst um die zwischenmenschliche Seite der Zusammenarbeit zu kümmern.

Ihr Lernvorteil
Sie lernen, sich mit Fragen zu beschäftigen, die Ihnen einen ausgewogenen Auftritt ermöglichen. Dieser Leitfaden hilft Ihnen gerade dann, wenn Sie sich unter Stress fühlen.

Fragen zu „als Person und Expertin überzeugen" Was wissen die neuen Kollegen bisher über Nicole Lange?

Antwort

....

....

....

Welchen Schwerpunkt setzt Nicole Lange bei ihrer Einarbeitung?

Antwort

....

....

....

Welche Reaktionen konnte Nicole Lange bisher bei ihren Kollegen beobachten?

Antwort

....

....

....

Wie viel Zeit nimmt sich Nicole Lange im Tagesgeschäft dafür, ihre neuen Kollegen kennenzulernen und mit den Reaktionen umzugehen?

Antwort

....

....

....

Welche Signale sendet Nicole Lange durch ihr Verhalten an die neuen Kollegen?

Antwort

....

....

....

Zweiter Schritt: Checkpoint
Dieser Abschnitt gibt Ihnen die Gelegenheit, Ihre Eindrücke über den Praxisfall
und das Verhalten von Nicole Lange zusammenzufassen. Sie werden in den Rollen
des Beobachters und der Führungskraft um Ihre Meinung gebeten. Im „Blitzlicht"
können Sie dann einen Lösungsvorschlag nachlesen. Bitte beantworteten Sie dazu
die Fragen im Arbeitsbogen „Situationsdiagnose".

Ihr Lernvorteil
Sie reflektieren Ihr Bild der Situation. Das ist für die Weiterarbeit sinnvoll, um sich
mit den passenden Lösungsstrategien zu beschäftigen, damit Nicole Lange ihre
Stärken erkennt und ideal nutzen kann. Der Vergleich mit einer kurzen Zusammenfassung „Blitzlicht" bietet Ihnen zusätzliche Anregungen.

Arbeitsbogen
Situationsdiagnose „Neu im Unternehmen"

1. Wie würden Sie die Situation im Praxisfall beschreiben?

   ....

2. Worin liegen die Stärken von Nicole Lange?

   ....

3. Vor welchen Herausforderungen steht Nicole Lange aus Ihrer Sicht?

   ....

Haben Sie eine ähnliche Situation schon einmal selbst erlebt: als Führungs-
kraft oder Experte?

1. Beschreiben Sie bitte die Situation in einigen Stichworten.

   ....

   ....

2. Welches Vorgehen würden Sie als Führungskraft von Nicole Lange vor-
   schlagen?

   ....

   ....

3.1.1.1 Blitzlicht

Situation im Praxisfall Frau Lange ist ehrgeizig und hat sich fest vorgenommen beim neuen Arbeitgeber, den angestrebten Karriereschritt zu machen. Völlig absorbiert von den Fachaufgaben, vergisst sie, die Vorzüge ihrer Person (Erfahrungen, Vertrauenswürdigkeit und Kollegialität) ebenfalls in ihrem neuen Umfeld zu zeigen. Sie wirkt verbissen auf die Kollegen und vernachlässigt es, sich bei Belegschaft und Management passend selbst vorzustellen. Aktuell kennt nur ihre Chefin sie von ihrer charmanten Seite – und mit sehr erfreulichen Arbeitsergebnissen.

Die Stärken von Frau Lange Nicole Lange ist hervorragend ausgebildet und sehr kompetent. Ihre Freunde und die Familie beschreiben sie als beliebt. Kontaktschwierigkeiten kannte sie bisher nicht. Frühere Kollegen haben sich gerne von ihr Rat und Anleitung geholt und schätzen sie als vertrauenswürdige Person.

Vor welchen Herausforderungen steht Frau Lange Sie ist verunsichert und sich ihrer Stärken nicht mehr bewusst. Sie hat die Worte für ihre Selbstvorstellung, mit denen sie sich wohlfühlt, noch nicht gefunden. Sie setzt sich so unter Druck, als „zukünftige Managerin" zu gelten, dass sie ihren Auftritt vernachlässigt und ihre Stärken nicht punktgenau abruft.

Aus der Sicht der Führungskraft von Frau Lange Die Führungskraft von Nicole Lange reagiert konstruktiv und gibt ihr rechtzeitig einen Hinweis auf ihr unausgewogenes Verhalten. Sie überlässt es Frau Lange, die richtigen Schlüsse aus ihrer Bemerkung zu ziehen. Korrekt und ebenso taktvoll wäre es, mit Frau Lange ein bis zwei konkrete Beispiele zu besprechen und sie „auf den richtigen Weg" zu bringen: die passende Selbstvorstellung für das neue Umfeld erlernen und sich als Person auf das neue Unternehmen einlassen.

3.1.2   Stärken nutzen: Mit Leichtigkeit und Kompetenz überzeugen

Dritter Schritt: Stärken nutzen
Nicole Lange verbuchte bereits einige Erfolge auf ihrem persönlichen Karrierekonto. Jetzt geht es darum, diese Stärken noch besser kennen zu lernen. Warum nicht mit diesem „erfolgsgeprüften Kapital" arbeiten, um es auch für die nächsten Schritte zu nutzen? Ihre Talente und Erfahrungen punktgenau abrufen zu lernen, ist vielversprechend und deshalb naheliegend.

Ihr Lernvorteil

Die eigenen Stärken genau einzuschätzen, fällt uns allen schwer. Diese Stärken auch für die Ohren anderer Menschen angenehm auszudrücken – ohne sich auf eher austauschbare Floskeln à la „ich bin flexibel und dynamisch" verlassen zu müssen, ist fast schon eine Kunst. Hier lernen Sie, mit diesen Herausforderungen umzugehen.

Obwohl wir uns alle regelmäßig zu Beginn eines Projekts, bei der Vorstellrunde im Seminar oder beim Kongress einander vorstellen, gehört dies nicht zu den beliebtesten Übungen. Dabei ist der Moment gut geeignet, einen Kontakt zu neuen Gesprächspartnern gezielt aufzubauen – oder auf Ihre besonderen Kompetenzen hinzuweisen. Woher kommt also das Unbehagen, wenn es darum geht, über unsere Leistungen zu sprechen? Meine Antwort: Meist fehlen uns die richtigen Worte, um unsere Erfahrungen und Ziele aus der eigenen Sicht zutreffend auszudrücken. Übliche Floskeln à la „ich bin zielorientiert und engagiert" überzeugen die Zuhörer selten und sorgen schon beim Aussprechen für Unzufriedenheit. Es ist Ihnen auch wichtig, nicht zu übertreiben. Sie möchten sympathisch und kollegial erscheinen – und nicht wie eine Diva. Diese vielschichtigen Anforderungen sorgen häufig für Verunsicherung. Dabei kann es Spaß machen, sich anderen vorzustellen: Es geht meist nur darum, die maßgeschneiderte Art zu finden. Diese Inhalte finden Sie im nächsten Abschnitt:

- Die passende Selbstvorstellung für sich finden
- Hypotheken erkennen

Die passende Selbstvorstellung für sich finden Gehören Sie vielleicht zu den Lesern, die jetzt einen Widerwillen spüren: Schaumschläger und laute Verkäufer „in eigener Sache" sind Ihnen verhasst? So möchten Sie nicht auftreten? Kein Problem: Prüfen Sie gerne zuerst, welche der vorgestellten Instrumente der Profis zu Ihnen passen und mit welcher Übung Sie beginnen möchten. Falls Sie bereits neugierig geworden sind und umfassend an Ihrem Selbstauftritt arbeiten möchten: Eine Übungsmöglichkeit in drei Stufen wartet auf Sie:

1. ein Arbeitsbogen „Die richtigen Worte finden", um Ihre Stärken mit individuellen Formulierungen zu bezeichnen,
2. zwei Arbeitsbögen „Vorbereitung zum Elevator Pitch" und „Ihr Elevator Pitch: Inhalt" zu den Inhalten und der Struktur Ihrer Selbstvorstellung,
3. Formulierungsübungen, damit Sie lernen Ihren Elevator Pitch zu entwerfen.

Um Ihre Stärken – in Bezug auf Ihre beruflichen Ziele – zu beschreiben und reflektieren zu können, nutzen Personalexperten Kompetenzmodelle. Das hier eingesetzte arbeitet mit einer Unterteilung in vier verschiedene Aspekte. Als Erklärungshilfe sind Beispiele beigefügt.

1. Fachkompetenzen: Ihr kaufmännisches Wissen oder Ihre Ingenieurskenntnisse
2. Methodenkompetenzen: Projektmanagement oder Kreativtechniken
3. Soziale Kompetenzen: Gelungene Interaktion in Teams oder Ihre Fähigkeit, mit Konflikten umzugehen
4. Persönliche Kompetenzen: Interkulturelle Kompetenzen oder Führungskompetenzen

Beschreiben Sie bitte zu jedem Aspekt eine Ihrer Kompetenzen im folgenden Fragebogen. Nutzen Sie dafür die Qualifikation und den Begriff, die Ihnen spontan einfallen. Prüfen Sie den Ausdruck anschließend: Gefällt er Ihnen für die Beschreibung Ihrer Stärke? Feilen Sie an einer originellen Formulierung, die Ihre Charakteristik angemessen in Worte fasst – und illustrieren Sie Ihre Stärke dann mit einem Beispiel. Bevor Sie zum Fragebogen weitergehen, lesen Sie meinen Anwendungsvorschlag:

Meine erste Idee Ich bin sehr erfahren im Projektmanagement.

Formulierungsvariante Projektarbeit macht mir Freude, weil ich immer meine Ziele erreiche. Komplexe Aufgaben zu planen und termintreu zu steuern, liegt mir.

Beispiel

Mein letztes Projekt ging über acht Monate. Wir waren pünktlich fertig, obwohl unsere Lieferanten uns immer wieder vor Herausforderungen stellten. Gerade die Unberechenbarkeit der Partner hat mich motiviert, gegenzusteuern und das Budget mit dem Zeitplan einzuhalten. ◄

Arbeitsbogen
Die richtigen Worte finden
Ihre Fachkompetenzen ausdrücken

Meine erste Idee: ....

Formulierungsvariante: ....

Beispiel: ....

Ihre Methodenkompetenz ausdrücken

Meine erste Idee: ....

Formulierungsvariante: ....

Beispiel: ....

Ihre sozialen Kompetenzen ausdrücken

Meine erste Idee: ....

Formulierungsvariante: ....

Beispiel: ....

Ihre persönlichen Kompetenzen ausdrücken

Meine erste Idee: ....

Formulierungsvariante: ....

Beispiel: ....

▶ **Praxistipp** Sprechen Sie über Ihre Motivation und den Spaß bei der Arbeit. Beschreiben Sie Situationen am besten aus der Vogelperspektive, ohne viele Details. Das erleichtert es dem Zuhörer, Ihre Botschaft aufzunehmen und zu erinnern. Falls Sie alleine nicht sofort Formulierungsvarianten finden, die Ihnen gefallen: Arbeiten Sie mit einem Kollegen oder einer Freundin an der Übung.

Elevator Pitch Vertriebsprofis bereiten sich auf den Erstkontakt mit Kunden vor: Sie üben, unter Zeitdruck „in der Länge einer simulierten Aufzugfahrt" einen wichtigen Gesprächspartner von sich zu überzeugen. Das Rollenspiel dauert höchstens drei bis fünf Minuten. Dabei dürfen sie ihr ganzes Repertoire nutzen: Charme, Charisma und natürlich ihre besten Argumente. Ich habe schon Hunderte Teilnehmer aus der ganzen Welt geschult. Selbst echte Profis zeigen immer mal wieder Anlaufschwierigkeiten – oder sind kurzzeitig verbal blockiert. Der „Elevator Pitch" hilft dabei, die eigenen Stärken zu nutzen oder durch schrittweises Üben wieder aufzubauen. Das gibt Ihnen die Sicherheit, um mit maximaler Präsenz in wenigen Momenten neue Gesprächspartner von sich und Ihren Ideen zu überzeugen. Arbeiten Sie zuerst mit dem folgenden Fragebogen, um sich über Ihr Gesprächsverhalten und Ihre Stärken im ersten Kontakt Klarheit zu verschaffen. So bereiten Sie sich effektiv auf die Elevator-Pitch-Übung vor.

▶ **Praxistipp** Meine Coaching-Praxis zeigt: Frauen haben hier häufig zu Beginn Barrieren. Sie fühlen sich als „Aufschneiderinnen" oder „einfach nur aufdringlich". Das liegt aber nicht nur am Selbstbewusstsein. Auch die Erwartungen im privaten wie beruflichen Umfeld an Frauen sind gar nicht so selten noch immer von eher traditionellen Rollenvorstellungen geprägt. Die „bescheidene Zurückhaltung" ist leider auch noch in vielen Chefetagen ein beliebtes Attribut, wenn es um die Beschreibung weiblicher Talente geht. Prüfen Sie nach rationalen Kriterien, was in Ihrer Branche und Ihrem Unternehmen als akzeptabel gilt. Ich plädiere dafür, den Auftritt authentisch zu wählen, ohne zu dick aufzutragen. Also passend zu Ihrem Umfeld und Ihrem Entscheidungsvolumen.

Arbeitsbogen

Vorbereitung zum Elevator Pitch

In welchen Gesprächssituationen sind Sie besonders erfolgreich (beispielsweise im Dialog, Meeting, große Projektdurchsprachen, Vortrag)?

....

Was war Ihr größter Erfolg in einem Gespräch? Was war Ihr Erfolgsfaktor?

....

Welche Strategien nutzen Sie, wenn Sie neue Gesprächspartner kennenlernen (beispielsweise Small Talk, Humor – oder Gespräche über gemeinsame Bekannte)?

1. ....

2. ....

3. ....

Jetzt haben Sie mehr Bewusstsein über Ihre Erfolgsmethoden erhalten. Nun geht es darum, die Inhalte mit dem situationsangemessenen Vorgehen zu verbinden.

Arbeitsbogen

Ihr persönlicher Elevator Pitch: Inhalte

Was möchten Sie anderen über Ihre Person und/oder Ihre Kompetenzen mitteilen?

....

Was unterscheidet Sie von anderen Kolleginnen oder Kollegen?

....

Welchen Nutzen bieten Sie anderen durch den Kontakt mit Ihnen?

bedenken Sie verschiedene Gesprächssituationen: Ihre Kunden, Ihre Kollegen, Ihr Chef – oder spannende Entscheider innerhalb oder außerhalb Ihres Unternehmens.

1. ....
2. ....
3. ....
4. ....

Übung „Formulierungshilfe Elevator Pitch" Erarbeiten Sie nun einen ersten Entwurf für Ihren Elevator Pitch. Sie treten gerade in den Aufzug – und treffen auf mich. Ich bin in diesem Beispiel eine wichtige Bereichsleiterin in Ihrem Unternehmen. Es ist Ihnen wichtig, dass ich schnell Ihre Kompetenzen erkenne. Das Übungsformular unterstützt Sie mit einer Arbeitsanleitung.

Ein Vorschlag als Orientierungshilfe Ich bin Expertin für Kundenkommunikation und Führung. Genau wie Sie arbeite ich hier schon seit mehr als fünf Jahren. In internationalen Projekten sammelte ich Erfahrungen zu beiden Aufgabengebieten. Anschließend leitete ich Presse- und Marketingabteilungen. Als zertifizierter systemischer Coach unterstütze ich heute Teams und Einzelpersonen. Praxisbezug und Praxistauglichkeit sind mir wichtig (50 Wörter).

Im Aufzug
Fassen Sie nun bitte in **maximal 60 Wörtern** zusammen, was Sie mir über sich sagen möchten:

....
....
....
....
....

Je prägnanter, desto besser!
Bitte wiederholen Sie diese Übung: Fassen Sie jetzt in nur **40 Wörtern** zusammen, was Sie mir über sich im Aufzug sagen möchten:

....
....
....
....

▶   **Praxistipp** Entwerfen Sie eine fortlaufende Geschichte mit einem roten
      Faden. Beispielsweise: Beginnen Sie das Gespräch mit einer einfachen
      Bemerkung. Stellen Sie sich mit Ihrem Namen vor – und schildern Sie Ihre Vor-
      züge. Denken Sie aber daran: Der Zuhörer muss Ihre Stärken als Nutzen „ver-
      stehen können", damit er oder sie nachhaltig von Ihnen begeistert ist. Erklären
      Sie dazu anschaulich, wie Ihr Zuhörer von Ihrem Tun profitiert. Üben und
      testen Sie Ihren Elevator Pitch und lassen Sie sich Feedback geben. Feilen Sie
      so lange an Ihrem Elevator Pitch, bis er authentisch wirkt und Ihnen natürlich
      über die Lippen kommt.

Hypotheken erkennen Nicole Lange war enttäuscht von ihrem früheren Arbeitgeber.
Die Versprechen, sie zur Teamleiterin zu befördern, wurden nicht erfüllt. Sie freute sich
darüber, dass ihr neues Unternehmen bei ihrer Initiativbewerbung zugegriffen hatte.
Trotzdem konnte sie nicht einschätzen, warum es so weit kommen musste: Warum hatte
ihre frühere Führungskraft nicht auf mögliche Schwächen hingewiesen?

Fragen wie diese – ohne Antworten – belasten Nicole Lange im Umgang mit ihrer
aktuellen Chefin, aber auch im Kontakt mit neuen Kollegen. Es lohnt sich, die „offenen
Kapitel" der früheren Arbeitsstelle zu betrachten. Nicht immer finden Sie alleine eine
Lösung. Sicher wächst jedoch Ihr Verständnis über die Situation und wie Sie diese
Erfahrungen am neuen Arbeitsplatz beeinflussen.

Arbeitsbogen
Hypotheken erkennen

1. Warum hat Nicole Lange ihren Arbeitgeber gewechselt?

   ....

2. Wie ist ihre emotionale Haltung – wie ist ihre sachliche Betrachtung der
   Gründe?

   ....

   ....

   ....

3. Worauf sollte Nicole Lange achten, um nicht irrtümlich Barrieren oder Herausforderungen falsch einzuschätzen?

   ....

   ....

   ....

Vierter Schritt
Im Rückspiegel – wie ging der Praxisfall weiter?

Zurück zu Nicole Lange Sie hat sich der Situation gestellt. Nach einigem Zögern gestand sie sich ein, wie verletzend sie die Situation bei ihrem früheren Arbeitgeber empfunden hatte. Sie fürchtete sich vor dem Gespräch mit ihrem letzten Abteilungsleiter (Herrn Altmann), nutzte aber die Gelegenheit, nach den Gründen für ihre nicht vollzogene Beförderung zu fragen.

Das Feedback war anders als erwartet: Es lag nicht an Nicole Lange, sondern am fehlenden Budget! Herr Altmann hatte ihren Karrierewillen unterschätzt und bei den Beförderungen einen männlichen Kollegen durchgeboxt. In seiner Berufs- und Führungserfahrung hatte er weibliche Kandidatinnen als geduldiger als Männer kennengelernt. Eine Fehleinschätzung, die er nach dem ersten Schock über den Weggang von Nicole Lange mit Bedauern einräumte.

Ein großer Stein fiel Nicole Lange vom Herzen. Nun hatte sie wieder mehr Selbstbewusstsein. Trotzdem gestand sie sich zu, dass der Einstieg in ein neues Unternehmen und die Vorbereitung auf eine Teamleitung sie sehr forderten – und vielleicht manchmal überforderten. Das wollte sie jetzt anpacken, ohne gleich an ihrer beruflichen Laufbahn zu zweifeln. Damit es wieder mehr Spaß machte, arbeitete sie in einigen Coaching-Sitzungen mit einer Expertin für weibliche Karriereberatung. Sie verstand, dass sie die Situation nicht alleine bewältigen musste, und nahm ihren Alltag wieder mit mehr Humor.

Frau Lange veränderte sich so augenscheinlich, dass ihre Teamleiterin die Coaching-Sitzungen sogar als Teil der üblichen Personalentwicklung für Nachwuchsführungskräfte vom Budget bezahlte und sie darüber hinaus zu ihrem professionellen und zielgerichteten Umgang mit den „kleinen Anlaufschwierigkeiten" beglückwünschte. Im nächsten Schritt übte Nicole Lange mit ihren Freundinnen – einem kleinen Kreis ambitionierter und aufgeschlossener Frauen – am persönlichen Elevator Pitch für jede Lebenslage. Sie trafen sich an mehreren Wochenenden und hatten viel Spaß dabei, sich gegenseitig ihre Meinung zu passenden und sympathischen Beschreibungen ihrer Biografien und ihrer Stärken zu schildern. Diese lockeren Workshops haben nicht nur den Freundeskreis zusammengeschweißt, sondern den Teilnehmerinnen durch das Geben und Annehmen von Feedback mehr Selbstbewusstsein gegeben. Ein wichtiger Schritt in Richtung Führungsaufgabe für alle.

Die Wortschatzlisten und Beschreibungsübungen verschafften Nicole Lange neben guten Formulierungen auch mehr Freiheit darin, sich gerne – und damit unaufgeregt – zu beschreiben. Die Kollegen reagierten mit mehr Offenheit auf sie. Nicole Lange verstand aber auch schrittweise, dass sie als zukünftige Teamleiterin von den anderen mit anderen Augen gesehen wurde als bisher als „schlagfertiger Kumpel" oder „die zuverlässige Kollegin": Sie konnte nicht „Everybodys' Darling" bleiben, wenn sie mehr Verantwortung übernahm. Deshalb investierte sie mehr Zeit für Networking innerhalb und außerhalb der Bank, um wichtige Kontakte zu knüpfen. Nicole Lange ist heute erfolgreiche Abteilungsleiterin. Sie sieht den Wechsel von ihrem ersten Arbeitgeber zum aktuellen Unternehmen jetzt als Bereicherung, nicht mehr als Niederlage. Im Augenblick bereitet sie sich auf weiterführende Aufgaben im Unternehmen in Asien vor.

Fünfter Schritt
Highlights und Lowlights im Praxisfall „Neu im Unternehmen"

Der Schritt fasst für Sie die gelungenen und weniger hilfreichen Schritte der Protagonistin im Praxisfall aus der Beobachterperspektive zusammen. Der Fragebogen „Was nehmen Sie mit?" unterstützt Sie bei der strukturierten Zusammenfassung aller Inhalte aus Ihrer Sicht.

Zusammenfassung
- Nicole Lange wollte sich selbst ihre Enttäuschung über die vorenthaltene Beförderung nicht eingestehen. Für sie gab es nur einen konsequenten Schritt: in ein anderes Unternehmen. Diese Entschlusskraft, für die eigenen Ziele zu kämpfen – gerade, wenn es unbequem wird, ist eine der Stärken von Nicole Lange.
- Sie ist sehr einsatzfreudig und wirkt entschlossen, sich von Befindlichkeiten nicht beeinflussen zu lassen. Trotzdem wäre es hilfreich für Nicole Lange gewesen, die Ausgangslage zu reflektieren und beim Abschied ihre bisherige Führungskraft um ein Feedback zur Zusammenarbeit zu bitten.
- Die Zusammenarbeit mit einer Karriereberaterin hat dieses Versäumnis schnell wieder ausgeglichen: Sie holte die Rückkoppelung mit dem früheren Chef nach und arbeitete mit einem Coach und sogar mit ihrem Freundeskreis an Übungen zu ihrer Selbstwahrnehmung, ihren Zielen und ihrem Auftritt. Hier zeigt sie wieder ihre Arbeitsfreude und ihre anpackende und anziehende Persönlichkeit.
- Der Wert und auch die Bedeutung von Feedback wurden Nicole Lange erst im Prozess wirklich klar – eine Einschätzung, die sich für eine angehende Führungskraft spät einstellte.
- Frau Lange fand jedoch schnell einen Weg, diese Unaufmerksamkeit auszugleichen. Sie setzte ihre Stärken (Kontaktfähigkeit, Humor und ihre exzellente Ausbildung) konsequenter im Kontakt mit anderen ein. Sie lernte schrittweise, Rollenbilder im Arbeitsalltag besser einzuschätzen. Führungskraft sein oder werden heißt, sich daran zu gewöhnen, nicht immer beliebt zu sein. Trotzdem ist es wichtig, ansprechbar und offen für Kontakte zu bleiben.
- Ich empfehle, sich kontinuierlich Feedback zum eigenen Auftritt bei unterschiedlichen Kollegen, Führungskräften und Kunden einzuholen. Freunde und

Familie machen sicher ebenfalls gerne mit. Gestehen Sie sich zu, noch nicht perfekt zu sein. Dann macht es auch Spaß, Ihre Selbstpräsentation zu üben: wie Nicole Lange mit Freunden, im Seminar – oder bei der nächsten Familienfeier, wenn Sie die Laudatio halten. Erfahrungsaustausch im Internet ist nicht jedermanns Sache, jedoch eine weitere Möglichkeit, etwas von anderen zu lernen.

- **Fazit:** Die Karriereentwicklung und das Nutzen von Erfolgspotenzialen im Fallbeispiel sind gut gelungen. Die Situation wurde von Nicole Lange richtig erkannt – und dann passend behandelt. So hat sie ihre Karriere schnell wieder auf Kurs gebracht.

Was nehmen Sie mit? Sie haben den Praxisfall von Nicole Lange aus verschiedenen Perspektiven reflektiert. Bitte fassen Sie nun Ihre stärksten Eindrücke zusammen, um so Ihre Gedanken und Lernfortschritte zu dokumentieren. Das Arbeitsblatt hilft Ihnen dabei, in der Chronologie des Praxiskapitels vorzugehen:

Erster Schritt: Integrations-Systematik
1. Selbstbild und Ziele klären

....

2. Fremdwahrnehmung reflektieren

....

3. Als Person und Expertin überzeugen

....

Zweiter Schritt: Checkpoint

1. ....

2. ....

3. ....

Dritter Schritt: Stärken nutzen

1. Die passende Selbstvorstellung für sich finden

....

2. Hypotheken erkennen

....

3.2   E-Mails bewusst einsetzen

3.2.1   Praxisfall: Gut mit Worten

▶   Susanne Fischer ist eine akribische Ingenieurin in einem Maschinenbauunter-
       nehmen. Sie verbindet Einsatzkraft mit Einsatzwillen. Als verheiratete Mutter von
       zwei Söhnen ist sie perfekt im Zeitmanagement. Schnell hat sie nach dem Studium
       den Sprung von der Projektleiterin zur Abteilungsleiterin geschafft. Sie führt seit
       vier Jahren ein Team von sieben Mitarbeitern. Mit ihren 34 Jahren möchte sie
       noch mehr erreichen und fragt sich, ob ihre Karriere in einer Sackgasse steckt.
       Ihre Führungskräfte sieht sie selten. Susanne Fischer hat den Eindruck, dass sie
       an den Details ihrer Arbeit nicht interessiert sind. Über weiterreichende berufliche
       Perspektiven hat man lange nicht mehr mit ihr gesprochen. Das Unternehmen ist
       national wie international sehr erfolgreich, deshalb gehören Dienstreisen zum All-
       tag von Susanne Fischer. Alle Kollegen halten Kontakt per E-Mail und tauschen
       auf diesem Weg Informationen aus.

Einmal im Jahr findet in ihrem Unternehmen eine Business Conference statt, zu der auch
der ausgewählte Führungsnachwuchs eingeladen ist. Letztes Jahr war Susanne Fischer
nicht dabei: „Stallwache", lachte Dr. Gruber, ihr Chef, bei der Mitteilung. In diesem
Jahr hat sie von ihm eine „Wild Card" ergattert: eine Eintrittskarte, die innerhalb des
Personals vom Management verteilt werden kann. Sie freut sich auf die Gelegenheit, die
aktuelle Unternehmensstrategie direkt bei den Vorträgen zu erfahren und in den Workshops zu diskutieren. Bei der Konferenz trifft sie auf ihren Chef-Chef, der sie gut gelaunt
einigen Kollegen im Management als „seine beste Frau" vorstellt.
       Eine Bemerkung fällt jedoch, die sie betroffen macht. Bevor er sie einführt, sagt er
lachend: „Versprechen Sie mir bitte, dass Sie den Jungs keine Ihrer E-Mails schreiben.
Sonst hetzen die mir den Tierschutzverein auf den Hals." Das Lachen bleibt Susanne
Fischer im Hals stecken, wenn sie auch vor Ort gut mit der Situation umgeht. Ihr Chef, Herr
Dr. Gruber, steht in Hörweite und grinst bei der Bemerkung – wenn auch sehr freundlich.
       Susanne Fischer ist ein präziser Mensch: Sie liebt es, den Dingen auf den Grund zu
gehen, und vergisst selten etwas. Ihr Team schmunzelt zusammen mit ihr gerne über
ihre „Erbsenzählerei". Sie haben zusammen mit den Kollegen der anderen Abteilungen
schätzen gelernt, wie zuverlässig Susanne Fischer komplexe Aufgaben steuert. Sie behält

wirklich alle Details im Auge. Ihren Chef und ihren Chef-Chef sieht Susanne Fischer im Tagesgeschäft so gut wie nie, informiert aber beide regelmäßig per E-Mail über ihre Ergebnisse. Es ist ihr wichtig, umfassend über die Arbeiten im Projekt Auskunft zu geben. Dazu versendet sie an ihre Führungskräfte und Geschäftspartner im Unternehmen lange, komplexe Mails mit Folienpräsentationen im Anhang. Eine bestimmte Gliederung nutzt sie nicht, sie orientiert sich mit der Struktur an den Inhalten. Sie fügt die Folien als ergänzende Information bei – warum auch etwas zweimal schreiben? Aus einer E-Mail von Susanne Fischer:

Referenzzeile: kein Titel

Sehr geehrter Herr Dr. Gruber, ich hoffe, es geht Ihnen gut! Wie immer sende ich Ihnen das regelmäßige Ergebnisreporting meiner Abteilung vom 24. Mai 2011 zu. Ich habe – wie neulich im Gespräch schon angekündigt – alle erreichten Meilensteine beschrieben und gehe ebenfalls auf die offenen Themen ein, die wir unbedingt im nächsten Jour fixe eingehend besprechen sollten. Ich habe mich bei Ihrem Sekretariat bereits um einen Termin bemüht. In den Folien finden Sie wie immer alle weiteren Darstellungen (…).

Ihre Projekte laufen gut und Susanne Fischer erreicht zuverlässig ihre Abteilungsziele. Beide Manager scheinen Vertrauen in sie zu setzen. Aus der Sicht von Susanne Fischer achtet Dr. Gruber wenig auf Details, obwohl sie versuchte, die kurzen Gespräche mit präzisen Informationen anzureichern. Auch in ihre Reportings steckt sie noch mehr Esprit: Ihr Ehrgeiz ist es, durch die Unterlagen wirklich alle Meilensteine und Zwischenergebnisse ihrer Projekte zu dokumentieren, um ihre Führungskräfte mit der Arbeitsleistung im Team zu beeindrucken. Die Bemerkung ihres Chef-Chefs bei der Business Conference zeigte ihr jedoch: Hier läuft etwas falsch. Sie möchte reagieren – aber wie?

Aufgabenstellung und Problemanalyse
Susanne Fischer ist eine verantwortungsvolle und präzise Abteilungsleiterin. Ihr entgeht kein Detail, deshalb haben Mitarbeiter, Kollegen und Führungskräfte großes Vertrauen in ihre Koordinationskompetenzen. Zudem ist sie sehr motiviert. Ihr Team witzelt gemeinsam mit ihr über ihre Detailfreude. Wie sie bei der Business Conference lernt: leider auch das Management. Im Unternehmen werden viele wichtige Informationen per E-Mail verteilt, deshalb fasst Susanne Fischer ihre Statusreporte in umfangreichen Mails mit vielen Anhängen zusammen. Ihre Führungskräfte nehmen wenig oder keinen Bezug auf diese Inhalte. Susanne Fischer fragt sich, warum das so ist. An der Bedeutung ihrer Aufgaben für das Unternehmen kann es nicht liegen. Sie möchte ihrer stagnierenden Karriere Rückenwind verschaffen. Dazu prüft sie ihr Kommunikationsverhalten – und ihre E-Mails.
    Schritt 1: Mut-zur-Lücke-Systematik
    Schritt 2: Checkpoint

> Schritt 3: Stärken nutzen
> Schritt 4: Im Rückspiegel – wie ging der Praxisfall weiter?
> Schritt 5: Highlights und Lowlights im Praxisfall „Gut mit Worten"

Susanne Fischer ist die Zuverlässigkeit in Person. Als Führungskraft behält sie den Überblick, obwohl sie sich selbst als „Mikromanagerin" versteht und auch mal den Fachexperten im Team auf den Zahn fühlt. Schon als junges Mädchen hat sie sich für Details interessiert. Deshalb wurde sie Ingenieurin. Sie wollte verstehen, wie Technik genau funktioniert. Trotzdem gesteht sie sich ein, dass ihr Prädikatsexamen und ihre langjährig geübte Präzision sie nicht auf die nächste Stufe der Karriereleiter bringen.

> **Erster Schritt: Mut-zur-Lücke-Systematik**
> **Ihr Lernvorteil:**
> Jeder wünscht sich Aufmerksamkeit, wenn anspruchsvolle Aufgaben in Erfolge verwandelt werden. Manche Menschen artikulieren dies durch die detaillierte Darstellung ihrer Arbeitsschritte. Meist interessieren sich unsere Kunden und Führungskräfte aber mehr für die Ergebnisse – nicht so sehr für den Weg dahin. Diese Haltung verstärkt sich häufig, wenn elektronische Medien anstatt persönlicher Treffen genutzt werden. Lesen Sie in diesem Abschnitt, wie Sie die „Übersetzungsleistung" in Ihrer Ergebnisdarstellung erreichen.

Menschen brauchen Menschen – sicher kennen Sie diese Redensart. Beruflicher Kontakt findet in vielen Unternehmen jedoch in einem immer stärkeren Umfang per E-Mail statt. Es lohnt sich also, sich mit diesem speziellen Medium zu beschäftigen. Susanne Fischer hatte bisher nie darüber nachgedacht, wie sie eine E-Mail erfolgreich aufbauen und schreiben sollte, damit der Leser sie erfolgreich rezipiert. Jetzt merkt sie: Es lohnt sich. Begleiten Sie sie durch die nächsten Lernschritte.

> **Mut-zur-Lücke-Systematik**
> 1. Schreibmotivation klären
> 2. Leseantrieb verstehen
> 3. Inhalte einer E-Mail passend auswählen und strukturieren

Susanne Fischer freut sich auch nach einigen Jahren Führungspraxis, wenn sie mit ihrem Team einen Arbeitsschritt abschließt. Die anspruchsvollen Ergebnisse zu beschreiben und ihren Führungskräften zu melden, ist wie ein Fest für sie. Jetzt überlegt sie, wie sie diese Motivation für ihre beruflichen Ziele einsetzen kann.

1. Schreibmotivation klären

Dieser Abschnitt klärt verschiedene Schreibmotivationen: Im Beruf geht es darum, Ziele zu setzen und sie zu erreichen. Diese Informationen – gerne in Verbindung mit passendem Selbstmarketing – sollten im Vordergrund stehen.

Ihr Lernvorteil

Sie reflektieren die Inhaltsteile Ihrer Ergebnisberichte und klären, ob alle Aspekte für die Information Ihrer Empfänger wichtig ist.

Fragen zu „Schreibmotivation klären" Was gibt den Anlass, dass Susanne Fischer ihre berühmten E-Mails schreibt?

Antwort

....

....

....

Wie sind diese E-Mails aufgebaut und welche Inhalte beschreibt Susanne Fischer?

Antwort

....

....

....

Passen die Inhalte und der Aufbau der Informationen zum schnellen und kurzen Medium E-Mail?

Antwort

....

....

....

Warum findet Susanne Fischer es wichtig, umfassende E-Mails zu erstellen?

Antwort

....

....

....

Nachdem Sie mit Susanne Fischer nun genauer ihre Schreibabsicht betrachtet haben, geht es nun darum zu überlegen, welchen Leseantrieb die Führungskräfte von Susanne Fischer haben.

2. Leseantrieb verstehen
Das Unternehmen im Praxisfall ist in einer Phase des dynamischen Wachstums. Internationale Erfolge sorgen für viele Dienstreisen bei den Kollegen. Die E-Mails helfen dabei, den Kontakt mit der „Basis in der Heimat" zu behalten, auch wenn die Arbeitstage während der Meetings und Reisezeiten im Ausland schon randvoll sind.

Ihr Lernvorteil
Sie lernen unterschiedliche Leseerwartungen kennen und einschätzen.

Fragen zu „Leseantrieb verstehen" Mit welchen Erwartungen lesen die Führungskräfte die E-Mails auf ihren Geschäftsreisen?

Antwort

....

....

....

In welcher Lesesituation sind die Führungskräfte von Frau Fischer, während sie die E-Mails lesen?

Antwort

....

....

....

Welche Inhalte sind für die Führungskräfte wichtig?

Antwort

....

....

....

Sind diese wichtigen Inhalte in den E-Mails leicht zu finden?

Antwort

....

....

....

Sie haben es gemerkt: Textproduzent und -rezipient können abweichende Motivationen haben, um sich mit einer E-Mail zu beschäftigen. Im nächsten Abschnitt reflektieren Sie, welche Inhalte Susanne Fischer für Ihre E-Mails wählen sollte.

3. Inhalte einer E-Mail passend auswählen und strukturieren
Unternehmensinterne E-Mails müssen sich nicht an den Anforderungen offizieller Briefe messen lassen, was Höflichkeitsformeln angeht. Wir erhalten allerdings täglich so viele Mails, dass es für den Leser sehr entlastend ist, wenn nach dem Mouse-Klick ein gut sortierter Text auf ihn wartet.

Ihr Lernvorteil
Sie nehmen das Alltagsmedium E-Mail genauer unter die Lupe und erkennen seine Bedeutung als „Image-Geber" für Ihr Selbstmarketing.

Fragen zu „Inhalte einer E-Mail passend auswählen und strukturieren" Wie sind die E-Mails von Susanne Fischer aufgebaut? Beispielsweise Gliederung oder Zusammenfassung.

Antwort

....

....

....

Wie ist der Textumfang der E-Mails?

Antwort

....

....

....

Benutzt Susanne Fischer neben der E-Mail noch weitere Kommunikationskanäle?

Antwort

....

....

....

Zweiter Schritt: Checkpoint
Dieser Abschnitt gibt Ihnen die Gelegenheit, Ihre Eindrücke über den Praxisfall und das Verhalten von Susanne Fischer zusammenzufassen. Sie werden in
den Rollen des Beobachters und der Führungskraft um Ihre Meinung gebeten.
Im „Blitzlicht" können Sie dann einen Lösungsvorschlag nachlesen. Bitte
beantworteten Sie dazu die Fragen im Arbeitsbogen Situationsdiagnose.

Ihr Lernvorteil
Sie reflektieren Ihr Bild der Situation. Das ist für die Weiterarbeit sinnvoll, um
sich mit den passenden Lösungsstrategien zu beschäftigen, damit Susanne Fischer
versteht, was sie an ihrem Verhalten ändern kann. Der Vergleich mit einer kurzen
Zusammenfassung „Blitzlicht" bietet Ihnen zusätzliche Anregungen.

Arbeitsbogen
Situationsdiagnose „Gut mit Worten"

1. Wie würden Sie die Situation im Praxisfall beschreiben?

....

2. Worin liegen die Stärken von Susanne Fischer?

....

3. Vor welchen Herausforderungen steht Susanne Fischer aus Ihrer Sicht?

....

Haben Sie eine ähnliche Situation schon einmal selbst erlebt: als Führungs-
kraft oder Experte?
1. Beschreiben Sie bitte die Situation in einigen Stichworten.

....

....

2. Welches Vorgehen würden Sie als Führungskraft von Susanne Fischer vor-
   schlagen?

....

....

3.2.1.1 Blitzlicht

Situation im Praxisfall Susanne Fischer jongliert mit detailreichen Zusammen-
hängen und behält dabei den Überblick. Ihre Führungskräfte und Geschäftspartner vertrauen der Abteilungsleiterin, sind aber von den inhaltsreichen und kaum gegliederten
Berichten überfordert. So kommt es, dass sie sich im Tagesgeschäft nicht intensiv mit
den Leistungen von Frau Fischer beschäftigen (können).

Die Stärken von Susanne Fischer Frau Fischer steuert präzise auch komplexe Projekte
mit Blick für alle Aspekte – bis zu Kleinigkeiten. Anspruchsvolle Themen kann sie ebenfalls gut mit strategischem Blick aufnehmen. Sie erfüllt immer ihre Abteilungsziele, weil
sie ihr Team motivieren kann. Der Umgang mit ihren Mitarbeitern wirkt freundschaftlich
und ist von gegenseitigem Vertrauen geprägt.

Die Herausforderungen von Frau Fischer Für weiterführende Managementaufgaben ist es wichtig, Aufmerksamkeit in der Chefetage zu erhalten. Dort arbeiten Menschen, die meist durch ihre Leitungsfunktion eine Distanz zum Tagesgeschäft entwickelt haben. Susanne Fischer muss lernen, ihre Texte und Ergebnisberichte mit Blick auf diese Anforderungen zu verbessern und dabei mehr auf strategische Aspekte einzugehen als auf Details.

Aus dem Blick einer Führungskraft Susanne Fischer ist eine kompetente Ingenieurin und leistet viel für das Unternehmen, weil sie ihr Familienleben mit ihren Dienstreisen und Führungsaufgaben verbindet. Allerdings fühlt sie sich bei der Erstellung von Texten und Vortragsfolien „nicht zu Hause". Ein Hinweis, dass Frau Fischers E-Mails nicht lesefreundlich sind, wäre wertvoll gewesen. Leider hat ihre Führungskraft versäumt, das Thema anzusprechen. Für Frau Fischer hat dies Konsequenzen: Sie wirkt durch ihre E-Mails wenig strategisch auf das Führungsteam. Ein Eindruck, der sich ungünstig auf ihre weiteren Beförderungen auswirkt. Die Bemerkung der Führungskraft bei der Business Conference war sicher nicht böse gemeint, unterstellt Frau Fischer aber kein großes Entwicklungspotenzial. Jetzt liegt es an ihr zu beweisen, was in ihr steckt – ohne ihre Führungskraft mit unnötigen Vorwürfen zu belasten.

3.2.2   Stärken nutzen: Medien überzeugend einsetzen

Dritter Schritt: Stärken nutzen
Susanne Fischer ist eine erfolgreiche Frau. Sie verbindet ein glückliches Familienleben mit einer Führungsaufgabe in ihrem Traumberuf, der „Männerdomäne Ingenieurin". Zuverlässigkeit und präzise Arbeitsweise sind ihre Erfolgsfaktoren. Jetzt geht es darum zu verstehen, in welchen Situationen ihr diese Stärken im Weg stehen können. Susanne Fischer möchte passende Strategien zum Einsatz bringen. Schließlich ist sie noch lange nicht am Ende der Karriereleiter angekommen.

Ihr Lernvorteil
Es ist motivierend, die eigenen, lebenslangen Erfolgsfaktoren zu erkennen. Manchmal fordert uns der Arbeitsalltag auf, diese „Schlüsselqualifikationen" neu zu bewerten und verändert zum Einsatz zu bringen. Hier lernen Sie, diese Situationen zu erkennen, humorvoll damit umzugehen – und ab und zu an den Hinweis von Kurt Tucholsky zu denken: „Das Gegenteil von gut ist nicht böse, sondern gut gemeint."

Geht es Ihnen wie Susanne Fischer, und Sie haben bisher nicht über Ihre E-Mails nachgedacht? Es lohnt sich: E-Mail sind das Hauptkommunikationsmittel im Beruf. In diesem Abschnitt erfahren Sie mehr darüber, wie Ihre elektrische Post von Ihren Geschäftspartnern gerne gelesen wird:

- Der Aufbau gut lesbarer E-Mails
- Visualisierungshilfen, die zu Computer- und Handy-Lesern passen
- Statusbericht für Führungskräfte/Management Summary

Der Aufbau gut lesbarer E-Mails Für erfolgreiche Texte im Internet gilt die Regel: Halten Sie sich kurz und setzen Sie die wichtigsten Informationen an den Anfang. Dieser Gedanke hilft Ihnen auch bei der Planung Ihrer wichtigen E-Mails, denn Sie sollten eine klare (innere) Gliederung verfolgen. Die folgende Checkliste hilft Ihnen, die Grobstruktur vor dem Schreiben – im Kopf oder auf dem Notizblock – zu erstellen und die wichtigen Punkte im Blick zu behalten:

Checkliste für den Aufbau von E-Mails
- **Aussagekräftige und zutreffende Betreffzeile**
  Bedenken Sie: Sicher konkurriert Ihre E-Mail mit vielen anderen im Postfach des Empfängers. Ein prägnanter Begriff sorgt für mehr Aufmerksamkeit. Die Mühe lohnt sich also – und die E-Mail ist bei Bedarf schneller auffindbar, wenn man sich an den Betreff erinnert. Beispiele sind: „Ergebnisse August 2011", „Teilprojekterfolg in Dubai September 2011" oder „Budgetplan 2011 Produktion".
- **Passende Anrede zu Beginn**
  Die Regel lautet: Im Zweifelsfall lieber zu förmlich als zu leger, ist die Regel. Wenn Sie in einem Unternehmen arbeiten, in den Sie sich auch mit Mitgliedern des Managements duzen, gilt eine besondere Etikette. Achten Sie trotzdem darauf, nicht zu „kumpelhaft" zu schreiben. Falls Sie unsicher sind: Ein Bezug zur Tageszeit in der Anrede ist immer passend: Guten Morgen, guten Tag oder guten Abend.
- **Kommen Sie schnell auf den Punkt**
  E-Mails sollen schnell lesbar sein: Fallen Sie also mit der Tür ins Haus. Ihr Leser wird es Ihnen danken.
- **Passend bei allen Inhalten: Aufzählungen mit Aufzählungszeichen nutzen**
  Dieser Trick verschlankt Ihren Text. Sehr wirkungsvoll sind die Aufzählungen auch, wenn Sie Daten und Fakten übermitteln wollen. So kann der Leser die Inhalte schnell aufnehmen und hat eine Gliederung vor Augen.

- **Schreiben Sie in kurzen Sätzen**
  Vermeiden Sie komplizierte Satzkonstruktionen, denn das lässt Ihre Inhalte kompliziert wirken. Achten Sie darauf, wenige Adjektive zu benutzen. Diese beschreibenden Details sind in einer Mail eher Ballast als Hilfestellung. Lassen Sie auch Füllwörter wie „hingegen", „natürlich", „gleichwohl", „durchaus" weg. Sie nehmen Ihrem Text die Klarheit, helfen Ihnen aber nicht dabei, Ihren Inhalt zu transportieren.
- **Optisch abheben, wenn Sie eine Reaktion vom Leser erwarten**
  Weisen Sie Ihren Leser auf eine Handlungsanweisung optisch hin. Beispielsweise durch den Hinweis „Nächster Schritt durch Sie" oder „Ihr nächstes To do". Erwarten Sie keine konkrete Reaktion, versenden Sie Ihre E-Mail als Kopie. Sie erleichtern den Lesern die Arbeit, wenn Sie einen Hinweis geben wie „@ Herrn Becker: Wir halten Sie über die nächsten Schritte der Umsetzung informiert. Konkrete Aktionen erwarten wir von Ihrem Team bis dahin nicht." Falls Sie einen Rückruf vom Leser erwarten, schreiben Sie Ihre Telefonnummer gut sichtbar zur Aufforderung. Auch dann, wenn Sie sie in der Signatur ebenfalls ausweisen.
- **Schriftart, Sonderzeichen und Schriftgröße**
  Auch wenn Ihnen Ihr Corporate Design Freiheiten lässt: Bleiben Sie sachlich und vergessen Sie nicht, dass Sonderzeichen nicht an jedem Computer lesbar sind.
- **Schlussformel**
  Hier gilt wie bei der Begrüßung: im Zweifelsfall lieber korrekt. Ansprechend und mittlerweile in vielen Schreiben üblich sind Zusätze wie „Beste Grüße aus Wiesbaden", „Viele Grüße aus dem sonnigen Berlin" oder „Es grüßt Sie aus Bayern".
- **Signatur mit Ihren Kontaktdaten**
  Vergessen Sie niemals Ihre Kontaktdaten, selbst wenn Sie mit Ihren Geschäftspartnern schon länger im Austausch stehen. Es ist eine willkommene Entlastung, wenn man nicht nach einer Telefonnummer suchen muss.

Prüfen Sie Ihren Schreibstil mit dieser Übung, vielleicht finden Sie noch Verbesserungspotenzial. Diese E-Mail stammt von Susanne Fischer. Im Anschluss finden Sie einen Textvorschlag mit Editionen.

Aus einer E-Mail von Susanne Fischer
Referenzzeile: kein Titel
    Sehr geehrter Herr Dr. Gruber, ich hoffe, es geht Ihnen gut! Wie immer sende ich Ihnen den Ergebnisbericht meiner Abteilung vom 24. Mai 2011 zu. Ich habe –

wie neulich im Gespräch schon angekündigt – alle erreichten Meilensteine beschrieben und gehe ebenfalls auf die offenen Themen ein, die wir unbedingt im nächsten Jour fixe eingehend besprechen sollten. Ich habe mich bei Ihrem Sekretariat bereits um einen Termin bemüht. In den Folien finden Sie wie immer alle weiteren Darstellungen (…)

Textvorschlag mit Editionen
Referenzzeile: Reporting vom 24. Mai 2011
    Sehr geehrter Herr Dr. Gruber,
    Sie erhalten das Reporting meiner Abteilung vom 24. Mai 2011 zu:

- Erreichten Meilensteinen
- Offenen Themen

Besonders erfreulich ist unsere Zielerreichung im Projekt Genesis, die zu einer Einsparung von 200.000 € führte.
    Im Anhang finden Sie eine PowerPoint-Präsentation.
    Für Rückfragen stehe ich Ihnen bei unserem nächsten Gesprächstermin zur Verfügung. (…).

Reflexionsfragen zu beiden Textvorschlägen

- Welche Unterschiede im Aufbau stellen Sie fest?
- An welchen Stellen haben sich der Satzbau und die Wortwahl verändert?
- Welche E-Mail erleichtert aus Ihrer Sicht das schnelle Lesen?

Mit dem folgenden Arbeitsbogen können Sie Ihre E-Mails prüfen: Sind Sie schon zufrieden mit dem Aufbau und der Wortwahl? Orientieren Sie sich bei Bedarf an dem Beispiel oben.

Arbeitsbogen
Der Aufbau erfolgreicher E-Mails

1. Was ist Ihr wichtigster Inhalt: An welcher Stelle Ihrer E-Mail steht er?

    ....
    ....

2. Nutzen Sie für die Kernargumente eine optische Hervorhebung wie beispielsweise Spiegelstriche?

   ....

   ....

3. Welche Formulierungen verwenden Sie bevorzugt?

   ....

   ....

4. Beschreiben Sie die Inhalte mit überflüssigen Adjektiven oder benutzen Sie
   Füllwörter: Wenn ja, welche? An welchen Stellen könnten Sie sich noch klarer
   ausdrücken?

   ....

   ....

   ....

Zur Gestaltung von Geschäftsbriefen gibt es viele hilfreiche Praxisbücher. Falls Sie sich
weiter informieren möchten, finden Sie am Ende des Abschnitts Literaturtipps.

▶ **Praxistipp** Denken Sie daran: E-Mails werden von Ihren Geschäftspartnern
archiviert und können oft nach Jahren noch als Argumentationsgrundlage
benutzt werden. Nehmen Sie das Kommunikationsmittel deshalb ernst, auch
wenn Sie Ihre privaten E-Mails in ungezwungenem Stil verfassen. Prüfen Sie
auch bei lockerem Umgang in Ihrem Unternehmen, was Sie in emotionalen
Momenten schreiben. E-Mails werden häufig weitergeleitet, in der Praxis
auch ohne Ihre Zustimmung. Behalten Sie also im Blick, dass Ihre E-Mails wie
Visitenkarten von Ihnen wirken, was Inhalt, Stil und Optik angeht.

Visualisierungshilfen, die zu Computer- und Handy-Lesern passen E-Mails werden
nicht immer an großen Bildschirmen im Büro gelesen. In den meisten Fällen werfen die
Leser einen ersten Blick auf ihrem Smartphone, ihrem Netbook oder dem Laptop darauf.
Welche Anforderungen stellt das an die Gestaltung Ihrer Texte?

Visualisierungshilfen
• **Wichtiges oben:** Achten Sie auf möglichst kurze Schreiben. Im Internet – und
  damit auch bei E-Mails – folgt der Inhalt der Form, wegen der spezifischen
  technischen Anforderungen. Setzen Sie deshalb die wichtigen Textstellen nach

oben, dann muss Ihr Leser erst bei den Themen der „zweiten Priorität" scrollen. Das erhöht die Aufmerksamkeit, weil sich die Botschaft mit hoher Geschäftsrelevanz sofort beim Öffnen der E-Mail zeigt.

- **Kurz ist Trumpf:** Ihre Leser arbeiten in vielen Arbeitssituationen – und nicht nur auf Geschäftsreisen – mit kleinen Bildschirmen. Das Format begünstigt „Wenigzeiler". Selbst wenn Sie gerne umfassend berichten: Die Chancen, dass Ihre Leser alle Inhalte wahrnehmen, sind hier realistisch betrachtet eher gering. Erwarten Sie also nicht zu viel von Ihrer E-Mail: geben Sie einen guten Überblick und kommen Sie bei Bedarf im nächsten Telefonat oder Gespräch unaufgeregt auf Ihre Inhalte und wichtige Details zu sprechen.
- **Immer Kontaktdaten:** Achten Sie auf gut lesbare Kontaktdaten bei jeder E-Mail, die Sie versenden. Bei Bedarf kann sich Ihr Geschäftspartner dann bei Ihnen melden. Logografiken sorgen übrigens auf Smartphones häufig für Übertragungsschwierigkeiten. Viele Leser bevorzugen deshalb Textsignaturen.
- **Gezielte Hervorhebungen:** Durch die besondere Textformatierung der kleineren Bildschirme eignen sich Absätze und Aufzählungen, um auf Sinninhalte aufmerksam zu machen. Fette und kursive Schriften sind nicht auffällig genug. Kursivschrift kann die Lesefreundlichkeit Ihrer Texte erschweren. Vermeiden Sie Textgestaltung durch Einrückung: Meist sorgt das auf den Bildschirmen der Empfänger für Verwirrung.

Statusbericht für Führungskräfte/Management Summary Besondere Aufmerksamkeit verdienen Management Summarys, die per E-Mail versendet werden. Zum Einen durch ihre besondere Bedeutung der Inhalte und der Zielgruppe – zum anderen, weil diese Anhänge auf den Smartphones nicht gut lesbar sind. Klären Sie, ob auch Ihre wichtigste Zielgruppe sich gerne über aktuelle E-Mails auf dem Handy informiert. Richten Sie Ihre E-Mail-Texte mit Anhängen gezielt darauf aus – und werben Sie dafür, dass Ihre Folien zu einem späteren Zeitpunkt in Ruhe gelesen werden. Hier einige Vorschläge für Sie:

Hinweise für Statusberichte
- **Prägnante Darstellung:** Achten Sie auch bei Ihren Management Summarys auf prägnante Darstellungen mit wenigen Folien. Erwähnen Sie im Text, dass es sich beispielsweise um drei oder fünf Folien handelt. Das motiviert Ihre Leser und nimmt ihnen die Sorge, mit 70 komplexen Charts umgehen zu müssen.
- **Umgang mit Anhängen:** Klären Sie, ob in Ihrem Unternehmen ein Content-Management-System zur Verfügung steht. Legen Sie die Präsentationen auf diese gemeinsamen Laufwerke ab und versenden Sie nur die Links. Das erleichtert den Zugriff direkt vom Smartphone aus.

- **Papierloses Büro:** Arbeitsweisen sind unterschiedlich. Es gibt Berufe und Branchen, in denen die Sekretariate Papierausdrucke wichtiger Unterlagen für Führungskräfte erstellen. Als Teil einer Arbeitstradition oder auch als Gegentrend zum papierlosen Büro. Wenn das in Ihrem Unternehmen so ist: Nutzen Sie diese Tatsache – und bringen Sie eine ansehnliche Mappe vorbei und kündigen Sie diesen Schritt in Ihrer E-Mail nur kurz an.

▶ **Praxistipp** Sicher kennen Sie das: Sie haben eine E-Mail an einen hochrangigen Geschäftspartner beim Kunden oder in Ihrem eigenen Unternehmen geschrieben. Jetzt warten Sie auf eine Reaktion – sie kommt aber nicht. Die unausgesprochene Regel lautet hier: „Wichtige Persönlichkeiten antworten nicht immer." Keine Antwort bedeutet meist, dass keine Einwände zum Vorgehen bestehen. Bedenken Sie allerdings, dass die Bearbeitungszeiten im Management höher sind. Ihre E-Mail wird also vielleicht erst deutlich nach dem Schreiben gelesen. Vermeiden Sie Telefonanrufe à la: „Ich hatte Ihnen doch eine E-Mail geschrieben. Jetzt wollte ich mal nachfragen …" Lassen Sie einen Bearbeitungszeitraum verstreichen – und legen Sie dann mit den Arbeitsschritten los, die Sie in Ihrer E-Mail angekündigt hatten.

Vierter Schritt
Im Rückspiegel – wie ging der Praxisfall weiter?

Zurück zu Susanne Fischer Frau Fischer liebt Zahlen – und hasst Texte. Schon in der Schule hatte sie eine Abneigung gegen Aufsätze. Bisher war ihr nicht bewusst, dass sie einen großen Teil ihrer Arbeitszeit als Ingenieurin ausgerechnet ihrer Schwäche nachging: Sie schrieb Texte, wenn auch per E-Mail.

Durch den Zwischenfall auf der Business Conference ging ihr plötzlich ein Licht auf. Sie erklärte alles detailliert, weil sie davon überzeugt war, sie könne sich nicht gut ausdrücken und müsse deshalb alles so genau darstellen. Schriftlich wie mündlich. Es war ihr bisher nicht in den Sinn gekommen, dass E-Mails eine Wirkung auf ihr Image im Unternehmen haben könnten. Susanne Fischer verstand, dass sie regelmäßig bei allen Kollegen für Aufmerksamkeit sorgte. Nur leider nicht durch hilfreiche Assoziationen – sondern sie wirkte eher detailverliebt und anstrengend. Das verstellte den Blick auf ihre beeindruckenden Ergebnisse. Dagegen wollte sie angehen.

Sie wandte sich bei nächster Gelegenheit an ihren Chef. Herr Dr. Gruber reagierte erst etwas betroffen: „Haben wir Sie da neulich bei der Business Conference ein bisschen zu hart angefasst?" Susanne Fischer konzentrierte sich in ihrer Antwort auf den Erkenntniswert der Situation. „War ja sehr hilfreich", lächelte sie knapp und professionell. Sie erfuhr im Gespräch mehr über die Rezeptionsvorlieben einiger Kollegen. Dr. Gruber hätte sogar nichts gegen Telefonate einzuwenden, wenn besondere Meilensteine gelungen seien. Eine gute Nachricht direkt zu erfahren: wunderbar!

Schrittweise fand sie bei vielen Geschäftspartnern die Gewohnheiten heraus: Der kaufmännische Leiter, Dr. Schneider, erzählte bei einem Mittagessen, er lese nie die Texte von Mails – aus Zeitgründen. Er konzentriere sich auf die Excel-Tabellen mit den Zahlen. Das sei seine Welt. Wenn dann noch Fragen offenblieben, griff er zum Telefonhörer. Die Vertriebskollegen mit hoher Reisetätigkeit hingegen lasen nur die Mails, weil ihre Smartphones die Anhänge wie Folienpräsentationen oder Tabellen zwar zeigten, das Lesen auf den kleinen Bildschirmen jedoch mühevoll war. Sie erwarteten eine kurze Ergebnisschau oder einen Hinweis auf eine gewünschte Aktion von ihrer Seite.

Susanne Fischer merkte: Viele E-Mails im Unternehmen fanden nicht die verdiente Aufmerksamkeit. Ihr neues Wissen und den geschärften Blick wollte sie dafür einsetzen, ihre Ergebnisdarstellungen zielgerichtet für berufliche Anerkennung zu nutzen. Besondere Ergebnisse wollte sie natürlich über den „großen Verteiler" versenden, im Nachgang schickte sie einzelnen Gesprächspartnern die Inhalte in einer bewusst kurzen „persönlichen Aufbereitung", die mehr auf die Lesegewohnheiten dieser Managementmitglieder einging. Das zeigte Wirkung: Dr. Gruber erzählte einige Monate später, dass ihre Arbeitsergebnisse bei einer Managementtagung „als Asset" positiv in der Runde kommentiert wurden.

Parallel arbeitete Susanne Fischer an der Leserattraktivität ihrer E-Mails: Sie übte hartnäckig, wichtige Aspekte ihrer Texte besser herauszuarbeiten.

Schnell wirkten ihre E-Mails übersichtlicher. Auch an ihren Formulierungen feilte sie: anfangs mit schlechter Stimmung, nach den ersten Komplimenten ihrer Mitarbeiter mit wachsender Motivation. Als Nebeneffekt veränderte sich auch ihre gesprochene Sprache. Ihre Vorliebe für lange Schachtelsätze verschwand. Anstatt komplizierter fachlicher Details ergänzte sie ihr Repertoire durch strategische Ursache-Wirkung-Zusammenhänge.

Die Reaktion ihres Umfelds ließ nicht auf sich warten. Plötzlich unterbrach man sie seltener, und der Dialog in ihren Gesprächen mit Mitarbeitern und Kollegen wurde intensiver. Ihre genaue Beobachtungsgabe und ihre Fähigkeit, exakte Berichte anzufertigen, sorgten einige Zeit später dafür, dass Dr. Gruber und sein Chef Susanne Fischer als Leiterin des US-Büros für Governmental Affairs vorschlugen. Gerade ihre Besonnenheit empfahl sie für die Aufgabe, erklärte ihr Dr. Gruber später seine Wahl. Susanne Fischer lebt heute mit ihrer Familie in Washington D.C. und vertritt ihr Unternehmen bei US-amerikanischen Wirtschaftsverbänden und bei der amerikanischen und deutschen Bundesregierung.

Fünfter Schritt
Highlights und Lowlights im Praxisfall „Gut mit Wörtern"

Dieser Abschnitt fasst für Sie die gelungenen und weniger hilfreichen Schritte der Protagonistin im Praxisfall aus der Beobachterperspektive zusammen. Der Fragebogen

„Was nehmen Sie mit?" unterstützt Sie bei der strukturierten Zusammenfassung aller Inhalte aus Ihrer Sicht.

Zusammenfassung

- Die hohe Bedeutung geschriebener Sprache im Unternehmen hatte Susanne Fischer falsch eingeschätzt: Diese selektive Wahrnehmung hatte mit ihrer Abneigung gegen Texte zu tun.
- Im Management kann man sich die „persönliche Sicht auf die Welt" nicht leisten: Ein realistischer Blick auf die Situation – und die Einschätzung anderer – ist durch nichts zu ersetzen. Diese Lektion hatte Susanne Fischer jetzt gelernt.
- Ihre Ergebnisberichte wirkten auf das Führungsteam detailüberladen – und deshalb nicht strategisch. Das überschattete den Blick auf ihre beeindruckenden Arbeitsergebnisse als Abteilungsleiterin. Ein karriereentscheidendes Image-Thema, nicht nur ein banales Textthema.
- Susanne Fischer zeigte Selbstbeherrschung und Contenance bei der Business Conference, als ihre Führungskräfte den Witz über ihre E-Mails machten. Das war ein guter Schritt für ihre Wahrnehmung im Management. Wortreiche Verteidigungen an dieser Stelle hätten sie als humorlos diskreditiert. Es war sinnvoll, ihre Führungskraft Dr. Gruber später in unaufgeregter Weise um Feedback zu bitten. Die E-Mails waren der „greifbare Teil der Eisbergspitze" und gaben den Blick des Managements auf die Karriereeinschätzung von Susanne Fischer frei. Durch den harmlosen Aufhänger zeigte Dr. Gruber plötzlich mehr Offenheit im Gespräch – vermutlich wollte er sich bisher einfach nicht in die Karten gucken lassen, was seine Pläne mit Susanne Fischer anging.
- Frau Fischer arbeitete mit Methode an ihrem Image. Im ersten Schritt schätzte sie die Situation realistisch und sachlich ein. Mit der Hilfe von Fachliteratur zu Geschäftskorrespondenz und Rhetorik feilte sie an ihren Texten und Ergebnisberichten. Nüchterner Methodeneinsatz gehört im Berufsalltag zu ihren Stärken, es war deshalb ein besonderer Entwicklungsschritt, diese Stärken in einem neuen Feld zum Einsatz zu bringen. In der Beratung beeindruckte mich besonders, dass sie nie ihre Fähigkeiten als Abteilungsleiterin in Zweifel zog. So sparte sie wertvolle Energie, um mehr über die Wahrnehmung anderer zu lernen. Sie erkannte: Es war auch ein Zeichen von Respekt, die Sichtweise ihrer Gesprächspartner auf die Notwendigkeit von Details anzunehmen. Das verbesserte ihr Kommunikationsverhalten – und intensivierte langfristig viele Kontakte und Beziehungen.
- **Fazit:** Die Karriereentwicklung und das Nutzen von Erfolgspotenzialen sind im Fallbeispiel gut gelungen. Susanne Fischer reagierte auf ihre Karriereklippen gefasst und umsichtig. Die Tragweite der Situation für ihre Laufbahn hat sie erkannt und richtig gehandelt. Das ist das entscheidende Handwerkszeug für ihren weiteren Berufsweg.

Was nehmen Sie mit? In diesem Abschnitt fassen Sie wichtige Aspekte im Praxisfall von Susanne Fischer zusammen. Indem Sie Ihre Notizen in das Arbeitsblatt eintragen, fällt es Ihnen leichter, Ihr neues Wissen zu wiederholen und zu festigen. Auch persönliche Hinweise oder Kommentare finden hier ihren Platz, damit sie möglichst viele Anregungen in Ihren Alltag mitnehmen können.

Erster Schritt: Mut-zur-Lücke-Systematik

1. Schreibmotivation klären

   ....

2. Leseantrieb verstehen

   ....

3. Inhalte einer E-Mail passend auswählen und strukturieren

   ....

Zweiter Schritt: Checkpoint Situationsdiagnose

1. ....

2. ....

3. ....

Dritter Schritt: Stärken nutzen

1. Der Aufbau gut lesbarer E-Mails

   ....

2. Visualisierungshilfen, die zu Computer- und Handylesern passen

   ....

3. Statusbericht für Führungskräfte/Management Summary

   ....

3.3   Kompetenz in Präsentation und Vortrag ausstrahlen

3.3.1   Praxisfall: Angemessen im Mittelpunkt stehen

▶   Dr. Claudia Weber ist beeindruckend geradlinig: Noch im Volkswirtschafts-
studium knüpfte sie Kontakte zu einem international agierenden Zulieferer der
Automobilindustrie. Mit Praktika in den USA, Asien und Australien sammelte
sie Berufs- und Unternehmenserfahrung. Nach dem Prädikatsexamen stieg sie in
Australien als Referentin für Wettbewerbsbeobachtung ein – oder, wie es „down
under" hieß, als „Associate Market Intelligence". Ihre Doktorarbeit absolvierte
sie im Fernstudium berufsbegleitend – an einer renommierten deutschen Hochschule. Nur wenig später übernimmt sie mit 27 Jahren im Stammhaus in München
eine Abteilung von vier Mitarbeitern. Dr. Claudia Weber kam in Sydney gut
zurecht. Sie hatte sich die Akzeptanz im Team erarbeitet. Auch in der neuen Aufgabe war ihr Arbeitsumfeld nach den ersten Schritten positiv gestimmt. Von ihren
Präsentationen im Leitungskreis der Geschäftseinheit zeigten sich die Kolleginnen
und Kollegen dort allerdings weniger begeistert.

Dr. Claudia Weber unterstützte mit ihrer neuen Abteilung einen Geschäftsbereich mit
Marktinformationen zu Absatz und Wettbewerb. Ihre Aufgabe ist es, das bisher eher
intuitive Vorgehen der Division zu professionalisieren. Frau Dr. Weber ist kürzlich zur
Führungskraft befördert worden. Innerhalb der Managementstruktur steht sie damit auf
der untersten Stufe. Ihre Abteilung gilt als „Support" für die Einheiten, die direkt das
Geschäftsergebnis durch ihre Profit- und Lost-Verantwortung erwirtschaften.

Claudia Weber hat sich schnell eingearbeitet: Sie erstellt zutreffende Analysen
und entwirft praxisorientierte Maßnahmenpläne, die sie selbstbewusst vertritt. Der
Managementkreis findet sie motiviert – aber auch ambitioniert. „Eine Überfliegerin
direkt aus Australien eingeflogen", grinsen die anderen Führungskräfte, wenn sie über
Claudia Weber sprachen. „Die Frau Doktor muss sich ihre Hörner noch abstoßen.
Wir hören uns ihre Ideen im Abteilungsleiter-Meeting erst mal in Ruhe an", ist die
gemeinsame Meinung.

Trotz dieser Gespräche sind alle besorgt, bei der ehrgeizigen Beurteilung von Frau Dr.
Weber schlecht wegzukommen. Auf Arbeit durch neue Methoden – mehr oder weniger
praxistauglich von der „Doktorin" konzipiert – haben die alten Hasen auch nicht gerade
gewartet. Die Kolleginnen und Kollegen waren meist schon lange im Unternehmen. Fast
alle kamen aus Süddeutschland und arbeiten immer in diesem Teil des Unternehmens:
echte Praktiker, die den regionalen und überregionalen Markt nicht aus dem Lehrbuch
kannten, sondern durch jahrelange Berufserfahrung. Als Frau Dr. Weber als letzte Vortragende im Meeting das Wort ergreift, herrschte Schweigen. Die vorangegangenen
Präsentationen und teilweise hitzigen Fachgespräche forderten Konzentration vom
Publikum. Der Chef, Florian Schiller, verteilte den Tag über kleine Rügen und weitere

---

Markt und Wettbewerbsforschung

Grundlage für Profilierungskonzept
In einem wirtschaftlichen Umfeld mit steigendem Wettbewerbsdruck hängt der Erfolg
davon ab, ob es gelingt, sich mit einem kundenorientierten und individuellen
Profilierungskonzept am Markt zu positionieren.

In Zeiten starker Marktdynamik müssen wir Wettbewerber beobachten, denn
- die Strategien der starken Wettbewerber bestimmen den Handlungsfreiraum,
- Angebots der Wettbewerber beeinflussen das Anspruchsniveau der Kunden,
- die Penetration von Märkten ist ohne Berücksichtigung von Wettbewerbsaktivitäten
  sehr risikoreich,
- bestehende Kundenbeziehungen werden von aggressiven Wettbewerbern unterwandert.

Stärken und Schwächen erforschen
Die Wettbewerbsanalyse dient dazu, die Stärken und Schwächen der potenziellen
Wettbewerber zu erforschen. Dabei wird nicht nur ein äußerlicher Eindruck analysiert,
sondern mit ausgewählten Verfahren, wie zum Beispiel Testkäufen, Kunden- und
Verbraucherbefragungen, ein klares Bild vom Marktauftritt des Wettbewerbs geschaffen.

Zielsetzung ist es, …
… aus diesen Erkenntnissen die Konsequenzen für das eigene Unternehmen zu ziehen.
Besonderes Augenmerk liegt auf der Konzentration unserer Stärken in Bezug auf die
Schwächen des Wettbewerbs.

Abb. 3.1 Typische Folie aus dem Vortrag von Dr. Claudia Weber

Aufgaben. So liegen jetzt neue, anspruchsvolle Geschäftsziele vor den Kollegen. Die
Teilnehmer wirkten erschöpft und angespannt.

Claudia Weber ist von den gesteigerten Anforderungen nicht betroffen, deshalb
begann sie in bester Stimmung unvermittelt mit ihrem Vortrag. Da sie mit ihrer Arbeit
gut vorankommt, stellt sie gleich mehrere Projekte vor. Sie erzählte von „ihren Fort-
schritten": Ihr Team und der Beitrag der anwesenden Kollegen kommen bei den Aus-
führungen nicht vor. Die Folien enthalten Methodenvorschläge mit vielen Details
(Abb. 3.1).

Ein Anwendungsbeispiel oder den generellen Praxisnutzen erwähnt Frau Dr. Weber
nicht. Sie ist Feuer und Flamme für ihr Thema, sprach eindringlich und ging beschwingt
im Raum auf und ab. Der Führungskreis ist irritiert. Auf sie wirkte das ziemlich forsch –
und die Inhalte eher theoretisch.

Zuerst lief alles nach Plan, dann begannen zwei der Zuhörer miteinander zu tuscheln,
kurz darauf immer lauter werdend zu plaudern. Dr. Claudia Weber fragte die beiden
Herren, ob sie eine Sachfrage stellen möchten. Nach kurzem Kopfschütteln unterhielten die Direktoren sich in aller Ruhe weiter. Obwohl Frau Dr. Weber mit fester
Stimme weiterspricht, ist sie überrascht. Die Situation entwickelt sich zum Kräftemessen. Ihr Chef griff nach dem nächsten Agendapunkt ein und bat um Zwischenfragen,
obwohl Frau Dr. Weber um Anmerkungen nach ihrem Vortrag gebeten hatte. Sie lässt es
geschehen.

Jetzt meldet sich ein weiterer Kollege mit aggressiver Stimme: „Das ist ja alles schön
und gut, Frau Doktor, aber was genau bringt mir das jetzt bei meinem Kunden? Das

mag ja an Ihrer Uni oder von mir aus auch in Australien so funktionieren. Auf unserem schwierigen Markt jedenfalls nicht!"

Gerade als Claudia Weber Luft holt, um zu antworten, übernahm ihr Chef Florian Schiller die Moderation der Gruppe. Er sorgte für eine konstruktive Diskussion. Allerdings eine, die nichts mit dem Beitrag von Claudia Weber zu tun hatte. Bald zeigten alle wieder die gewohnt konstruktive Grundhaltung. Sonst blieb wenig Zeit für Austausch, weil das Programm immer voll war. Bestürzt sitzt sie auf einem Stuhl beim Rednerpult und zog sich nach einiger Zeit auf ihren Platz zurück. Frau Dr. Weber fühlt sich wie ein kleines Kind, obwohl sie mit ihrem professionellen Auftritt alles andere als „das Mädchen gab". Was war falsch gelaufen? Sie reflektierte die Situation mit einer Expertin.

Aufgabenstellung und Problemanalyse

Dr. Claudia Weber tritt professionell auf. Ihre internationalen Erfahrungen geben ihr das Selbstbewusstsein, um auch bei anspruchsvollen Aufgaben nicht nervös oder verschüchtert zu wirken. In Präsentationen überzeugte sie normalerweise ihre Gesprächspartner mühelos mit Inhalt und Ausdruck – auch in Australien hatte sie sich berufliche Akzeptanz erarbeitet. Als neues Mitglied im Management-Team im Stammhaus in München zeigten sich ihre Zuhörer trotz penibler Vorbereitung kritisch, auf Konfrontationskurs und nicht wirklich an ihren Inhalten interessiert. Dr. Claudia Weber konnte nicht nachvollziehen, was sie zu dieser Situation bei-getragen hatte. Eines war ihr jedoch klar: Sie wollte alles dafür tun, um beim nächsten Mal nicht so „an die Wand zu laufen", und wandte sich an eine Expertin.

Schritt 1: Kleine-Ursache-große-Wirkung-Systematik

Schritt 2: Checkpoint

Schritt 3: Stärken nutzen

Schritt 4: Im Rückspiegel – wie ging der Praxisfall weiter?

Schritt 5: Highlights und Lowlights im Praxisfall „Angemessen im Mittelpunkt stehen"

Dr. Claudia Weber ist nicht leicht aus der Fassung zu bringen. Sie argumentiert auch in anspruchsvollen Situationen ruhig und überzeugend, deshalb fand sie bisher schnell Akzeptanz bei ihren Gesprächspartnern im Kollegenkreis wie im Senior Management. Auch in der Familie und im Freundeskreis hält sie öfter eine Laudatio zu Geburtstagen oder einen interessanten Diavortrag. Auf der Bühne zu stehen und dabei übergangen zu werden, ist sie nicht gewohnt. Jetzt will Dr. Claudia Weber analysieren, wie sie erfolg-reich an sich arbeiten kann.

Erster Schritt: Kleine-Ursache-große-Wirkung-Systematik
Ihr Lernvorteil: Erfolgreiche Menschen arbeiten mit einer Erfolgsstrategie, mit der sie ihre einzelnen Schritte in der Vorbereitung und Umsetzung professionalisiert haben. Natürlich ist uns allen bewusst, dass jedes Vorgehen einmal ganz oder in Teilen scheitern kann. Die Irritation ist trotzdem groß, wenn wir dann ab und zu in eine Situation geraten, die eine Neuorientierung in Bezug auf unsere Erfolgsstrategie nötig erscheinen lässt.

Präsentationen kann man vorbereiten: sachlich korrekt und sicher vorgetragen sind sie erfolgreich. So hätte Dr. Claudia Weber bis vor Kurzem argumentiert. Über die Bedeutung der Präsentationsatmosphäre hatte sie bisher nie nachgedacht. Sie machte doch nur ihren Job, welche Befindlichkeiten könnten gegen ihre Präsentation sprechen? Jetzt merkt sie: Bei einem Vortrag im Management-Team liegen die Anforderungen an diesen Aspekt deutlich höher. Begleiten Sie sie durch die nächsten Lernschritte.

Kleine-Ursache-große-Wirkung-Systematik
1. Präsentationsmethoden prüfen
2. Präsentationsatmosphäre analysieren
3. Individuelle Vorbereitungen treffen

Dr. Claudia Weber legte Wert auf sachlich korrekte Informationen in ihren Präsentationen. Dann fühlte sie sich sicher und trug die Inhalte mit Freude und sehr selbstbewusst vor. Bei Präsentationsseminaren hatte sie einiges gehört über „bildhaft, kurz und klar strukturiert". So war sie mit ihrer Vortragsweise immer erfolgreich gewesen, deshalb blieb sie bei ihrem Stil. Jetzt wollte sie ihre Präsentationsweise jedoch auf den Prüfstand stellen.

1. Präsentationmethoden prüfen
Nach Jahren der PowerPoint-Schlachten in den Unternehmen orientieren sich aktuell viele Referenten um: Reduziertere Medien sind wieder in Mode. Was bleibt, ist die Anforderung an den Redner, die Inhalte für den Zuhörer so klar vorzustellen, dass die eingesetzten Medien nicht im Vordergrund stehen und dass die Sprechabsicht und die wichtigen Botschaften bei den Teilnehmern gut ankommen.

Ihr Lernvorteil
Prüfen Sie, an welchen Stellen Sie Ihre Präsentationsmethoden verbessern können, um Botschaften und Inhalte bildhaft und klar strukturiert darzulegen.

Fragen zu „Präsentationmethoden prüfen" Konzentriert sich Dr. Claudia Weber in ihrem Vortrag auf ein ausgewähltes Thema oder auf mehrere?

> **Antwort**
>
> ....
>
> ....
>
> ....

Stellt Claudia Weber viele Details dar oder gibt sie den Zuhörern Informationen zum Überblick?

> **Antwort**
>
> ....
>
> ....
>
> ....

Nutzt Frau Dr. Weber Anwendungsbeispiele oder andere Möglichkeiten, um bildhaft über den Praxisnutzen zu sprechen?

> **Antwort**
>
> ....
>
> ....
>
> ....

Wie übersichtlich und ansprechend sind die Folien von Frau Dr. Weber gestaltet?

> **Antwort**
>
> ....
>
> ....
>
> ....

Frau Dr. Weber war kürzlich zur Führungskraft befördert worden. Innerhalb der Managementstruktur steht sie aber jetzt erst auf der letzten Stufe. Sie gilt mit ihrer Abteilung als Support für die Divisionen, die direkt zum Geschäftsergebnis durch ihre Profit- und Lost-Verantwortung beitragen. Ob das etwas mit dem Benehmen ihrer Kollegen zu tun hatte?

2. Präsentationsatmosphäre analysieren

Was beeinflusst die Kollegen von Dr. Claudia Weber, während sie ihre Präsentation hält? Sie denken vielleicht: Das kann man doch nicht wissen – und außerdem sollte der Sachinhalt der Präsentation in einem professionellen Team doch alle Zuhörer überzeugen – und nicht etwa persönliche Haltungen oder Stimmungen. Leider zeigt die Praxis, dass Sie sich darauf nicht verlassen sollten.

Ihr Lernvorteil

Erwartungen und Voreinschätzungen erkennen lernen, um Ihre Vorbereitung zu professionalisieren.

Fragen zu „Präsentationsatmosphäre analysieren" Wie lange gibt es die Abteilung und das Aufgabengebiet von Dr. Claudia Weber im Geschäftsbereich?

Antwort

....

....

....

Sind die Abteilung und das Aufgabengebiet von Dr. Claudia Weber bereits etabliert?

Antwort

....

....

....

An welcher Stelle in der Agenda fand die Präsentation von Dr. Claudia Weber statt? Wie werten Sie das in Bezug auf ihre Stellung in der Hierarchie?

Antwort

....

....

....

Wie groß ist das Interesse der Kollegen im Managementkreis an den von Frau Dr. Weber neu entwickelten Methoden?

> **Antwort**
>
> ....
>
> ....
>
> ....

Dr. Claudia Weber hat analysiert, was an ihren Vortragsmethoden verbesserungsfähig ist und auf welche Vorüberlegungen ihr Vortrag bei den Zuhörern wahrscheinlich trifft. Jetzt arbeitet sie daran, sich künftig realistisch auf Störungen ihrer Präsentationen vorzubereiten. Sie möchte nach dem Motto „kluge Frau beugt vor" die Situation besser im Griff behalten.

> **3. Individuelle Vorbereitungen treffen**
> Störungen in Vorträgen haben wir alle schon erlebt. Der Referentin verursachen sie Stressgefühle – und auch für die anderen Teilnehmer bedeuten sie häufig eher einen Nervenkrieg als eine willkommene Hilfestellung. Um eine Strategie entwickeln zu können, ist es sinnvoll, mögliche Konfliktfelder oder Ihre Schwachstellen beim Vortrag im Vorfeld zu analysieren. Sie nehmen dem Störer den Wind aus den Segeln, wenn Sie souverän mit der Störung umgehen. Claudia Weber lernt jetzt, die Situation neu einzuschätzen.

> **Ihr Lernvorteil**
> Durch die sinnvolle Vorbereitung lernen Sie, mit Störungen in Ihren Vorträgen umzugehen. So behalten Sie die Situation im Griff.

Fragen zu „Individuelle Vorbereitungen treffen" Wodurch unterscheidet sich Dr. Claudia Weber von den anderen Mitgliedern im Management-Team? Welche Achillesfersen hat Dr. Claudia Weber aus Ihrer Sicht?

> **Antwort**
>
> ....
>
> ....
>
> ....

Wie kann Dr. Claudia Weber diese „Kritikpunkte" aus der Sicht der Management-Kollegen ausgleichen, ohne sich zu verbiegen?

Antwort

....

....

....

Welche Vorbereitung erscheint Ihnen sinnvoll, um im nächsten Meeting nicht in die gleiche Situation zu kommen?

Antwort

....

....

....

Zweiter Schritt: Checkpoint
Dieser Abschnitt gibt Ihnen die Gelegenheit, Ihre Eindrücke über den Praxis-fall und das Verhalten von Frau Dr. Weber zusammenzufassen. Sie werden in den Rollen des Beobachters und der Führungskraft um Ihre Meinung gebeten. Im „Blitzlicht" können Sie dann einen Lösungsvorschlag nachlesen. Bitte beantworteten Sie dazu die Fragen im Arbeitsbogen Situationsdiagnose.

Ihr Lernvorteil
Sie reflektieren Ihr Bild der Situation. Das ist sinnvoll, um sich mit den passenden Lösungsstrategien für Frau Dr. Weber zu beschäftigen. Vergleichen Sie Ihre Notizen mit meiner Zusammenfassung „Blitzlicht".

Arbeitsbogen
Situationsdiagnose „Angemessen im Mittelpunkt stehen"

1. Wie würden Sie die Situation im Praxisfall beschreiben?

....

2. Worin liegen die Stärken von Frau Dr. Weber?

....

3. Vor welchen Herausforderungen steht Frau Dr. Weber aus Ihrer Sicht?

....

Haben Sie eine ähnliche Situation schon einmal selbst erlebt: als Führungs-kraft oder Experte?

1. Beschreiben Sie bitte die Situation in einigen Stichworten.

....

....

2. Welches Vorgehen würden Sie als Führungskraft von Dr. Claudia Weber für sich wählen? Welche Maßnahmen schlagen Sie für Frau Dr. Weber vor?

....

....

3.3.1.1 Blitzlicht

Die Situation im Praxisfall Das Management Team hat bereits einen langen Tag mit Präsentationen und Diskussionen hinter sich, als Frau Dr. Weber mit ihrem Vortrag an der Reihe ist. Sie spricht über das neue Thema „Markt- und Wettbewerbsbeobachtung", das die Kolleginnen und Kollegen zu veränderten Arbeitsweisen zwingen wird. Die Begeisterung ist nicht groß. Claudia Weber tritt den ranghohen Managementkollegen sehr selbstbewusst gegenüber, das sorgt zusätzlich für schlechte Stimmung.

Die Stärken von Dr. Claudia Weber Sie recherchiert umfassend und ist mit dem Inhalt ihrer Präsentation gut vertraut. Ihre große Sachkenntnis gibt ihr Selbstbewusstsein, deshalb lässt sie sich auch von Störungen durch das Publikum nicht schnell verunsichern.

Vor diesen Herausforderungen steht Frau Dr. Weber Claudia Weber ist in ihrer neuen Aufgabe als Abteilungsleiterin Teil des Management-Teams. Aus der Sicht dieser Kollegen ist sie aber noch lange nicht auf Augenhöhe mit ihnen, weil sie im Dienstgrad gerade auf der ersten Stufe im Vergleich zu ihren Kolleginnen und Kollegen steht. Diesen wichtigen Aspekt hat Frau Dr. Weber übersehen.

Ihr eher akademischer Stil ist den Kollegen noch nicht vertraut und sorgt für Akzeptanzschwierigkeiten der „Frau Doktor". Frau Dr. Weber hat ihre Folien-präsentation ungünstig gestaltet. Vielen Inhalten können die Zuhörer nach dem langen Tag nur schwer folgen. Man unterstellt Frau Dr. Weber, dass ihre Praxiserfahrung nicht ausreicht, um das Tagesgeschäft im Unternehmen zu verstehen. Ihre Ambitionen in Kombination mit modernen Methodenkenntnissen sorgen für Verunsicherung bei den alt-gedienten Führungskräften. Diese Gefühlslage sorgt für Spannungen während des Vor-trags.

Aus der Sicht der Führungskraft Frau Dr. Webers Ernennung zur Führungskraft ist ein Zeichen für einen Kulturwandel im Unternehmen. Immer mehr junge, gut aus-gebildete Kollegen sollen für eine professionellere Arbeitsweise sorgen. Eine Führungs-kraft wie Florian Schiller sollte wissen, dass dies bei „Geweihträgern" auf Kritik stoßen kann. Die (teilweise) unfairen Einwände der Gruppe zu Frau Dr. Webers Vortrag konnten für eine erfahrene Führungskraft nicht unerwartet sein.

Hilfreich ist es, eine Nachwuchskraft auf die Atmosphäre während des Vortrags vor-zubereiten. Den Hinweis und die entsprechende Anleitung, dass sich Frau Dr. Weber ihr Publikum und dessen konstruktive Haltung erst „erobern" muss, hätte sie von ihrem Chef erwarten können. Leider hat man nicht immer so viel Glück. Wenn Sie sichergehen wollen: Reflektieren Sie die Situation umfassend und bereiten sich auf „eine kleine Brise" vor.

3.3.2 Stärken nutzen: Sich für Neues öffnen

Dritter Schritt: Stärken nutzen
Dr. Claudia Weber ist kein Angsthase. Bei der Wahl ihres Mottos ließ sie sich von Eleanor Roosevelt inspirieren: „Eine Frau ist wie ein Teebeutel: Man erkennt erst, wie stark sie ist, wenn sie im heißen Wasser ist." Die Situation im Jour fixe hat sie allerdings betroffen gemacht. Anstatt sich überfordert zurückzuziehen oder ein-geschüchtert ihre Kompetenzen infrage zu stellen, arbeitet sie an ihrem Standing im Kollegenkreis. Sie hat verstanden, dass neben der guten inhaltlichen Vor-bereitung auch der situationsangemessene persönliche Auftritt zählt. Die rasche Situationsanalyse im Raum kurz vor der Präsentation und der spezifische Umgang mit Störungen über den Präsentationserfolg entscheiden über den Gesamterfolg.

Ihr Lernvorteil
Kurz vor dem eigenen Vortrag konzentrieren sich Referenten im Geiste auf die Kernbotschaften ihrer Präsentation. Wichtiger ist es jetzt, die Zuhörer zu

beobachten und deren aktuelle Bedürfnisse und Erwartungen zu erkennen. Sie erfahren in diesem Kapitel, wie Sie die Anforderungen an Sie als Vortrags- referentin und an Ihre Vortragsweise besser erkennen und sensibel darauf reagieren können.

Dr. Claudia Weber erhält für ihre Präsentationen gewöhnlich gutes Feedback. Ihr Erfolgsfaktor war bisher die ambitionierte Vorbereitung der Inhalte: intensive Recherchen mit kenntnisreicher Darstellung der Informationen. Als engagierte Praktikantin oder später als Junior oder Senior Expertin mit Potenzial war sie mit dieser Strategie immer erfolgreich gewesen. Als Führungskraft und Teil des Leitungskreises einer Geschäftseinheit gelten offensichtlich neue Spielregeln für die Reaktionen ihres Publikums. Nicht mehr nur sachliche Kriterien sind entscheidend für den Erfolg mit Präsentationen – auch politische Aspekte wie persönliche Akzeptanz und Kooperations- vermögen sind jetzt wichtig. Die Rolle von Dr. Claudia Weber im Unternehmen hat sich grundlegend verändert: Sie muss bei einem Vortrag auch zeigen, dass sie bestehende Auffassungen im Management-Team respektiert und sich auf die Bedürfnisse im Kollegenkreis einstellt, wenn sie neue Vorgehensweisen vorschlägt. Frau Dr. Weber muss also ihre Präsentationstechnik ihrer neuen Aufgabe anpassen. Lesen Sie, mit welchen Methoden sie das schafft. Sie arbeitet mit diesem Material:

- dem Arbeitsblatt „Stimmungsbarometer"
- den Praxistipps zur Foliengestaltung
- den Reflexionshilfen aus dem Präsentationsentstörer

Stimmungsbarometer Lange Jours fixes fordern die Konzentration der Teilnehmer. Der Kollegenkreis hat meist keinen regelmäßigen Arbeitskontakt und nutzt die Gelegen- heit für Abstimmungen. So kommen auch zwischenmenschliche Anliegen hoch. Dazu gehört auch die aktuelle Teamdynamik. Die Zusammenarbeit in solchen Gremien erleben die Mitglieder deshalb als stressig. Ist das so, können die Nerven schnell blank liegen: Neuigkeiten werden ausgetauscht oder Aufgaben formuliert und verteilt. Es kommt zu Diskussionen und nicht selten zu Meinungsverschiedenheiten. Meist stellen die Team- mitglieder oder Gäste mit Präsentationen den Status quo der Aufgabenerfüllung vor. Diese Berichte sind nicht immer teilnehmerfreundlich aufgebaut und deshalb – und auch wegen ihrer fachlichen Komplexität – anstrengend. Durchdenken Sie auch solche Aspekte in der Vorbereitung auf Ihren Vortrag. Sie liefern Rahmenbedingungen in der Vortragssituation, die wichtig für Ihren Präsentationserfolg sind.

▶   **Praxistipp** Es liegt nicht in unserer Hand, die Situation zu bestimmen, in der
     wir einen Vortrag halten. Es kommt öfter mal zu Reaktionen wie Plaudern
     oder sogar Unhöflichkeiten, die eher der Situation als Ihren Vortragsinhalten

geschuldet sind. Souveräne Redner kennen die Erfolgsfaktoren, um bei ihren Vorträgen Unmut zu vermeiden oder in den Griff zu bekommen: Sie verändern beispielsweise spontan die Einleitung, setzen einen neuen Schwerpunkt oder sorgen durch eine kurze Diskussion für einen Stimmungsaufheller zum Einstieg.

Sammeln und ordnen Sie die Informationen, die auf die Zuhörer von Claudia Weber wirken. Nutzen Sie die Arbeitsblätter unten.

Arbeitsbogen
Stimmungsbarometer
Wie ist die aktuelle Gemütslage im Managementmeeting? Prüfen Sie, auf welche Stimmung Sie im Publikum mit Ihrer Präsentation treffen:

- Es ist wie unter Freunden: Während der Sitzung wird viel gelacht und diskutiert.
- Die Stimmung ist entspannt: Alle freuen sich über die Informationen und den Austausch.
- Sachliche Meinungsverschiedenheiten werden aufgedeckt und konstruktiv gelöst.
- Es gibt unterschiedliche Auffassungen, die nicht offen diskutiert werden.
- Es gibt Spannungen zwischen den Teilnehmern, die für persönliche Differenzen sorgen.
- Das Programm ist sehr voll: Interaktion ist bei dem engen Zeitplan nicht möglich.
- Die Stimmung ist schlecht und verkrampft: Alle sind froh, wenn das Meeting vorbei ist.

....

....

Welche Folgen hat das für den Auftritt von Claudia Weber aus Ihrer Sicht?

....

....

Wie beeinflussen die Botschaften ihrer Vorredner Frau Dr. Webers Präsentationskonzept? Hier einige Möglichkeiten:

- Die Informationen erweitern ihren Blick, liegen jedoch nicht in ihrem Aufgabengebiet.

- Die Vorträge bringen neue Erkenntnisse für sie und ihr Aufgabengebiet, die aber die Darstellungen in ihrem Vortrag nicht berühren.
- Die Inhalte der anderen Redner weisen auf unterschiedliche Auffassungen zu den Inhalten ihrer Präsentation hin (Meinungen, Qualität der Inhalte, Lücken).
- Die Präsentationen zuvor lieferten Konfliktpotenzial, weil unter den Anwesenden neue Aufgaben formuliert und verteilt werden (müssen). Sie ist nicht betroffen.

....

....

Wie könnte Claudia Weber mit dieser Situation zu Beginn ihres Vortrags erfolgreich umgehen?

....

....

Dr. Claudia Weber reflektierte die Situation im Jour fixe nachträglich mit dem Arbeitsbogen. Sie fühlte sich immer noch etwas unfair behandelt. Das Gefühl von Enttäuschung verschwand jedoch, denn sie war jetzt in der Lage, die Sicht ihrer Kolleginnen und Kollegen im Leitungskreis zu erkennen und nachzuvollziehen. Bei der nächsten Präsentation wollte sie während des Meetings die Stimmung der Kollegen beobachten, um darauf zu reagieren.

Praxistipp für Folienpräsentationen Auch über den Platz ihrer Präsentation auf der Tagesordnung wollte sie mit ihrem Chef sprechen. Mein Rat, um die Folienpräsentation von Claudia Weber zu verbessern: Folien mit langen Texten ohne klare Gliederung sind ungeeignet für einen Vortrag. Textfolien sollten gut gegliedert sein und – das ist wichtig – eher wenig Text enthalten. Arbeiten Sie mit Aufzählungszeichen. Komplexe Methodendiskussionen sind in einem Vortrag im Unternehmen fehl am Platz. Besser ist es, wenn Sie als „Beweis" ein Anwendungsbeispiel nutzen. Strategie-Überlegungen folgen dann in Ergänzung zur Praxis. Das macht Ihren Vortrag griffiger und – vor allem – geschäftsbezogen. Verzichten Sie auf aufwendiges Layout, wenn das nicht Ihr Stil ist. (Frau Dr. Weber hat eine Abneigung gegen „Krimskrams" auf Folien, wie sie sagte. Bilder und Grafiken wollte sie deshalb vermeiden.) Bemühen Sie sich um eine nachvollziehbare Struktur und deutliche Argumente. Frau Dr. Weber erstellte die Folie Abb. 3.2. Auch diese Folie ist eine Textfolie, allerdings zu einem Praxisfall. Diese Version ist lesefreundlicher, weil sie mit weniger Text auskommt als die Folie in Abb. 3.1.

Anwendungsbeispiel:
Wettbewerbsbeobachtung der Firma Sunshine

- Umsatz

- Marktposition

- Produktportfolio

- Investition in Forschung und Entwicklung

- Schlüsselkunden

- Mitarbeiter

- Lieferanten und Partner

- Strategie-Aussage

Dr. Claudia Weber: Abteilung für Markt und Wettbewerbsforschung

Abb. 3.2 Folie mit einem Anwendungsbeispiel ohne intensiven grafischen Aufwand

Präsentationsentstörer Auch bei bester Vorbereitung: Störungen sind insbesondere in einem Managementteam bei einer Präsentation nicht ungewöhnlich. Obwohl wir alle schon einmal bei einem Vortrag unterbrochen oder sogar gestört wurden, ist der professionelle Umgang damit nicht einfach. Überraschenderweise nehmen auch Profis den Umgang mit unfairen oder kritischen Zwischenfragen nicht in die Vorbereitung auf. Selbst wenn Sie in solchen Situationen sehr geistesgegenwärtig reagieren, verbessert die sinnvolle Reflexion im Vorfeld Ihre Durchschlagskraft. Es hilft Ihnen, Ihre Überlegungen unter zwei Aspekten vorzunehmen:

1. Themen, die Sie mit der Präsentationssituation erklären
2. Aspekte, die Sie eher mit Ihrer Rolle oder Person in Zusammenhang bringen

Im Folgenden finden Sie einzelne Szenen des Praxisfalls mit Anregungen für die Vorbereitung.

1. **Themen, die durch die Präsentationssituation geprägt sind**
   - **Erste Situation:** Die Mitglieder im Management-Team sind angestrengt und sogar etwas genervt vom Jour fixe. Den ganzen Tag Präsentationen, verlangt viel Konzentration. Die Diskussionen zu den Fachthemen sind folgenreich. Wer sich nicht geschickt positioniert, muss neben Lob auch mal direkten Tadel vom Chef einstecken können. Und zwischen den Kollegen herrscht zwar professioneller Respekt, aber auch viel Ehrgeiz.

Anregung für die Vorbereitung: Claudia Weber kann den anstrengenden Tag nicht ungeschehen machen – das ist auch nicht ihre Aufgabe. Sie kann jedoch mit ihren Eröffnungsworten auf das „Stimmungsbarometer im Raum" eingehen. Aus meiner Sicht ist es angemessen, die Situation direkt anzusprechen à la: „Wir haben heute schon viele Informationen ausgetauscht. Mir geht einiges durch den Kopf, was mich sicher noch lange Zeit beschäftigen wird. Gerade deshalb freue ich mich jetzt darauf, mit Ihnen über die ersten Schritte meiner Abteilung zu sprechen. Natürlich wünsche ich mir auch, einen Beitrag zu unserem Geschäftsbereich zu leisten." Damit zeigen Sie professionelle Zuwendung – übertreiben es aber auch nicht.

- **Zweite Situation:** Frau Dr. Weber leitet eine neue Abteilung. Sie soll das bisherige Verhalten der Geschäftsbereiche prüfen und standardisierte Maßnahmenkataloge entwickeln. Alle machen sich Sorgen, bei der ehrgeizigen Beurteilung schlecht wegzukommen. Und auf viel Arbeit durch neue Methoden – mehr oder weniger praxistauglich von der jungen Kollegin konzipiert – haben die alten Hasen nicht gerade gewartet.

  Anregung für die Vorbereitung: Claudia Weber sollte in der Präsentation nur auf die Stärken im bisherigen Vorgehen der Geschäftsbereiche eingehen. Schwächen sind für die Analyse zwar wichtig, sie gehören aber nicht unbedingt zum Rede-text einer frisch berufenen Abteilungsleiterin, die sich im Management- Team integrieren muss. Über die vorgestellten möglichen Veränderungen sollte Claudia Weber zu weiteren, inhaltlichen Diskussionen einladen. Durch eine kurze Präsentation kann sie keine umfassende Zustimmung erreichen.

- **Dritte Situation:** Claudia Weber ist sehr aktiv, und die ersten Teilprojekte ihrer Abteilung sind gut gelungen. Sie ist sehr stolz darauf und möchte in ihrer Präsentation auf alle Schritte, die gewonnenen Einsichten und deren Nutzen genau eingehen. Das überfordert die Kollegen, die am Ende des anstrengenden Tages den Details über Markt- und Wettbewerbsforschung nur schwer folgen können.

  Anregung für die Vorbereitung: Claudia Weber hat ihre Präsentation zu sehr mit Inhalten überfrachtet. Sie wollte den Kollegen schließlich spannende Inhalte bieten – und auch zeigen, wie viel sie schon erreicht hatte. In der kurzen Zeit, die sie für ihren Vortrag hatte, überforderte sie das Team. Besser ist es, einen Aspekt exemplarisch für einen Themenkomplex vorzustellen. Informationen über die weiteren Projektschritte kann sie in persönlichen Gesprächen oder als Ergebnis-zusammenfassung im Protokoll anbieten.

- **Vierte Situation:** Als Dr. Claudia Weber während ihrer Präsentation von ihren Kollegen verbal angegriffen wurde, hat sich ihre Führungskraft schützend vor sie gestellt: Der Chef von Frau Dr. Weber übernahm die Gesprächsführung und moderierte die Gruppe wieder in Richtung einer konstruktiven Diskussion. Frau Dr. Weber verließ „die Bühne" jedoch nicht gestärkt, sondern kleinlaut. Sie fühlte sich vor den anderen im Managementteam bloßgestellt.

Anregung für die Vorbereitung: Viele Führungskräfte neigen zu diesem Beschützerverhalten, sogar mit den besten Absichten. Für den Betroffenen ist die Intervention des Ranghöchsten schwer auszuhalten: Fast automatisch wirkt man fachlich oder persönlich schwach. Claudia Weber fühlte sich als Expertin wie „ausradiert". Ein Machtwort vom Chef zu ihren Gunsten zur rechten Zeit kann in einer schwierigen Diskussion sehr hilfreich sein. Den Vortrag abzubrechen und die Moderation zu übernehmen, war etwas zu viel Hilfe. Lebhafte Diskussionen sind in Managementmeetings keine Seltenheit. Sinnvoll wäre es gewesen, wenn Claudia Weber das gemeinsame Vorgehen mit ihrer Führungskraft abgestimmt hätte. Eine klare Rollenverteilung sorgt für einen koordinierten Auftritt auch in Konfliktsituationen.

- **Fünfte Situation:** Mit Fragen – auch störenden Zwischenfragen – war Claudia Weber immer gleich umgegangen. Sie sagte stets: „Ich möchte Ihre Frage später beantworten. Darf ich sie zurückstellen?" Bisher kam das bei ihren Zuhörern gut an – und in der Zwischenzeit konnte sie sich in Ruhe eine passende Antwort zurechtlegen. Die Seniors im Managementkreis schienen sich von dieser Taktik jedoch provoziert zu fühlen. Als Ausdruck von Frau Dr. Webers Kompetenz nahmen sie ihren Hinweis jedenfalls nicht auf.

  Anregung für die Vorbereitung: Manche Zwischenfragen verlangen direktes Handeln, weil sie in der Situation zum Symbol für Wertschätzung und Aufmerksamkeit zwischen dem Redner und der Gruppe werden. Als Leiterin einer neuen Abteilung macht Frau Dr. Weber eine bessere Figur, wenn sie zugewandt und kundenorientiert auftritt. Sie sollte auf Fragen sofort reagieren, sonst wirkt sie auf die Zuhörer schroff oder überheblich. Die Wahrscheinlichkeit, einen deutlich ranghöheren Gesprächspartner zu verstimmen, wenn Claudia Weber ihn auf später vertröstet, ist hoch.

2. **Aspekte, die Sie eher mit Ihrer Rolle oder Person in Zusammenhang bringen**
   Die Erwartungen an eine Abteilungsleiterin sind anders: Sie repräsentiert ein – wie in unserem Fallbeispiel – neues Aufgabengebiet, das sich im Geschäftsbereich seine Akzeptanz erst noch erarbeiten muss. Langjährige Führungskräfte sehen einen neuen Abteilungsleiter nicht immer gleich auf Augenhöhe. Der manchmal kritische Blick richtet sich auf kurze Praxiserfahrungen. Gleichzeitig sorgen aktuelle wissenschaftliche und internationale Berufserfahrung bei den alten Hasen unterschwellig für Verunsicherung.

- **Erste Situation:** Claudia Weber ist im Managementkreis die erste Frau mit einem Doktortitel. Ihr eher akademische Stil im Vortrag und bei Gesprächen ist für die Kollegen noch fremd. Auch die Auslandserfahrung von Frau Dr. Weber sorgt für Skepsis. Man kann nicht konkret nachvollziehen, was Claudia Weber wirklich zuzutrauen ist: Die normalen Netzwerke zwischen den Führungskräften, um mal „zu hören, was die frühere Abteilung so sagt", funktionieren nicht bis nach Australien.

Anregung für die Vorbereitung: Diese Eigenschaften lassen Frau Dr. Weber nicht direkt unsympathisch für die Kollegen wirken – aber schlecht einschätzbar. Claudia Weber sollte dafür sorgen, dass sich die Kollegen ein klares Bild von ihrer Persönlichkeit und vor allem ihrer beruflichen Motivation machen können.

- **Zweite Situation:** Claudia Weber konzentrierte sich auf ihre Sachaufgaben und war ganz von ihnen erfüllt. Sie war durch ihre Aufgabe aber auch Teil des Management-Teams. In der Hierarchie stand sie jedoch auf der niedrigsten Stufe im Führungskreis. Im Vergleich zu ihren Kolleginnen und Kollegen war sie eine „Novizin", die man eher als Assistentin betrachtete, als dass man sie als verantwortliche Kollegin auf Augenhöhe akzeptierte. Dr. Claudia Weber war nicht bewusst, dass ihr – aus der Sicht der Kollegen – sehr selbstbewusstes Auftreten Unmut provozierte. Das war nicht ganz fair, aber menschlich.

   Anregung für die Vorbereitung: Dr. Claudia Weber verfügt über zahlreiche fachliche Stärken und ausgedehnte internationale Erfahrungen. Diese Vorteile sollte sie natürlich bei der Arbeit für sich nutzen. Trotzdem muss sie sich den Respekt ihrer Kollegen erst in der täglichen Zusammenarbeit verdienen. Bei einem Vortrag ist deshalb Fingerspitzengefühl gefragt: Jeder Anschein von Kritik und Besserwisserei ist kontraproduktiv. Ratsam für Frau Dr. Weber ist es, den bodenständigen Kollegenkreis mit Argumenten und Beispielen abzuholen, die gemeinsame Sichtweisen betonen. Sie sollte bei den ersten Präsentationen nur flankierend auf den Verbesserungsbedarf in den Arbeitsmethoden eingehen. Die euphemistischen Bezeichnungen „Veränderungs- oder Aktualisierungsbedarf" helfen dabei, die Kollegen nicht zu verschrecken.

Umgang mit klassischen Störungen Erfahrende Referenten und Referentinnen kennen (mindestens) drei Störungen bei Vorträgen, die auch im Praxisfall mit Frau Dr. Weber vorkommen. Dieser Abschnitt stellt Lösungsvorschläge für den Umgang mit diesen Situationen und nicht ganz einfachen Zuhörern vor.

- **Plaudern:** Im Praxisfall plaudern zwei Kollegen während der Präsentation von Frau Dr. Weber:
- *Zuerst lief alles nach Plan, dann begannen zwei der Zuhörer miteinander zu tuscheln, kurz darauf – immer lauter werdend – zu plaudern. Dr. Claudia Weber fragte die beiden Herren, ob sie eine Sachfrage stellen möchten. Nach Kopfschütteln unterhielten die Direktoren sich in aller Ruhe weiter. Obwohl Frau Dr. Weber mit fester Stimme weitersprach, war sie überrascht. Die Situation entwickelte sich zum Kräftemessen (Zitat aus dem Fallbeispiel).*

   Claudia Weber hat gefasst reagiert: Sie packte den Stier bei den Hörnern und sprach die plaudernden Kollegen während ihres Vortrags an. Diese Strategie hilft meistens, gerade wenn die Frage sehr freundlich gestellt wird und auf offene Themen oder Sachdiskussionen abzielt, nicht auf Persönliches. Diesmal hatte Frau Dr. Weber jedoch Pech, weil es sich bei den beiden Kollegen um Direktoren handelte. Der Chef hatte zuvor Aufgaben und Tadel verteilt: Es gab Gesprächsstoff. Offensichtlich fühlten sie sich der Situation mit Frau Dr. Weber so weit überlegen, dass sie ihr Seitengespräch ohne schlechtes Gewissen fortführten. In dieser Situation empfehle ich eine humorvolle Reaktion à la: „Ihr Kunde wird es Ihnen sicher danken". Lächeln Sie bei der Aussage und lassen Sie sich ansonsten nicht weiter durch die Störung aus der Fassung bringen. Achten Sie jetzt besonders darauf, höflich und umgänglich zu bleiben. Bei deutlichen Hierarchieunterschieden können Sie die Kollegen nur durch interessante Inhalte und eine charmante Vortragsweise wieder ins Boot holen. Die anderen Teilnehmer beobachten die Situation zudem sehr wachsam und ziehen Rückschlüsse auf Ihre Persönlichkeit. Das sollte Sie motivieren, nicht demoralisieren.

- **Provozierende Fragen oder Kommentare:** Wenn Ihre Zuhörer sich während Ihres Vortrags unterhalten und Sie damit stören, ist das nicht sehr wertschätzend Ihnen gegenüber. Es ist aber kein Zeichen für einen Konflikt. Anders ist das, wenn jemand aus Ihrem Publikum Sie mit einer Frage provoziert – oder die Absicht des Fragenden, dies zu erreichen, erkennbar ist. Hier schwingt etwas mehr Emotion mit. Im Praxisfall können Sie diese Szene nachlesen:

- *Die Situation entwickelte sich zum Kräftemessen. Ihr Chef griff nach dem nächsten Agendapunkt ein und bat um Zwischenfragen, obwohl Frau Dr. Weber um Anmerkungen nach ihrem Vortrag gebeten hatte. Sie ließ es geschehen. Jetzt meldete sich ein weiterer Kollege mit aggressiver Stimme: „Das ist ja alles schön und gut, Frau Doktor, aber was genau bringt mir das jetzt bei meinem Kunden? Das mag ja an Ihrer Uni oder von mir aus auch in Australien so funktionieren. Auf unserem schwierigen Markt jedenfalls nicht!" (Zitat aus dem Fallbeispiel).*

Die gute Nachricht ist: Es handelt sich um ein Lebenszeichen des Kollegen. Er scheint Frau Dr. Weber zugehört zu haben. Offensichtlich ärgert er sich jedoch, was uns seine Wortwahl und sein unfreundlicher Ton verraten. Wir wissen nicht, ob es die Situation ist oder wirklich die Inhalte des Vortrags. Ich rate meinen Klientinnen in diesen Fällen zu Deeskalation – mit einer Gegenfrage. Ein Kampf vor Publikum ist nicht ratsam. Claudia Weber hätte den Kollegen zuerst fragen können, ob er verärgert sei (also ihre Wahrnehmung rückkoppeln) und was ihn genau an den Vortragsinhalten verstimmt habe. Signalisieren Sie Interesse an der Meinung des Fragenden und bleiben Sie betont höflich. Meist verbessert sich die Stimmung des Störenden sofort und er oder sie zeigt etwas mehr Contenance. Ein kurzer Wortwechsel ist nötig und deshalb während des Vortrags erlaubt. Ein intensiver Dialog strapaziert jedoch die Nerven der anderen Zuhörer. Verabreden Sie sich mit dem Kritiker zu einem Meinungsaustausch nach dem Vortrag. Weisen Sie dabei freundlich auf die Bedürfnisse der anderen Teilnehmer hin. Gehen Sie nach dem Vortrag auf den „Störer" zu. Ihr Publikum wird Ihre Art der Interaktion natürlich aus den Augenwinkeln beobachten. Meist hat sich ein hitziger Zeitgenosse wieder beruhigt, und Sie führen ein konstruktives Gespräch. Das Feedback könnte wertvoll für Sie sein, nutzen Sie es. Vor Ihrem Publikum wirken Sie mit dieser Haltung gleichzeitig respektvoll und souverän. Ist der kritische Kollege noch immer aufgebracht, wird eher sein Ansehen leiden als das Ihre.

- **Der Retter greift ein:** Meine Klientinnen berichten häufig, dass sie bei kleinen Attacken im Kollegenkreis von Führungskräften oder Projektleitern in Schutz genommen werden. Leider wirkt sich dies, auch wenn die Handlung in bester Absicht erfolgt, auf ihre Akzeptanz in der Gruppe eher negativ aus. Claudia Weber wird während ihres Vortrags zur Randfigur. Schließlich schleicht sie sich auf ihren Platz zurück:

Gerade als Claudia Weber Luft holte, um zu antworten, übernahm ihr Chef Florian Schiller die Moderation der Gruppe. Er sorgte für eine konstruktive Diskussion. Allerdings eine, die nichts mit dem Beitrag von Claudia Weber zu tun hatte. Bestürzt saß sie auf einem Stuhl beim Rednerpult und zog sich nach einiger Zeit auf ihren Platz zurück. Frau Dr. Weber fühlte sich wie ein kleines Kind, obwohl sie mit ihrem professionellen Auftritt alles andere als „das Mädchen gab" (Zitat aus dem Fallbeispiel).
Natürlich können Sie das Verhalten anderer Kollegen – oder gar von Führungskräften – nicht steuern. Sie können jedoch Ihre Wahrnehmung schärfen und bei Bedarf explizite Absprachen treffen. Diese Einschätzung vertrete ich hier: Claudia Weber sollte später ihrer Führungskraft bei passender Gelegenheit professionelles Feedback geben. Bitte nicht als Vorwurf, sondern als optimistische Bitte für die Zukunft, zum Beispiel: „Das hätten Sie mir ruhig zutrauen dürfen, an solchen Situationen wachse ich gerne." In der Situation blieb ihr nicht mehr viel Handlungsspielraum, weil sie sich in einer Außenseiterrolle befand. Das Team diskutierte mit dem Chef – nur sie war nicht beteiligt. Claudia Weber hätte sich ruhig selbst das Wort erteilen dürfen, um humorvoll das Ende ihres Vortrages anzuzeigen oder die Diskussion formell einzuleiten. Auch hier ist betont gute Laune ein Weg, sich souverän zu zeigen – und als guter Verlierer. Sie können sicher sein: Jeder der Kollegen im Management-Team hat ähnliche Situationen schon am eigenen Leib erlebt. Die Kollegen wissen, wie schmerzhaft das ist, was Claudia Weber gerade erlebt. Sie schätzen deshalb gute Haltung umso mehr. Beharren Sie bei der Manöverkritik nach dem Vortrag mit dem Team oder Ihrem Chef erst einmal nicht auf Ihrem Standpunkt oder Ihren Argumenten. Räumen Sie ein, dass der Vortrag nicht gut gelaufen ist. Zeigen Sie Ihre Betroffenheit und Ihren Wunsch nach mehr Akzeptanz. Zeigen Sie – gerade jetzt – besonderes Interesse an der Auffassung Ihrer Gesprächspartner. Je glaubwürdiger Ihnen das gelingt, desto freundlicher wird man Ihre nächste Präsentation aufnehmen.

▶   **Praxistipp** Sicher haben Sie es beim Lesen bemerkt: Ich rate davon ab, diese Zwischenfälle zu persönlich zu nehmen. Falls Sie durch die eine oder andere Nachlässigkeit einen Beitrag zu diesen Situationen geleistet haben: Sie wissen es wahrscheinlich. Arbeiten Sie daran, ohne die Lage zu dramatisch zu sehen. Wenn Sie unsicher sind, was sich genau hinter einer Reaktion verbirgt:

Reflektieren Sie die Ausgangssituation und bereiten Sie sich das nächste
Mal zielgerichtet vor. Lesen Sie „im Rückspiegel", wie Dr. Claudia Weber die
nächsten Schritte gemeistert hat.

Vierter Schritt
Im Rückspiegel – wie ging der Praxisfall weiter?

Zurück zu Claudia Weber   Dr. Claudia Weber steht mit beiden Beinen fest im Leben.
Niemand, der sie kennt, beschreibt sie als weltfremde Akademikerin oder Greenhorn
ohne Praxisbezug. Überraschenderweise geben ihr die neuen Kollegen aber genau dieses
Gefühl. Sie ist das erste Mal in ihrem Berufsleben in dieser Situation und überlegt, was
sie falsch gemacht hat. Diese Überlegungen beschäftigen sie Tag und Nacht, deshalb
sucht sie sich Unterstützung bei einer Kommunikationsberaterin.

Jetzt wird ihr klar: In der Wahrnehmung der Kollegen war sie noch nicht als gleich-
berechtigtes Mitglied im Führungskreis der Geschäftseinheit angekommen. Neben
den Direktoren und leitenden Angestellten war sie als junge Führungskraft nicht ganz
auf Augenhöhe. Sie hatte sie auch nicht vorausgesetzt, ihre Handlungen jedoch leider
nicht danach ausgerichtet. Durch die Beratung erkennt sie, dass Vortragende bei ihrer
Präsentation häufig „Gegenwind" spüren: Alte Hasen fordern Nachwuchskräfte gerne
mal kollegial heraus – darauf wollte sie unaufgeregt, aber professionell reagieren.

Sehr hilfreich war das spontane Feedback einer erfahrenen Kollegin aus dem
Managementteam einige Tage nach dem Teammeeting: „Sie kommen wie ein Tornado
aus Australien zu uns hereingestürmt. Da dürfen Sie sich nicht wundern, wenn die
Kollegen Ihnen mal auf den Zahn fühlen. Ihre Motivation gefällt uns – aber ein bisschen
Besonnenheit und Wertschätzung für unsere Arbeitsweise tun uns trotzdem gut."

Dr. Claudia Weber sah ein, dass für eine erfolgreiche Präsentation neben dem Inhalt
auch Kontextwissen über die Schwerpunkte des Meetings, die Art der Interaktion in
der Gruppe, die passende Menge an Informationen und eine besonnene Vorbereitung
auf Unterbrechungen wichtig sind. Und etwas Demut vor den Zuhörern, wie ihre
Kommunikationsberaterin mit einem Augenzwinkern meinte. Am Ende eines langen
Tages mit vielen kontrovers diskutierten Präsentationen zu Umsatzzahlen und dem Ausblick auf die Ergebnisse im nächsten Quartal konnten die Kollegen eigentlich gut auf
Frau Dr. Webers Beitrag verzichten. Wäre das Thema wichtig, hätte sie einen anderen
Platz in der Agenda erhalten, so die einhellige Meinung im Team. Ihr Chef verteilte
über den Tag kleine Rügen, und so lagen neue, anspruchsvolle Ziele vor den Kollegen.
Alle waren nervös und angespannt. Als Abschluss die selbstbewusste Präsentation
„der Neuen" über die junge Abteilung zu hören, verlangte deshalb etwas Geduld. Die
gewünschte Zusammenarbeit mit ihr bedeutete schließlich zusätzliche Arbeit. Zudem
wurde die Konzentration der Führungsmannschaft über den ganzen Tag gefordert: Die
Aussicht auf einen weiteren Frontalvortrag war nicht erfreulich.

Beim nächsten Termin mit ihrer Führungskraft, Florian Schiller, bat sie um einen neuen Präsentationstermin bei einem der folgenden Meetings. Sie erzählte von ihrer veränderten Vorbereitungspraxis. Mit guter Laune versicherte sie: „Ich habe meine Lektion gelernt, künftig brauchen Sie nicht mehr für mich einzuspringen. Jetzt komme ich sicher alleine mit Diskussionen klar."

Florian Schiller war erleichtert. Er fühlte sich nach ihrer Präsentation im Leitkreis unwohl und konnte nicht einschätzen, wie Frau Dr. Weber mit der Herausforderung umgehen würde. Die neue Abteilung und die selbstbewusste Art von Claudia Weber waren Anzeichen für einen Kulturwandel im Unternehmen. Das war nicht nur ihm, sondern auch dem Führungskreis klar. Zu viel „Reibungswärme" wollte er nicht erzeugen. Die gute Zusammenarbeit im Tagesgeschäft hatte oberste Priorität. Da musste Frau Dr. Weber sich ihren Platz erst noch erarbeiten. Er freute sich umso mehr über ihre konstruktive Haltung: Sie war bereit, sich auf sein Team einzustellen, ohne eingeschüchtert zu wirken. Eine echte Führungskraft, dachte er im Stillen. Vor ihrer nächsten Präsentation bereitete sich Claudia Weber anders vor. Sie sammelte Praxisbeispiele für ihren Vortrag.

Während des Meetings beobachtete sie die Befindlichkeiten in der Gruppe. Die Agenda war randvoll und enthielt brisante Themen, die immer wieder zu hitzigen Debatten führten. Als sie an der Reihe war, startete sie mit einer ungewöhnlichen Einleitung: „Wir alle hatten schon ein informatives, aber auch forderndes Meeting. Ich würde mich freuen, wenn Sie mir jetzt trotzdem Ihre Aufmerksamkeit schenken. Mich interessiert jetzt, ob Sie vielleicht Fragen zu mir oder meinem Team mitgebracht haben. Wir sind so neu, da muss ja einiges an unserem Profil für Sie noch undeutlich sein." Hier wandte sie sich besonders an die Kollegen, die viele Umstellungen durch ihre Arbeit zu erwarten hatten. Es entwickelte sich ein Gespräch, in dem sie darauf achtete, immer wieder nach Praxiserfahrungen der Kollegen zu fragen. Dann hielt sie eine Kurzpräsentation von zehn Minuten: knappe Inhalte, aber dafür ein Anwendungsbeispiel. Das Wechselspiel zwischen Teilnehmerzuwendung und Steuerung der Gruppe funktionierte. Die „Frau Doktor" kam besser an. Dr. Claudia Weber führt ihre Abteilung inzwischen im dritten Jahr und zur allgemeinen Zufriedenheit des ganzen Geschäftsbereiches.

Fünfter Schritt

Highlights und Lowlights im Praxisfall „Angemessen im Mittelpunkt stehen"

Dieser Abschnitt fasst für Sie die gelungenen und weniger hilfreichen Schritte der Protagonistin im Praxisfall aus der Beobachterperspektive zusammen. Der Fragebogen „Was nehmen Sie mit?" unterstützt Sie bei der strukturierten Zusammenfassung aller Inhalte aus Ihrer Sicht.

Zusammenfassung

- Dr. Claudia Weber hat den Rückschlag mit Haltung gemeistert und ist bereit, aus der Situation zu lernen. Sie hat sich in der neuen Rolle als Führungskraft und Teil eines Managementkreises auf erprobte Erfolgsmuster verlassen. Das war etwas naiv. Durch das Feedback ihrer Kommunikationsberaterin beschleunigt sie ihren Lernprozess. Das ist in der Situation sehr sinnvoll: Sie will im Tagesgeschäft ihre Kollegen überzeugen und ihren „Rückschlag" wettmachen.

- Wenn eine neue Abteilung gegründet wird, die das Vorgehen der alten Hasen prüfen und wo nötig verbessern soll, ist etwas Gegenwind normal. Durchhaltevermögen und Sachkompetenz sind Hebel, um schnell auf Augenhöhe im Sachgebiet zu sein. Auf diese Anforderungen ist Frau Dr. Weber gut vorbereitet, allerdings hat sie versäumt, sich auf ihre neue Rolle im Management vorzubereiten.

- Frau Dr. Weber erkannte, dass sie ausschließlich mit den Sachinhalten beschäftigt war. Als sie ihre Fehler verstanden hatte, gelang es ihr schnell, daraus zu lernen und zu einer neuen Auffassung über ihren Auftritt zu kommen. Das zeigt sie überzeugend im Gespräch mit Florian Schiller, ihrer Führungskraft.

- Die Präsentationssituation und deren Einflüsse auf die Akzeptanz ihres Vortrags hatte sie unterschätzt – ein klassischer Anfängerfehler. Frau Dr. Weber hatte sich noch keine Gedanken über die noch ungefestigte Stellung ihrer neuen Abteilung gemacht. Dies war jedoch ein entscheidender Faktor für ihr Scheitern beim Vortrag. Sie überarbeitete ihre Folienpräsentationen und fand zu einem neuen Stil. Sie setzte den Schwerpunkt auf Praxisbeispiele und verzichtete auf ausführliche Theorieerklärungen. Ihr stabiles Selbstbewusstsein half ihr dabei, sich nicht verunsichern zu lassen. Sie nutzte ihre Fähigkeit zu Analysen und Beobachtungen, um sich zu orientieren.

- Jetzt geht es darum, als Expertin und Führungskraft im Leitungskreis der Geschäftseinheit anerkannt zu werden. Wenn es Frau Dr. Weber gelingt, gemeinsame Erfolgsgeschichten zu stiften, lässt das den Zusammenhalt wachsen. Ein bisschen taktische Bescheidenheit im Auftritt ist zu Beginn hilfreich, um die Spannung aus der Situation zu nehmen. Die Präsentation mit einem Gespräch über Frau Dr. Webers Person und ihre Mitarbeiter zu beginnen, war deshalb sehr geschickt.

- **Fazit:** Frau Dr. Weber zeigt im Umgang mit den Karriereklippen „echte Steherqualitäten". Als Führungskraft sollte man aus jeder Kritik etwas lernen – auch wenn sie unsachlich oder sogar unfair geäußert wird. Claudia Weber hat ihr Potenzial bewiesen.

Was nehmen Sie mit? Sie haben den Praxisfall von Dr. Claudia Weber aus verschiedenen Perspektiven reflektiert. Bitte fassen Sie nun Ihre stärksten Eindrücke zusammen, um so Ihre Gedanken und Lernfortschritte zu dokumentieren. Das Arbeitsblatt hilft Ihnen dabei, in der Chronologie des Praxiskapitels vorzugehen:

Erster Schritt: Kleine Ursache-große Wirkung-Systematik

1. Präsentationsmethoden prüfen

....

2. Präsentationsatmosphäre analysieren

....

3. Individuelle Vorbereitungen treffen

....

Zweiter Schritt: Checkpoint

1. ....

2. ....

3. ....

Dritter Schritt: Stärken nutzen

1. Stimmungsbarometer erstellen

....

....

2. Praxistipps zur Foliengestaltung

....

....

3. Präsentationsentstörer kennenlernen

....

....

3.4 Profil in Meetings zeigen

3.4.1 Praxisfall: Sich in Verhandlungen Respekt verschaffen

▶ Andrea Hartmann leitet die Controlling-Abteilung in dem Geschäftsbereich „Internationaler Export" bei einem Mittelständler. Das Unternehmen bietet mit 400 Mitarbeitern Entwicklungsdienstleistungen für verschiedene Industrien an. Die Stimmung in der Firma ist gut, nur selten kommt es zu Streitigkeiten. Andrea Hartmann ist 36 Jahre alt, seit mehreren Jahren Führungskraft und überzeugt mit Ergebnissen. Die Leitung ihrer Abteilung gelingt ihr bestens. Ihre Präsentionen überzeugen die Geschäftsleitung und andere Abteilungsleiter. Ab und zu veröffentlicht sie Beiträge in der führenden Fachzeitschrift. In Meetings fühlt Frau Hartmann sich jedoch unsicher: Obwohl sie ein bestimmender Mensch ist, reden ihre Kollegen sie häufig „an die Wand". Man schenkt ihren Beiträgen und Einwürfen kein Gehör oder sie kommt nicht richtig zu Wort, weil sie unterbrochen wird.

Beim Meeting der Bereichsleiter ist der Tagungstisch immer ein bisschen zu klein. Die anderen Führungskräfte bringen neben ihren Handys und ihren Laptops noch weitere Arbeitsunterlagen mit – meist ohne das Equipment zu benutzen. Frau Hartmann macht sich „schlank", um alle zu entlasten. Sie bemüht sich, wenig Raum durch ihre Sitzhaltung zu beanspruchen, und bringt wenige Schreibutensilien mit. Ihre Aufzeichnungen notiert sie handschriftlich auf einem Firmenschreibblock. Sie wählt meist einen Platz mit dem Rücken zur Tür, weil dort das Licht besser ist. Die anderen Kollegen gruppieren sich – dicht gedrängt – um den wichtigsten Bereichsleiter. Andrea Hartmann versteht sich gut mit ihren überwiegend männlichen Kollegen, deshalb begrüßt sie alle Kolleginnen und Kollegen herzlich. Ihr Lächeln zeigt sie auch häufig während des Meetings. Ein bisschen gute Stimmung kann ja nicht schaden, denkt Frau Hartmann, während die Kollegen meist sehr ernste Mienen aufsetzen.

Wenn sie den aktuellen Status ihrer Abteilung vorstellt, fasst sie sich kurz. Fachbegriffe aus dem Controlling meidet sie. Das macht es den Zuhörern leicht, sie zu verstehen, banalisiert aber ihr Arbeitsgebiet. Sie weist ehrlich auch auf die Schwierigkeiten in den Projekten hin, die guten Lösungen ihrer Abteilung gehen dabei unter.

Ihre Diskussionsbeiträge beginnen – aus Höflichkeit – mit „wenn ich mir die Frage erlauben darf" oder „aus meiner Sicht, stellt sich das so dar ...". Wenn sie um ihre Meinung gebeten wird, sagt sie „mein Gefühl sagt mir, dass ..." oder „ich fühle mich nicht ganz wohl mit dieser Entscheidung, könnten wir nicht vielleicht ...".

Die männlichen Kollegen kommen gleich zum Punkt. Sie gefallen sich dann in langen Darstellungen der eigenen Fortschritte. Persönliche Erfolge spielen in den Berichten eine große Rolle. Fast wie abgesprochen halten sich Andrea Hartmann und die Leiterin der Personalabteilung, Jasmin Schneider, dabei zurück. Helden gib es im Meeting schon genug, so der stillschweigende und gutgelaunte Konsens zwischen den Frauen. Da es öfter vorkam, dass sie von den anderen unterbrochen wurden, achten sie darauf, bald zum Ende zu kommen. Als Service-Abteilungen wollen sie auch nicht zu sehr ablenken von den Innovationsthemen im Unternehmen. Beide Abteilungsleiterinnen glänzen als gute Zuhörerinnen und fühlen sich durch das Meeting gut über wichtige Projekte im Unternehmen informiert. Andrea Hartmann nickt während der Vorträge deshalb häufig zustimmend. Als bei einem Meeting unter den Kollegen die Budgetsituation zu einem neuen Entwicklungsauftrag besprochen wird, erkennt Andrea Hartmann als Erste den sachlichen Irrtum in der gemeinsamen Diskussion.

Sie setzt mehrfach an, wird jedoch jedes Mal schon im ersten Halbsatz von einem der männlichen Kollegen unterbrochen: „Darf ich hier mal etwas richtigstellen …?" Die Herren sprechen weiter. Sie werden sogar etwas lauter, um Frau Hartmanns deutlich hörbaren Einwurf zu übertönen. Frau Hartmann setzt noch einmal an: „Kann ich Sie mal unterbrechen …?", und schließlich: „Ich möchte Sie darauf hinweisen, dass …". Herr Schubert, der Entwicklungsleiter der Energiesparte, sieht kurz in ihre Richtung: „Ja, gleich Frau Hartmann, Sie sehen doch, dass wir noch ein Thema haben."

Andrea Hartmann kocht vor Wut. Während die Herren sich vergaloppieren, hält sie schließlich schon die Lösung in Händen. Außerdem benehmen sich die Kollegen respektlos: erst unterbrechen und dann schlicht ignorieren. Budgetfragen sind schließlich ihre Kernkompetenz!

Ganz offensichtlich fehlt ihr bei ihren Gesprächspartnern im Meeting die nötige Durchsetzungskraft, um sich Gehör zu verschaffen. Oder liegt es an den trockenen Inhalten aus dem Finanzbereich, die einfach nicht so spannend sind wie die aktuellen Erfindungen im Unternehmen? Andrea Hartmann geht das Verhalten der anderen Teilnehmer im Meeting auf die Nerven. Leider kennt sie das Gefühl, übersehen zu werden: Sehr präsent ist sie nie in Meetings. Jetzt möchte sie in diesen Gesprächsverhandlungen nicht länger übergangen werden. Was macht sie falsch?

> **Aufgabenstellung und Problemanalyse**
> Andrea Hartmann ist das, was man eine „gestandene Frau" mit Berufserfahrung nennt: Sie überzeugt in ihrem Unternehmen schon seit einigen Jahren mit ihren Ergebnissen als Expertin und Abteilungsleiterin. Auch das zwischenmenschliche Verhältnis mit den Kollegen stimmt. Sie fühlt sich an ihrem Arbeitsplatz in ihrer Rolle anerkannt. Der sonst ihr gegenüber immer gezeigte professionelle Respekt scheint ihr in den Gesprächssituationen mit mehreren Kollegen „abhandenzukommen". Trotz der allgemein guten Zusammenarbeit im Unternehmen wird sie in Meetings nicht „gehört". Sie fühlt sich häufiger geradezu unsichtbar, wenn es um aktive Redebeiträge in der Runde geht: Wenn sie ein Argument einbringt, ignorieren es die Kollegen. Das passt nicht zu ihrer Funktion im Unternehmen – auch nicht zum guten Verhältnis mit den anderen. Andrea Hartmann möchte jetzt an ihrem Profil in Meetings arbeiten.

Schritt 1: Profil-Zeichner-Systematik

Schritt 2: Checkpoint

Schritt 3: Stärken nutzen

Schritt 4: Im Rückspiegel – wie ging der Praxisfall weiter?

Schritt 5: Highlights und Lowlights im Praxisfall „Sich in Verhandlungen Respekt verschaffen"

Andrea Hartmann fühlt sich „gesichtslos", wenn sie von den Kollegen im Meeting mit ihren Sachbeiträgen übergangen wird. Um sich mehr Konturen in den Augen der anderen zu erarbeiten, prüft sie ihren Auftritt mit der Profil-Zeichner-Systematik.

Erster Schritt: Profil-Zeichner-Systematik

Es macht Spaß, ein Meeting aktiv zu gestalten und nicht nur zuzuhören. Deshalb ist es ein berechtigter Wunsch, ein respektierter und profilierter Diskutant zu sein. Ihnen ist natürlich bewusst, dass dies ohne Fachkompetenz nicht möglich ist. Arbeiten Sie daran, Ihr Wissen kontinuierlich aktuell zu halten. Für Erfolg in Meetings ist es jedoch auch nötig, dass Sie in Gesprächsverhandlungen Aufmerksamkeit für Ihre Argumente schaffen – und das hängt nicht nur von Ihren Kompetenzen ab. Bevor Menschen Ihnen zuhören, müssen Sie Ihnen etwas zutrauen. Sie müssen Ihr Profil verstehen und akzeptieren. Um zu verstehen, wie Sie im Meeting auf andere wirken, ist es hilfreich, den eigenen Auftritt zu analysieren.

Ihr Lernvorteil

Sie lernen, Ihre verbalen und nonverbalen Signale aus der Sicht der anderen Teilnehmer im Meeting zu deuten und wo gewünscht gezielt zu verändern.

Begleiten Sie Andrea Hartmann dabei, sich mit der Profil-Zeichner-Systematik einen Eindruck über ihre Wirkung im Meeting zu verschaffen:

Profil-Zeichner-Systematik

1. Als Player auftreten
2. Redebeiträge analysieren
3. Körpersprache einsetzen

Andrea Hartmann möchte in Meetings einen Beitrag leisten: als aktive Playerin. Ihr fällt auf, dass die anderen Teilnehmer scheinen das nicht oder nicht mehr von ihr zu erwarten scheinen. Was führte zu diesem Missverständnis?

1. Als Player auftreten
In Gesprächsverhandlungen geht es darum, sich – zum Vorteil Ihrer Sachinhalte – eine Bühne für den eigenen Auftritt zu gestalten. Häufig verschaffen sich erfahrene Teilnehmer in Meetings mit der Hilfe von Statussymbolen aus dem Geschäftsleben ein „persönliches Bühnenbild": das modernste Handy mit langer Lieferzeit, der schönste Sitzplatz im Raum oder der Platz, den sie im Meeting am Tisch beanspruchen, dienen als „Kommunikationsmittel". Allerdings (auch) im übertragenen Sinn, denn sie verweisen auf die Bedeutung der Besitzer im Unternehmen. So grenzen wir uns von anderen ab und zeigen durch Requisiten unseren Status – und unser „Revier" im Meeting.

Ihr Lernvorteil
Sie lernen, mit welchen Symbolen Andrea Hartmann zeigen kann, dass sie eine wichtige Rolle im Meeting spielen möchte.

Fragen zu „Als Player auftreten" Wie inszeniert Frau Hartmann ihre Teilnahme im Meeting: sachlich oder imagebezogen, wie die anderen Führungskräfte? Wie halten es ihre Kollegen?

Antwort

....

....

....

Welchen Sitzplatz wählt Frau Hartmann für sich aus? Warum?

Antwort

....

....

....

Wie viel Raum beansprucht Andrea Hartmann im Sitzungssaal? Wie halten es die anderen Kollegen mit der persönlichen Distanzzone?

Antwort

....

....

....

Andrea Hartmann erkennt, dass ihre männlichen Kollegen sich anders verhalten. Sie möchte besser verstehen, wie sie auf die Gruppe wirkt. Die eine oder andere Veränderung in ihrem Benehmen zieht sie in Betracht – Theater will sie den Kollegen aber nicht vorspielen. In Italien sprach sie schließlich auch Italienisch, um die Verständigung zu verbessern. Warum dies in einem Meeting nicht ebenfalls berücksichtigen? Jetzt analysiert Andrea Hartmann ihre Redebeiträge.

2. Redebeiträge analysieren

Sie können die Wirkung Ihrer Redebeiträge auf Ihre Teilnehmer beeinflussen: Gelingt Ihnen das, sind Ihre Zuhörer aufmerksamer und Unterbrechungen seltener. Sie wirken selbstbewusster, wenn Sie mindestens so lange sprechen wie die anderen im Meeting. Verzichten Sie bei Ihren Aussagen auf einleitende Schachtelsätze. Auch die Art, wie Sie über sich selbst und Ihre Erfolge sprechen (Selbstreferenz), wirkt auf die Zuhörer. So weisen Sie auf Ihre Kompetenz hin. Sonst verlassen Sie sich darauf, dass Erfolge automatisch mit Ihren Leistungen in Verbindung gebracht werden.

Ihr Lernvorteil

Den Geheimcode der Meeting-Sprache erkennen, um sich Respekt zu verschaffen und Gehör zu finden.

Fragen zu „Redebeiträge analysieren" Schildert Frau Hartmann ihre Erfolge mit ihrer Abteilung in der gleichen Ausführlichkeit wie ihre Kollegen das machen?

Antwort

....

....

....

Andrea Hartmann berichtet über die Erfolge ihrer Abteilung. Wie weist sie auf ihren persönlichen Beitrag hin?

Antwort

....

....

....

Kommt Andrea Hartmann in Diskussionen schnell auf den Punkt?

Antwort

....

....

....

Wird Andrea Hartmann häufig unterbrochen?

Antwort

....

....

....

Nach den Punkten 1) Als Player auftreten und 2) Redebeiträge analysieren folgt nun der dritte Teil der Profil-Zeichner-Systematik: 3) Körpersprache einsetzen.

3. Körpersprache einsetzen
Zu 90 % entscheidet nonverbale Kommunikation über Ihren Gesprächserfolg. Die Wirkung Ihrer Körperhaltung oder Ihres Lächelns im Meeting sollte Ihnen also bewusst sein, sonst „torpedieren" Sie selbst – vielleicht ohne es zu bemerken – Ihre besten Argumente.

Ihr Lernvorteil
Sie analysieren, mit welchen Gesten oder welcher Mimik Andrea Hartmann ihre Stellung in Meetings und in Gesprächsverhandlungen beeinflussen kann.

Fragen zu „Körpersprache einsetzen" Der Tisch im Sitzungsraum ist klein. Wie geht Frau Hartmann mit der Platznot um?

> Antwort
>
> ....
> ....
> ....

Welchen Gesichtsausdruck zeigt Frau Hartmann im Meeting? Wie halten es die anderen Kollegen damit?

> Antwort
>
> ....
> ....
> ....

Wie reagiert Frau Hartmann mit Gesten auf die Redebeiträge der anderen?

> Antwort
>
> ....
> ....
> ....

Zweiter Schritt: Checkpoint
Dieser Abschnitt gibt Ihnen die Gelegenheit, Ihre Eindrücke über den Praxisfall und das Verhalten von Andrea Hartmann zusammenzufassen. Sie werden in den Rollen des Beobachters und der Führungskraft um Ihre Meinung gebeten. Im „Blitzlicht" können Sie dann einen Lösungsvorschlag nachlesen. Bitte beantworteten Sie dazu die Fragen im Arbeitsbogen „Situationsdiagnose".

Ihr Lernvorteil
Sie reflektieren Ihr Bild der Situation. Das ist für die Weiterarbeit sinnvoll, um sich mit den passenden Lösungsstrategien zu beschäftigen, damit Andrea Hartmann versteht, was sie an ihrem Verhalten ändern kann. Der Vergleich mit einer kurzen Zusammenfassung „Blitzlicht" bietet Ihnen zusätzliche Anregungen.

Arbeitsbogen

Situationsdiagnose „Sich in Verhandlungen Respekt verschaffen"

1. Wie würden Sie die Situation im Praxisfall beschreiben?

....

2. Worin liegen die Stärken von Andrea Hartmann?

....

3. Vor welchen Herausforderungen steht Frau Hartmann aus Ihrer Sicht?

....

Haben Sie eine ähnliche Situation schon einmal selbst erlebt: als Führungs-kraft oder Experte?

1. Beschreiben Sie bitte die Situation in einigen Stichworten.

....

....

2. Welches Vorgehen würden Sie als Führungskraft von Andrea Hartmann für sich wählen? Welche Maßnahmen schlagen Sie für Frau Hartmann vor?

....

....

3.4.1.1 Blitzlicht

Die Situation im Praxisfall Andrea Hartmann ist eine kompetente Führungskraft, die im Unternehmen anerkannt ist. In Meetings verhält sie sich jedoch nicht wie eine wichtige Funktionsträgerin des Unternehmens. Im Vergleich zu ihren Kollegen verzichtet sie auf Selbstinszenierung durch Requisiten und eine prestigeträchtige Platzwahl im Raum. Leider macht sie die Erfahrung, dass sie häufig „nicht gehört" wird.

Die Stärken von Andrea Hartmann In Gesprächsverhandlungen und Meetings ist Kooperationsfähigkeit wichtig, um gemeinsame Lösungen zu finden. Frau Hartmann zeigt – neben viel Sachverstand – Teamgeist und Sensibilität für die Bedürfnisse anderer. Sie ist nicht eitel und möchte mit ihrem Fachwissen einen Beitrag leisten.

Vor welchen Herausforderungen steht Frau Hartmann   Andrea Hartmann betrachtet ihr zurückhaltendes Verhalten als einen Beitrag zum guten Gelingen. Auf ihre Kollegen wirkt ihr Auftritt, als verzichte sie deutlich darauf, im Meeting ihren Führungsanspruch geltend zu machen. Wer nicht führt, wird nicht gehört, ist im Meeting die Devise der „Leitwölfe".

Den rangniedrigen Sitzplatz an der Tür sollte Frau Hartmann dem Protokollanten überlassen. Sich von Beginn an im Meeting zu umgänglich zu zeigen, vermittelt Partnern ein Gefühl von Schwäche: zustimmendes Kopfnicken, das Notieren der Inhalte und häufiges Lächeln sind Signale von Unterordnung. Ihr Verhalten – zusammen mit langen Satzeinleitungen – führt dazu, dass die Kollegen sie unterbrechen. Das schadet ihrem Image als Abteilungsleiterin. Es gelten natürlich auch im Meeting Benimmregeln, trotzdem herrscht eine Art unausgesprochener Wettkampf um das Rederecht: Wer so um das Wort bittet wie Frau Hartmann, wird selten mit viel Aufmerksamkeit belohnt.

Gut strukturierte, knappe Statusberichte sind eine intellektuelle Leistung, die Achtung verdient. Frau Hartmann und die Personalleiterin nutzen diese Tugend jedoch zum falschen Moment: kürzer zu sprechen als die männlichen bzw. die anderen Teilnehmer, ist im Meeting nicht sinnvoll. Das wertet die Inhalte im Empfinden der Kollegen ab. Nach dem Motto: „Wer wenig sagt, ist im Meeting unwichtig." Frau Hartmann setzt sich in den Augen der männlichen Kollegen freiwillig auf die Ersatzbank, statt mit den anderen in Richtung Tor zu stürmen.

Genauso ist ihr Bemühen zu deuten, sich schlank am Tisch zu machen. Ein Wunsch, der bei Frauen verbreitet ist. Im Geschäftsleben hat er nichts zu suchen. Sie sollte – auch wenn es eng im Raum ist – ihr Territorium am Besprechungstisch charmant verteidigen. Die anderen Kollegen machen es vor.

Aus der Sicht der Führungskraft   Ein unaufdringliches, aber klares Feedback ist ausreichend, um Frau Hartmann auf ihre kleinen Defizite in Meetings aufmerksam zu machen. Mit ihrer – leider realitätsfernen – Interpretation von Teamverständnis steht sie sich in Meetings selbst im Weg.

Da Frau Hartmann bei Jahresgesprächen mit ihrem Chef bisher nie über ihren persönlichen Auftritt gesprochen hat, sollte sie ab jetzt regelmäßig um Feedback bitten, damit sie lernt, ihre Wirkung realistisch einzuschätzen. Auch für Frau Hartmann gilt: Selbst ist die Frau, falls ihre Führungskraft das Thema lieber vermeidet.

3.4.2   Stärken nutzen: Macht gezielt einsetzen

Dritter Schritt: Stärken nutzen
Im Berufsleben sind Effizienz und Teamfähigkeit wichtige Tugenden. Wir alle richten unsere Arbeitsprozesse im Alltag danach aus. Das Verhalten in Meetings weicht

davon jedoch ab, denn die Gruppendynamik sorgt für spezifische Verhaltensmuster. Es ist hilfreich, das Set an Verhaltensweisen in Meetings zu kennen. Sie lernen die anderen Teilnehmer besser einzuschätzen, und können Ihr Verhalten bewusst steuern. So bringen Sie sich in Meetings in eine bessere Position. Andrea Hartmann ist teamorientiert und ausgesprochen kooperativ. Trotz ihrer beruflichen Erfolge achtet sie wenig auf ihr Image im Unternehmen. Das ist sympathisch, macht sie aber in Meetings und Gesprächsverhandlungen nicht zum natürlichen Mittelpunkt. Begleiten Sie Andrea Hartmann in diesem Abschnitt dabei, wie sie lernt, ihre Macht als Expertin und Abteilungsleiterin im Meeting durch passendes Verhalten gezielt einzusetzen.

Ihr Lernvorteil
Erfolgreiche Verhaltensmuster in Meetings erkennen und das eigene Verhalten daran spiegeln.

Meetings sind hierarchisch organisiert. Sie werden das Arbeitstreffen nicht vollständig erfassen, wenn Sie es unter ausschließlich sachlichen Gesichtspunkten einschätzen. Das Verhalten im Meeting zwischen den Kollegen spiegelt die aktuelle oder angestrebte Rangverteilung in der Gruppe. Nicht selten ist ein Meeting die Gelegenheit, neue Aufgaben und Zuständigkeiten zu verteilen. Anders ausgedrückt: Hier werden Karrieren entschieden. Es geht um Macht und Machtverteilung im Unternehmen. Je nach Gesprächs- und Arbeitskultur drückt sich dies unterschiedlich aus. Die persönliche Stellung der Kollegen zueinander drückt sich jedoch immer im Wechselspiel zwischen Kooperation mit Dominanz und Unterordnung aus. Das Rederecht ist der Spiegel dieser Rangordnung: Der Vorsitzende im Meeting spricht zuerst, er oder sie wird nicht unterbrochen, darf aber jederzeit die anderen Sprecher moderieren oder unterbrechen. Wichtige Personen in der Gruppe sprechen mehr. Sie erhalten Zustimmung oder werden von anderen zitiert. Weniger anerkannte Personen sprechen wenig oder hören nur zu. Die Qualität der Sachinhalte spielt selbstverständlich eine Rolle, sicher jedoch nicht die wichtigste. Sie sind erfolgreich in Meetings, wenn Sie sachlich konstruktiv auftreten, persönlich jedoch Ihre Macht erkennen, ausbauen und gezielt einsetzen. Andrea Hartmann verfügt über Sachkompetenzen und Sensibilität im Umgang mit Menschen. Das sind gute Voraussetzungen, um die Reaktionen von Gesprächspartnern im Meeting zu beobachten und mit geschickten wie fundierten Einwürfen zu glänzen. Ich stelle Ihnen zwei Methoden vor, um sich auf Meetings erfolgreich vorzubereiten.

- Checkliste Sprachassistent mit der Übung „Analyse des Vokabulars"
- Revier-Abgrenzer mit der Übung „Analyse der Körpersprache"

In der Checkliste sind Aspekte zusammengestellt, an die Sie denken sollten, bevor Sie im Meeting das Wort ergreifen.

Checkliste „Sprachassistent"

- **Ihr Empfänger**
  Behalten Sie den ranghöchsten Teilnehmer im Auge: Halten Sie mit ihm oder ihr Blickkontakt bei Ihren Sprechbeiträgen. Diese Person entscheidet über Ihre Akzeptanz – die anderen Teilnehmer folgen.

- **Lautstärke beim Sprechen**
  Sprechen Sie lauter als gewohnt. Ein Meeting-Raum ist größer als Ihr Büro und es gibt Nebengeräusche. Sie können nicht erwarten, dass man Sie inhaltlich ernst nimmt, wenn man Sie akustisch nur schwer versteht.
  Sie werden von anderen Teilnehmern unterbrochen: Sprechen Sie weiter – in etwas höherer Lautstärke. Sonst verlieren Sie Ihr Rederecht kampflos. Der Einschub, ich bin noch nicht am Ende, ist hilfreich.

- **Kurz und bestimmt – aber nicht hektisch**
  Das Wichtigste zuerst: Kommen Sie umgehend auf den Kern Ihrer Aussagen zu sprechen.
  Einleitungen à la: „Ich würde gerne sagen, dass…", wirken unklar. Sagen Sie direkt, was Ihnen auf der Zunge liegt. Ein selbstbewusstes Handzeichen zu Beginn kann in großen Runden sinnvoll sein. Im kleinen Kreis: Nutzen Sie die nächste Sprechpause.
  Geben Sie Ihrer Stimme Nachdruck: Wenn Sie durch Ihre verhaltene Tonlage Zweifel wecken, werden die anderen Teilnehmer diesen Eindruck übernehmen.
  Sprechen Sie nicht zu schnell: Das wirkt gehetzt und nervös auf die Teilnehmer. Nutzen Sie zur Kontrolle Ihre eigene Wahrnehmung. Wenn Ihr Beitrag sich für Ihr Ohr langsam gesprochen anhört, haben Sie die richtige Geschwindigkeit. Warum? Ihr Gehirn kennt den Inhalt, deshalb gelingt Ihnen die Rezeption schneller – die Zuhörer brauchen mehr Zeit.

- **Fragen stellen**
  Prüfen Sie die Wirkung von Fragen im Meeting: Das kann auf männliche Gesprächspartner unsicher, uninformiert und schwach wirken. Frauen verstehen Fragen eher als ein Signal für Interesse.

- **Fragen am Ende Ihres Beitrags**
  Wenn Sie Ihre Redebeiträge mit „oder finden Sie nicht auch?" beenden, so stellen Sie Ihre Aussage zur Diskussion. Was in anderen Sprechsituationen oder beispielsweise mit britischen Partnern höflich wirkt, schadet Ihnen im deutschen Meeting: Sie wirken unsicher. Im Meeting geht es darum, selbstbewusst eine glaubwürdige Botschaft zu senden.

Andrea Hartmann ist eloquent: Ihr Ausdrucksvermögen hilft ihr dabei, die Sachverhalte in ihrer Controlling-Abteilung so präzise zu beschreiben wie nötig. Auch im Meeting ist Kommunikation ein wichtiger Erfolgsfaktor. Prüfen Sie an Textbeispielen Ihr persönliches Sprachverhalten und das von Andrea Hartmann nach den folgenden Kriterien: + steht für empfehlenswert, – für weniger empfehlenswert. Im Anschluss finden Sie eine Übung mit Beispielen.

Ihr Vokabular: Helfer und Hinderer im Meeting

+ Fachsprache

+ Zielorientierte Sprache

+ Erfolgsorientierte Sprache

– Füllwörter

– Gefühlsbetonte Ausdrücke

– Kompromiss-Sprache

Übung „Analyse des Vokabulars" Die Textbeispiele aus dem Praxisfall von Andrea Hartmann erläutern die Rubriken in der Liste. Sie haben Gelegenheit, Vorschläge zu erarbeiten, um sich noch intensiver mit den Themen vertraut zu machen. Vergleichen Sie die Textstellen anschließend mit Ihren Sprach- oder Verhaltensgewohnheiten und prüfen Sie, wo Sie sich verändern möchten.

Fachsprache, die Ihre Kompetenz zeigt   Textbeispiel:

Fachbegriffe aus dem Controlling meidet sie. Das macht es den Zuhörern leicht, sie zu verstehen, banalisiert aber ihr Arbeitsgebiet.

Ihr Vorschlag:

....

....

Zielorientierte Sprache mit passender Selbstreferenz   Textbeispiel:

Wenn sie den aktuellen Status ihrer Abteilung vorstellt, fasst Frau Hartmann sich kurz. Die männlichen Kollegen kommen gleich zum Punkt. Sie gefallen sich in den langen Darstellungen der eigenen Fortschritte. Persönliche Erfolge spielen in den Berichten eine große Rolle. Fast wie abgesprochen, halten sich Andrea Hartmann und die Leiterin der Personalabteilung, Jasmin Schneider, zurück. Helden gibt es im Meeting schon genug, so der stillschweigende und gutgelaunte Konsens zwischen den Frauen.

Ihr Vorschlag:

....

....

Erfolgsorientierte Sprache, die Optimismus ausdrückt Textbeispiel (aus einem anderen Fallbeispiel entlehnt):

Sie weist ehrlich auch auf die Schwierigkeiten in den Projekten hin, die guten Lösungen ihrer Abteilung gehen dabei unter: „Wir stellen die Arbeitsprozesse gerade auf ein neues Berichtswesen um. Die Anforderungen an exaktes Arbeiten sind bei Finanzzahlen hoch. Täglich finden wir Fehler und arbeiten deshalb sehr hart.“

Ihr Vorschlag:

....

....

Füllwörter Wie eigentlich, aus meiner Sicht, wenn ich mir erlauben darf etc.

Textbeispiel:

Ihre Diskussionsbeiträge beginnen – aus Höflichkeit – mit „wenn ich mir die Frage erlauben darf“ oder „aus meiner Sicht stellt sich das so dar …“.

Ihr Vorschlag:

....

....

Gefühlsbetonte Ausdrücke Wie „ich fühle mich besser, wenn“ oder „mein Gefühl sagt mir, dass“ etc.

Textbeispiel:

Wenn sie um ihre Meinung gebeten wird, sagt sie: „Mein Gefühl sagt mir, dass …“.

Ihr Vorschlag:

....

....

Kompromissorientierte Sprache ohne „nein“ wie „Mir wäre es doch viel lieber, die Entscheidung noch mal zu reflektieren“ etc.

Textbeispiel:

Wenn sie um ihre Meinung gebeten wird, sagt sie „ich fühle mich nicht ganz wohl mit dieser Entscheidung, könnten wir nicht vielleicht …“.

Ihr Vorschlag:

....

....

▶   **Praxistipp** Achten Sie auf Ihre Körpersprache in Meetings: Starten Sie mit einem herzlichen Lächeln in die Begrüßung. Während der Gesprächsverhandlung rate ich jedoch zu Sachlichkeit. Achten Sie auf eine gerade Kopfhaltung: Beim intensiven Zuhören legen manche Menschen den Kopf schräg oder nicken. Beides sind Signale für Zustimmung und/oder Unterordnung. Was bei der Konfliktlösung hilfreiche Methoden sind, setzt Sie im Meeting auf die hinteren Plätze in der Rangordnung. Umso schwerer haben Sie es, zu Wort zu kommen oder ausführlich Ihren Standpunkt vorzutragen.

Checkliste „Revierabgrenzer"
Persönlichkeit und Funktion zeigen: Prestigereiche Symbole

- Kleidung
- Schmuck und/oder Uhr
- Firmenanstecknadeln
- Requisiten wie Laptop, Handy, Terminplaner etc.

Gute Position
Platzwahl im Meeting

- Vorsitzende
- Fenster
- Türen
- Weit weg von Getränken und „weiblichen Hilfsaufgaben"

Raum um sich
Revier beanspruchen

- Tisch
- Sitzen auf dem Stuhl
- Gepäck und Taschen

Übung „Analyse der Körpersprache" Vertiefen Sie mit vier Übungseinheiten Ihr Verständnis über das Verhalten von Andrea Hartmann. Die Textzitate aus dem Praxisfall lenken Ihre Aufmerksamkeit auf die relevanten Aspekte. Erarbeiten Sie Lösungsvorschläge aus Ihrem Erfahrungsschatz, die Andrea Hartmann nutzen könnte. Falls Sie sich inspirieren lassen möchten: Im Punkt „Ideenbox" im Anschluss an die Aufgabenstellung zu dieser Übung biete ich Ihnen einige Stichworte als Arbeitsgrundlage an.

Persönlichkeit und Funktion zeigen Mit welchen Accessoires und/oder Arbeitsgegenständen kann Andrea Hartmann – ohne zu übertreiben – auf ihre verantwortungsvolle Funktion im Unternehmen hinweisen?

Textbeispiel:

Frau Hartmann bringt nur wenige Schreibutensilien mit. Ihre Aufzeichnungen notiert sie handschriftlich auf einem Firmenschreibblock.

Ihr Lösungsvorschlag:

....

....

Gute Position Was empfehlen Sie Andrea Hartmann für die Auswahl ihres Sitzplatzes während des Meetings?

Textbeispiel:

Frau Hartmann wählt meist einen Platz mit dem Rücken zur Tür, weil dort das Licht besser ist. Die anderen Kollegen gruppieren sich – dicht gedrängt – um den wichtigsten Bereichsleiter.

Ihr Lösungsvorschlag:

....

....

Raum um sich beanspruchen Welche Ratschläge können Sie Andrea Hartmann geben, damit Sie sich mehr Platz am Besprechungstisch verschaffen kann?

Textbeispiel:

Beim Meeting der Bereichsleiter ist der Tagungstisch immer ein bisschen zu klein. Frau Hartmann macht sich „schlank", um alle zu entlasten. Sie bemüht sich, wenig Raum durch Ihre Sitzhaltung zu beanspruchen, und bringt wenige Schreibutensilien mit.

Ihr Lösungsvorschlag:

....

....

Ideenbox

- **Persönlichkeit und Funktion zeigen:** Laptop, Handy, Schreibmappe mit repräsentativem Füller, formale Kleidung mit businessorientierter Armbanduhr, Unternehmensabzeichen im Knopfloch, eine glanzvolle Aktentasche etc. Sitzplatz neben dem wichtigsten Teilnehmer im Meeting oder Sitzplatz mit bestem Blickkontakt zu dieser Person, Sitzplatz mit Blick zur Türe, im Idealfall mit Blick aus einem Fenster. Rechtzeitiges Eintreffen hilft hier leider nicht, dann alle Teilnehmer warten häufig bis zur letzten Minute um ihre Plätze einzunehmen. Erst wenn der ranghöchste Teilnehmer sitzt, beginnt die Platzverteilung.

- **Gute Position:** Rechtzeitig eintreffen und persönliche Gegenstände auf dem Tisch ablegen in einem großen Radius (Gläser, Flaschen, Kaffeetasse, andere Requisiten wie Namensschilder oder Schreibmaterial). Schieben Sie ruhig auch mal selbstbewusst die Gegenstände anderer Kollegen zur Seite – mit knapper Entschuldigung – oder auch nur mit einem freundlichen Kommentar wie „ich darf doch sicher".
- **Raum um sich beanspruchen:** Sitzen Sie aufrecht auf dem Stuhl und stellen Sie beide Beine auf dem Boden ab. So wirken Sie selbstbewusst.

▶ **Praxistipp** Selbst in Unternehmen, die ihre Mitarbeiter zum Tragen legerer Kleidung ermutigen, erscheinen männliche Führungskräfte bei wichtigen Anlässen im Anzug, die Damen in Businesskleidung. In traditionelleren Firmen geschieht dies täglich – auch ohne Anlass. Die Kleiderfrage beschäftigt meine Klientinnen deshalb in verschiedenen Stationen ihrer Karriere. Zu Recht: Ich rate im Meeting immer zum Jackett. Es geht dabei weniger um Farben, Formen oder die Kombination mit Rock oder Hose. Setzen Sie ruhig weibliche Akzente. Wenn das Ihr Stil ist: gerne mit (klassischen) Schmuckstücken. In meiner beruflichen Praxis fällt mir auf, dass man Menschen mehr Professionalität zuschreibt, wenn sie ein Jackett tragen. Das liegt sicher an der offizielleren Anmutung. Nutzen Sie diesen Effekt für sich. Mein Ratschlag für heiße Sommertage: Legen Sie Ihr Jackett erst nach den ersten Minuten im Meeting ab. Falls Ihnen das umständlich vorkommt, betrachten Sie die Jacke als „Kostüm für den effektvollen Einstieg".

Vierter Schritt
Im Rückspiegel – wie ging der Praxisfall weiter?

Zurück zu Andrea Hartmann Frau Hartmann versteht nach der Reflexion des Meetings mit einer Kommunikationsexpertin, dass manche Gesten ihrer Kollegen nicht nur persönliche Marotten sind, die man mehr oder weniger goutieren kann. Sie erkennt: Es handelt sich um Signale, Symbole und unterschwellige Botschaften, die von den Anwesenden im Raum während des Meetings sehr ernst genommen werden. Sie sträubt sich innerlich dagegen, in dieses Zeichensystem einzutauchen, weil sie Angst hat, Ihre Authentizität einzubüßen.

Trotzdem befasst sie sich mit ein paar Kunstgriffen der Gesprächsführung, um ihren Horizont zu erweitern. Mit ihrer Beraterin arbeitet sie im Coaching an ihrer „Meeting-Sprache". Dann auch an der Art, wie sie sich im Sitzungssaal geschickt positioniert.

Andrea Hartmann testete – noch etwas skeptisch – erst einmal, ob die strategische Wahl ihres Sitzplatzes und ihr mitgebrachter Laptop einen Einfluss auf ihre Akzeptanz im Meeting haben. Sie überwand sich und lächelte während des Meetings nicht mehr so häufig. Zu ihrer eigenen Überraschung stellte sie fest: Die anderen Teilnehmer hielten öfter Blickkontakt mit ihr. Sie erschien an Tagen mit wichtigen Meetings immer sehr sorgfältig gekleidet im Büro und überließ an ihrem Outfit nichts dem Zufall.

Nach und nach fand Frau Hartmann einen spielerischen Umgang mit ihrem „Lernfeld Imagepflege". Nach den ersten Erfolgen begann sie, in Meetings mit ihrem Verhalten vorsichtig zu experimentieren: Sie dehnte die Länge ihre Statusberichte auf die der anderen Teilnehmer aus. Mit ihrer Beraterin arbeitete sie an Formulierungen, die sie gerne nutzte, um deutlich, aber „nicht zu dick" auf ihre Erfolge hinzuweisen: „Das Projekt X hat meine Abteilung rasch abgewickelt. Das Team reagierte motiviert und ich war sehr zufrieden mit unserer Arbeitsweise." Oder: „Bei der Durchsprache der Geschäftszahlen mit unserem kaufmännischen Leiter hat er meinen Vorschlägen ohne Einschränkung zugestimmt. Das motiviert mich sehr." Oder auch: „Strategische Planung macht mir Spaß. Bisher sind alle Projekte, die ich betreut habe, erfolgreich umgesetzt worden." So gezielt hatte sie früher nur in Vorstellungsgesprächen über ihre Erfolge gesprochen – damals noch in eher unnatürlicher Sprache. Jetzt hatte sie „ihre Formulierungen" gefunden.

Andrea Hartmann beobachtete, wie sich die Aufmerksamkeit der anderen im Meeting bei ihren Berichten steigerte. Fast von alleine gab sie auch ihrer Stimme mehr Nachdruck. Wenn es ihr gelang, laut zu sprechen, sich von Unterbrechungen nicht stören zu lassen, spürte sie, wie alle Augen auf sie gerichtet blieben. Jetzt bat man sie immer öfter im Meeting um ihre Meinung. Das kam früher nur selten vor. Sie antwortete knapp und klar, mit Bezug auf Fakten. Das kam gut an, und sie konnte sich bei Diskussionen besser einbringen. Zeit zum Mitschreiben hatte sie nicht mehr – aber dafür sehr viel mehr Freude an den Treffen.

Herr Schubert, der Leiter der Energiesparte, der sie früher häufig unterbrach, meinte in einem Pausengespräch neulich: „Frau Hartmann, Sie berichten in letzter Zeit so anschaulich über Ihr Arbeitsgebiet. Sehr interessant, was Sie für die Firma so leisten. Finde ich gut, wirklich! Das ist mir früher nicht aufgefallen."

Andrea Hartmann fühlt sich mittlerweile jedem Meeting gut gewachsen, das Lampenfieber ist verschwunden. Ihr Auftritt und ihre Rolle in den Gesprächsverhandlungen entsprechen jetzt ihrer Funktion. In den letzten Jahren hat ihr die Unternehmensleitung weitere Aufgaben übertragen. Ihr Einfluss auf die Unternehmenspolitik und ihr Gehalt entwickeln sich kontinuierlich.

Fünfter Schritt
Highlights und Lowlights im Praxisfall „Sich in Verhandlungen Respekt verschaffen"

Der Abschnitt fasst für Sie die gelungenen und weniger hilfreichen Schritte der Protagonistin im Praxisfall aus der Beobachterperspektive zusammen. Der Fragebogen „Was nehmen Sie mit?" unterstützt Sie bei der strukturierten Zusammenfassung aller Inhalte aus Ihrer Sicht.

Zusammenfassung
- Andrea Hartmann trägt Verantwortung im Unternehmen. Trotzdem hatte sie bisher die Spielregeln in Meetings nicht akzeptiert. Sie folgte dabei eher dem Motto: „Was ich nicht will, sehe ich nicht" – keine sehr reflektierte Herangehensweise für eine Führungskraft.
- Der Praxisfall zeigt, dass offenes Feedback eine Rarität ist. Ansonsten hätte Frau Hartmann sicher schon lange von Kollegen oder Führungskräften einen Hinweis erhalten. Andrea Hartmann sollte aus eigenem Antrieb immer wieder um die Eindrücke ihres Umfelds bitten.
- Ihrer beruflichen Entwicklung hat das nicht geschadet. Allerdings ihrem persönlichen Komfort in Meetings, da sie nicht entsprechend ihrer Funktion bei den Gesprächsverhandlungen akzeptiert wurde. Dann zeigte sie die Offenheit, über eine eher unwillkommene Verhaltensveränderung nachzudenken. Erste Erfolge motivierten sie und sie fand Spaß daran, mit ihrem Verhalten zu experimentieren. Das nahm die Schwere aus dem Thema. Ihre Stärken liegen in ihrer Empathie und in der wertschätzenden Kommunikation.
- Sehr gelungen war das Vorgehen von Frau Hartmann, schrittweise neue Sprachmuster zu üben. Sie beobachtete dann, wie ihr Umfeld darauf reagierte, und zog Schlüsse für ihr Tun: Sie vermied die langen Sätze und fragenden Einleitungen vor ihren Botschaften. Stattdessen konzentrierte sie sich auf profilierte Berichte ihrer Abteilungserfolge. Ihre Beobachtungsgabe und Teamorientierung waren entscheidende Vorteile, um die eigenen Fortschritte zu erkennen und ihr weiteres Verhalten darauf auszurichten.
- Dieselbe bewusst spielerische Haltung half ihr dabei, unverkrampft an ihrem Auftritt zu arbeiten. Sie testete verschiedene Ansatzpunkte auf ihrem persönlichen Weg: Sie freundete sich mit symbolträchtigen Requisiten an. Sie zeigte mehr Sensibilität im Umgang mit der Sitzordnung und merkte, dass bei dem Auftritt der Kollegen nur selten etwas dem puren Zufall zuzuschreiben war.
- **Fazit:** Andrea Hartmann hat ihren Stil gefunden: Das ist der größte Erfolg. Die Erfahrung nimmt sie mit für andere Lernfelder – mit viel Motivation. Das ist die beste Voraussetzung, um sich auch künftig schnell auf neue Herausforderungen einstellen zu können.

Was nehmen Sie mit? Sie haben den Praxisfall von Andrea Hartmann aus verschiedenen Perspektiven reflektiert. Bitte fassen Sie nun Ihre stärksten Eindrücke zusammen, um so Ihre Gedanken und Lernfortschritte zu dokumentieren. Das Arbeitsblatt hilft Ihnen dabei, in der Chronologie des Praxiskapitels vorzugehen.

Erster Schritt: Profil-Zeichner-Systematik

1. Als Player auftreten

....

2. Redebeiträge analysieren

....

3. Körpersprache einsetzen

....

Zweiter Schritt: Checkpoint

1. ....

2. ....

3. ....

Dritter Schritt: Stärken nutzen
1. Sprachassistent

....

....

2. Revierabgrenzer

....

....

3.5   Verantwortung in Gremien übernehmen

3.5.1   Praxisfall: Als Meinungsmacherin gefragt sein

▶   Michaela Schäfer ist 49 Jahre alt und vertritt ihr Unternehmen seit kurzem im regionalen Berufsverband für metallverarbeitende Unternehmen. Als Niederlassungsleiterin einer wichtigen Vertriebsregion ist sie für die Ergebnisse von knapp 200 Mitarbeitern bei 800 Mio. € Umsatz im Jahr verantwortlich. Sie hat sich im Vertrieb über Jahrzehnte nach oben gearbeitet und dabei „den Staub der Straße" kennengelernt, wie selbst gerne erzählt. Bei ihren Kunden und Mitarbeitern macht ihr so schnell keiner etwas vor. Es gelingt ihr, mit authentischer Kommunikation vertrauensvolle Beziehungen aufzubauen – und so ihren Einfluss geltend zu machen. Michaela Schäfer hielt sich für gut vorbereitet, im Berufsverband ihre Sichtweise auf unternehmensübergreifende Programme durchzusetzen. Nach den ersten Sitzungen erkannte sie ernüchtert, dass sie nicht erfolgreich war. Ihre Anträge und Einwürfe fielen bei den Mitgliedern im Gremium durch.

Sieben Männer und eine Frau diskutierten mit Michaela Schäfer in der Arbeitsgruppe „Nachwuchsförderung". Sie kannte drei der Herren durch Treffen auf Kongressen und Firmenevents. Mit diesen Kollegen kam sie gut klar. Vorschläge für den Verband kamen in der Runde mit Herrn Wagner, Schmidt und Kurz schnell und im Konsens zustande. Man verstand sich einfach.

Frau Dr. Willmann-Maier lernte sie zusammen mit den restlichen Kollegen der Gruppe neu kennen: Die beiden Frauen hatten viel gemeinsam und fanden sich sofort sympathisch. Auch ihre Auffassungen zu den angestrebten Programmen harmonierten. Sie unterstützten sich in den Debatten inhaltlich und „warfen sich argumentativ Bälle" zu. Mit den weiteren männlichen Kollegen war es für Michaela Schäfer schwieriger, auf „eine Linie zu kommen".

Zu den beiden Wortführern (Herrn Wörnemann und Herrn Dr. Schiller) hatte sie in den Pausen noch keinen persönlichen Kontakt aufbauen können. So richtig festlegen lassen wollten sich die Diskutanten zu den von Michaela Schäfer favorisierten Richtlinien nicht – auch wenn Frau Schäfer beharrlich für sie warb. Die Anträge und Vorschläge von Frau Schäfer stießen bisher meist nur auf die Zustimmung von Frau Dr. Willmann-Maier und Herrn Wagner, Schiller und Kurz.

Manchmal stockte die Diskussion. Dann verschränkte der Arbeitsgruppenleiter Karl-Heinz Möller die Hände hinter dem Kopf. Frau Schäfer beobachtete, wie schrittweise alle Herren im Raum die gleiche Körperhaltung einnahmen: erhobene Ellenbogen bis zu den Ohren und verschränkte Hände hinter dem Kopf. Während solcher Szenen fühlten sich Michaela Schäfer und Frau Dr. Willmann-Maier unwohl – mitmachen wollten sie nicht, deshalb ignorierten sie „das Schauspiel". Irgendwann fiel dann ein Argument, das die Gruppe zu einer neuen Sitzhaltung inspirierte. Meist lenkte einer der beiden Wortführer ein – und andere Teilnehmer folgten schrittweise. Darauf hofften die beiden Frauen, denn dann war der Bann gebrochen. Erst jetzt schien das allgemeine Gespräch wieder in Gang zu kommen. Zuvor prallten die Beiträge von Michaela Schäfer wie gegen eine Glaswand und fanden kaum Resonanz im Gremium.

Debatten über die Nachwuchsförderung führten die Unternehmensvertreter hitzig. Auch Frau Schäfer erreichte ihren persönlichen Siedepunkt und wurde lauter als gewohnt. In den Pausen plauderten die Herren und Frau Dr. Willmann-Maier jedoch scheinbar entspannt miteinander, selbst nach kontroversen Gesprächen. Michaela

Schäfer beteiligte sich gekonnt an dem Small Talk, fühlte sich aber nicht integriert nach dem verbalen Schlagabtausch während der Besprechung.

Schon beim Aufstehen klopfte der Verbandsleiter der Region einzelnen Herren auf die Schulter. Eine Geste, die einige der Streithähne in der Gruppe wiederholten. Das schien das Eis zu brechen: Die Kollegen tauschten dann unbefangen Scherze und Anekdoten aus. Michaela Schäfer blieb auch hier Außenseiterin: Körperkontakt zwischen Mann und Frau wurde – wie im Beruf üblich – von beiden Seiten vermieden. Kleine Missstimmungen blieben bestehen, obwohl Michaela Schäfer mit interessanten und amüsanten Bemerkungen die Pausengespräche bereicherte. Frau Schäfer gewann den Eindruck, dass die Gruppe in den Pausen gerne mit ihr plauderte, auch wenn Herr Wörnemann und Herr Dr. Schiller nur wenige Worte mit ihr ausgetauscht hatten. Mit Herrn Huber, der generell zurückhaltend war und nur mit dem Arbeitsgruppenleiter Karl-Heinz Möller, Herrn Wörnemann und Herrn Dr. Schiller sprach, hatte sie auch noch nicht viel geredet. Zurück im Sitzungssaal kam sie ihrem Ziel, zu den Meinungsmacherin zu gehören, nicht näher. Ob es daran lag, dass die anderen Teilnehmer im Personalwesen und in der Entwicklung tätig waren – und nicht im Vertrieb wie Frau Schäfer? Wie sollte sie reagieren?

Aufgabenstellung und Problemanalyse
Michaela Schäfer ist seit 20 Jahren Führungskraft und trägt große Verantwortung in ihrem Unternehmen. Es gelingt ihr, durch ihre authentische Kommunikation vertrauensvolle Beziehungen mit Kunden und Mitarbeitern aufzubauen – und dabei ihren Einfluss geltend zu machen. Sie hielt sich für gut vorbereitet, im Berufsverband ihre Sichtweisen auf unternehmensübergreifende Programme durchzusetzen. Obwohl sie ihre Erfahrung einsetzte, gelang es ihr auch nach mehreren Sitzungen nicht, die anderen Teilnehmer von ihren Auffassungen zu überzeugen. Jetzt hatte sich Michaela Schäfer vorgenommen, die Situation unter die Lupe zu nehmen.

Schritt 1: Netzwerkersystematik

Schritt 2: Checkpoint

Schritt 3: Stärken nutzen

Schritt 4: Im Rückspiegel – wie ging der Praxisfall weiter?

Schritt 5: Highlights und Lowlights im Praxisfall „Als Meinungsmacherin gefragt sein"

Michaela Schäfer möchte ihren Einfluss im Gremium vergrößern. Sie fühlt sich sicher, was die Inhalte ihrer Argumente angeht. Da sie alle Eindrucke direkt aus der Praxis bezieht, steht sie mit vielen Kollegen in ihrem Unternehmen seit Jahren zum Thema Nachwuchsförderung im Austausch. Frau Schäfer ist sich als Vertriebsprofi sicher: Ihr Erfolg wird davon abhängen, wie schnell und nachhaltig sie sich bei den Kollegen im

Gremium Akzeptanz erarbeitet – als Person und Expertin. Um im Ausschuss die anderen Teilnehmer von ihren Ideen zu überzeugen, prüft sie ihr Verhalten mit der Netzwerkersystematik.

Erster Schritt: Netzwerkersystematik

Viele Menschen möchten Vertrauen fassen, bevor sie den Argumenten eines anderen Beachtung schenken oder seiner Auffassung folgen. Deshalb fällt uns das Recht, in einer Gruppe an Entscheidungen teilzunehmen, nicht automatisch zu. Man muss sich dieses Privileg erwerben. Im Freundeskreis beispielsweise durch gemeinsame Aktivitäten oder Freundschaftsbeweise. Im Beruf durch interessierte Beteiligung, Beiträge zu den Gruppenzielen, durch die Sie die Zustimmung der Gruppe zur eigenen Person und Ihren Auffassungen schrittweise erhalten. Sicher ist Ihnen bereits aufgefallen, dass es manchen Menschen leichter fällt, sich in Gruppen zu integrieren. Sie finden rasch Akzeptanz und bereichern die Diskussionen durch Impulse, die gerne aufgegriffen werden. Die Netzwerkersystematik hilft dabei, diese Kompetenzen zu erkennen.

Ihr Lernvorteil

Sie lernen, Ihre fachliche und rhetorische Überzeugungskraft durch Ihre Netzwerkfähigkeiten abzurunden.

Unterstützen Sie Michaela Schäfer dabei, mit der Netzwerkersystematik zu reflektieren, wie sie zwischen sich und den Impulsgebern im Ausschuss für Nachwuchsförderung das Eis brechen kann.

Netzwerkersystematik

1. Gruppendynamik verstehen
2. Meinungsmacher erkennen
3. Eigene Rolle gestalten

Michaela Schäfer ist ein neues Mitglied im Verband. In ihrer Arbeitsgruppe „Nachwuchsförderung" kennt sie drei Kollegen schon von früher. Das Verhältnis ist gut, die Diskussionen sind konstruktiv und wertschätzend. Ein anderes Mitglied, Frau Dr. Willmann-Maier, erschien Frau Schäfer auf den ersten Blick sympathisch: Die beiden Frauen fanden ohne Barrieren zu einer vertrauensvollen Zusammenarbeit. Mit den anderen Mitgliedern der Arbeitsgruppe ist es nicht so einfach, in Kontakt zu treten. Michaela Schäfer muss deshalb mehr über die Gruppendynamik wissen:

1. Gruppendynamik verstehen

Psychologen haben erforscht, dass es in allen Gruppen verschiedene Aufgaben und Rollen gibt. Jedes Mitglied übernimmt unausgesprochen „ein Mandat" in der Gruppenhierarchie. Prestigereiche Rollen sind dabei – natürlich – umkämpft, während „Außenseiteraufgaben" meist abgewehrt werden. Beispielsweise gibt es immer einen besonders starken Impulsgeber, der das Gruppengeschehen maßgeblich bestimmt. In beruflichen Gruppen ist das die Führungskraft. In ehrenamtlichen oder privaten Gruppen die dominanteste Führungspersönlichkeit mit der höchsten Akzeptanz. Andere Personen bereichern das Miteinander durch ihren Humor, ihr Organisationstalent, menschliche Anteilnahme, ihr Risikoverhalten etc. Diese Rollen hängen natürlich mit ihrem Charakter zusammen. Genauso stark ist jedoch der Einfluss der Gruppe für die Wahl einer Rolle, weil auf diesem Weg soziale Aufgaben in der Gruppe verteilt werden. Bereits „besetzte" anerkannte Rollen werden von den Inhabern normalerweise verteidigt und nur schrittweise geteilt.

Ihr Lernvorteil

Sie üben, die Gruppenhierarchie zu erkennen und Entscheidungsprozesse einzuordnen.

Fragen zu „Gruppendynamik verstehen" Gibt es eine erkennbare Hierarchie in der Gruppe?

Antwort

....

....

....

Wie werden in der Arbeitsgruppe Entscheidungen getroffen?

Antwort

....

....

....

Wie werden Konflikte in der Gruppe gelöst? Wird alles ausdiskutiert oder geschieht dies eher nonverbal?

Antwort

....

....

....

Michaela Schäfer hat jetzt mehr Klarheit darüber gewonnen, wie sich die Kollegen als Gruppe verhalten. Im nächsten Abschnitt reflektiert sie, wer in der Arbeitsgruppe das Sagen hat, wenn Entscheidungen zu treffen sind.

2. Meinungsmacher erkennen

Meinungsmacher sind die Menschen in einer Gruppe, die mit ihrer Auffassung und ihren Argumenten die Meinung der anderen maßgeblich beeinflussen. In der Arbeitswelt kann das die Führungskraft sein, weil sie neben guten fachlichen Argumenten auch disziplinarisch übergeordnet ist. Es gibt aber im Team häufig Kolleginnen und Kollegen, die durch ihre Erfahrung, besondere Kompetenzen oder gute Kontakte im Unternehmen das Ohr der Kollegen und Führungskräfte haben. Überzeugen Sie diese Impulsgeber von Ihrem Anliegen, lassen sich auch die anderen im Team schneller und leichter gewinnen. Übergehen Sie diese Meinungsmacher und respektieren ihre Rolle in der Gruppe nicht, schaffen Sie sich mächtige Kritiker. Bei unternehmensübergreifenden Arbeitsgruppen oder auch Projektgruppen gibt es häufig eine Koexistenz zwischen einem offiziellen Leiter und einem oder mehreren Meinungsmacher. Das Verhältnis zwischen diesen Personen ist nicht so klar abgegrenzt wie in einem konventionellen Team. Es verlangt Erfahrung und Fingerspitzengefühl, um sich passend mit den eigenen Argumenten zu positionieren.

Ihr Lernvorteil

Wichtige Impulsgeber im Gremium erkennen und für sich gewinnen, um schlagkräftige Verbündete zu finden

Fragen zu „Meinungsmacher erkennen" Wer leitet das Meeting? Woran ist das zu erkennen?

Antwort

....

....

....

Gibt es noch weitere Meinungsmacher in der Gruppe? Woran kann Michaela Schäfer das erkennen?

Antwort

....

....

....

Hat Michaela Schäfer bereits Kontakte zu diesen Kollegen geknüpft?

Antwort

....

....

....

Welche Rolle spielt Michaela Schäfer aktuell als Meinungsmacherin?

Antwort

....

....

....

Nach den Aspekten 1) Gruppendynamik verstehen und 2) Meinungsmacher erkennen arbeitet Michaela Schäfer jetzt am dritten Teil der Netzwerkersystematik: 3) Eigene Rolle gestalten.

3.Eigene Rolle gestalten
Michaela Schäfer ist selbstbewusst, weil sie sich täglich in ihrem Arbeitsumfeld als handlungskompetent erlebt. Ihre neuen Gesprächspartner in der Arbeitsgruppe

sind über ihre berufliche Position und ihren Lebenslauf informiert. Aus eigener Erfahrung können sie jedoch die Zuverlässigkeit – und die Exzellenz von Frau Schäfers Auffassungen – noch nicht beurteilen. Aktuell sind sie skeptisch. Erst wenn es Erfahrungswerte aus erster Hand gibt, legen sich die Partner auf eine Einschätzung fest. Mit wohldurchdachten Auftritten und zielgerichteter Kommunikation bei den Arbeitstreffen kann Michaela Schäfer dazu beitragen, ihre Rolle (in den Augen der anderen) in ihrem Sinne zu gestalten.

Ihr Lernvorteil
In der Gruppenhierarchie die gewünschte Position einnehmen lernen.

Fragen zu „Eigene Rolle gestalten" Michaela Schäfer ist neu im Gremium. Wie viele Teilnehmer kennt sie gut? Wie nutzt sie die Wertschätzung dieser Kollegen bei den Arbeitstreffen für ihre Ziele?

Antwort

....

....

....

Welche Mitglieder in der Arbeitsgruppe kennt Frau Schäfer noch wenig? Wie geht sie damit um?

Antwort

....

....

....

Wie agiert Michaela Schäfer in Fachgesprächen, um ihren Einfluss zu vergrößern? Welche Barrieren gibt es?

Antwort

....

....

....

Gelingt es Frau Schäfer, sich in den Pausen in die Gruppe zu integrieren, um ihren Einfluss zu vergrößern? Gibt es Barrieren? Welche?

Antwort

....

....

....

Zweiter Schritt: Checkpoint
Dieser Abschnitt gibt Ihnen die Gelegenheit, Ihre Eindrücke über den Praxisfall und das Verhalten von Michaela Schäfer zusammenzufassen. Sie werden in den Rollen des Beobachters und der Führungskraft um Ihre Meinung gebeten. Im „Blitzlicht" können Sie dann einen Lösungsvorschlag nachlesen. Bitte beantworteten Sie dazu die Fragen im Arbeitsbogen „Situationsdiagnose".

Ihr Lernvorteil
Sie reflektieren Ihr Bild der Situation. Das ist für die Weiterarbeit sinnvoll, um sich mit den passenden Lösungsstrategien zu beschäftigen, damit Michaela Schäfer versteht, was sie an ihrem Verhalten ändern kann. Der Vergleich mit einer kurzen Zusammenfassung „Blitzlicht" bietet Ihnen zusätzliche Anregungen.

Arbeitsbogen
Situationsdiagnose „Als Meinungsbildnerin gefragt sein"

1. Wie würden Sie die Situation im Praxisfall beschreiben?

....

2. Worin liegen die Stärken von Michaela Schäfer?

....

3. Vor welchen Herausforderungen steht Frau Schäfer aus Ihrer Sicht?

....

Haben Sie eine ähnliche Situation schon einmal selbst erlebt: als Führungs-kraft oder Experte?
1. Beschreiben Sie bitte die Situation in einigen Stichworten.

....

....

2. Welches Vorgehen würden Sie als Führungskraft von Michaela Schäfer für sich wählen? Welche Maßnahmen schlagen Sie für Frau Schäfer vor?

....

3.5.1.1 Blitzlicht

Die Situation im Praxisfall Michaela Schäfer gelingt es im ersten Anlauf nicht so gut wie von ihr erwartet, ihr Unternehmen im Berufsverband zu vertreten. Obwohl sie seit 20 Jahren Führungskraft und Mitglied im Management-Team ist, schafft sie es in mehreren Sitzungen nicht, die Teilnehmer von ihren Argumenten zu überzeugen.

Die Stärken von Michaela Schäfer Auf ihre Menschenkenntnis und das Vermögen, offen und authentisch zu kommunizieren, kann sich Frau Schäfer verlassen. Sie ist schon lange in einer verantwortlichen Funktion in ihrem Unternehmen und entsprechend selbstsicher.

Vor welchen Herausforderungen steht Frau Schäfer Michaela Schäfer überschätzt die Kraft der reinen Argumente und unterschätzt die Rolle der Meinungsmacher in der Arbeitsgruppe.

Zudem versucht sie alleine, Ihre Expertise in den Diskussionen anzubieten, und übersieht, dass sie Verbündete in der Gruppe hat, die sie gerne unterstützen.

Aus der Sicht der Führungskraft Auch persönlich wie fachlich sehr erfahrene Personen sind nicht vor Fehleinschätzungen gefeit. Frau Schäfer erkennt auf der

Mikroebene nicht schnell genug, wer in der Arbeitsgruppe das Sagen hat. Die soziale Ordnung im Gremium ist stabil und erlaubt es einem neuen Mitglied nicht, alles über den Haufen zu werfen: Frau Schäfer muss erfahren, dass man ihre Einwürfe ignoriert. Aus der Sicht einer Führungskraft ein Klassiker, denn auch Erfahrungsträger verlieren die Bedeutung zwischenmenschlicher Stimmungen ab und zu aus den Augen. Sie übertragen ihre Erfolge in erprobten Netzwerken vorschnell auf die neue Situation oder möchten bewusst unpolitisch agieren. So wirken sie wie ein Fisch ohne Wasser. Ein kurzes Gespräch mit einigen Anregungen dürfte bei Frau Schäfer genügen, um ihren Fokus wieder zu schärfen, damit sie bei ihrer Verhandlungstaktik auch wieder die zwischenmenschlichen Aspekte im Gremium beachtet.

Im oberen Management erwartet man von Ihnen, dass Sie auch ohne direkte Hinweise immer wieder Ihre Wirkung auf andere reflektieren (dafür gibt es in vielen Unternehmen auch Methoden wie beispielsweise das 360-Grad-Feedback). Frau Schäfer zeigt praktische Intelligenz, die Situation im Gremium als Lernfeld aufzugreifen.

3.5.2 Stärken nutzen: Im Netzwerk Koalitionspartner finden

Dritter Schritt: Stärken nutzen
Um komplexe Ziele zu erreichen, genügt es nicht, nur eine gute Idee zu haben. Sie müssen meist auch Partner von dem Nutzen der Idee überzeugen. Sicher ist Ihnen schon aufgefallen, dass es Menschen gibt, die unkompliziert Zustimmung zu ihren Aussagen finden. Lernen Sie am Beispiel von Michaela Schäfer, wie Sie Koalitionspartner finden und Netzwerke aufbauen.

Ihr Lernvorteil
Werkzeuge kennen lernen, um andere von Ihren Ideen zu begeistern und sie gemeinsam umzusetzen.

Michaela Schäfer ist in ihrem Unternehmen erfolgreich dabei, vertrauensvolle Beziehungen aufzubauen – und dabei ihren Einfluss geltend zu machen. Ihre Stärke ist ihre authentische Kommunikation mit Kunden und Mitarbeitern. Da sie schon lange im Unternehmen ist, ist sie gut bekannt in ihrer Vertriebsregion und kann die Menschen leicht einschätzen. In der Arbeitsgruppe des Berufsverbands ist sie neu.

Frau Schäfer erkennt, dass die Art der Zusammenarbeit sich von ihren Erfahrungen mit ihren Mitarbeitern unterscheidet: Sie vermisst Teamgeist und wundert sich, dass einzelne Personen sich so gegen innovative Veränderungen stellen.

Merkmale der Gruppe im Vergleich zum Team Auch die Wissenschaft hat sich mit diesem Phänomen beschäftigt. Diese Einschätzungen haben sich durchgesetzt:

Wettbewerb

- Gruppe: Gegner auch innerhalb
- Team: Gegner meist außerhalb

Innovation

- Gruppe: Wenig Wunsch nach Veränderung
- Team: Innovation wird gesucht

Entscheidung

- Gruppe: Durch den Leiter von außen
- Team: Intern durch Konsens

Erfolg

- Gruppe: Persönliche Erfolge haben Stellenwert
- Team: Erfolg des Teams steht im Vordergrund

Abhängigkeit

- Gruppe: Mitglieder relativ unabhängig
- Team: Mitglieder voneinander abhängig

In der Arbeitsgruppe haben bereits die „Alphamännchen" die Rangordnung im Team definiert. Selbstverständlich möchten diese Personen nicht von einem neuen Mitglied überflügelt werden. Michaela Schäfer muss sich etwas einfallen lassen, wenn sie Impulse setzen will: Alleingänge sind nicht empfehlenswert. Am besten gelingt ihr das gemeinsam mit anderen Mitgliedern der Gruppe. Um ihr Netzwerk in der Gruppe zu stärken, arbeitet Frau Schäfer mit zwei Werkzeugen:

- Situationsentschlüssler
- Koalitionsstifter

Situationsentschlüssler Wenn es uns gelingt, den Gesichtsausdruck und die Körpersprache unserer Gesprächspartner richtig einzuschätzen, sind wir klar im Vorteil. Die verbalen Nachrichten sind leichter auf Authentizität beziehungsweise Widersprüche zu prüfen.

Das ist bereits eine Herausforderung im Dialog. In einer interaktiven Gruppe ist noch mehr Aufmerksamkeit gefragt. Ich arbeite mit Orientierungsmustern, die ich Ihnen bewusst plakativ vorstelle: Während in Gruppen, die eine „weibliche Kultur leben", die Tendenz zu Aussprachen und konsensorientierten Argumenten geht, ist in „männlichen Gruppen" die Art der Konfliktaustragung und -lösung häufig weniger argumentativ als körpersprachlich organisiert. Der Situationsentschlüssler hilft Frau Schäfer dabei, die Signale

- richtig einzuschätzen
- das eigene Verhalten danach auszurichten

Im Praxisfall zeigen die männlichen Kollegen in der Gruppe ein sehr markantes Verhalten:

Manchmal stockte die Diskussion. Dann verschränkte der Arbeitsgruppenleiter Karl-Heinz Möller die Hände hinter dem Kopf. Frau Schäfer beobachtete, wie schrittweise alle Herren im Raum die gleiche Körperhaltung einnahmen: erhobene Ellenbogen bis zu den Ohren und verschränkte Hände hinter dem Kopf. Während solcher Szenen fühlten sich Michaela Schäfer und Frau Dr. Willmann-Maier unwohl – mitmachen wollten sie nicht, deshalb ignorierten sie „das Schauspiel". Irgendwann fiel dann ein Argument, das die Gruppe zu einer neuen Sitzhaltung inspirierte. Meist lenkte einer der beiden Wortführer ein – und andere Teilnehmer folgten schrittweise. Darauf hofften die beiden Frauen, denn dann war der Bann gebrochen. Erst jetzt schien das allgemeine Gespräch wieder in Gang zu kommen. Zuvor prallten die Beiträge von Michaela Schäfer wie gegen eine Glaswand und fanden kaum Resonanz im Gremium.

Bitte analysieren Sie die Szene mit diesem Arbeitsbogen. Am Ende finden Sie meinen Lösungsvorschlag. Er bietet Ihnen das Resümee meiner Erfahrungen. Prüfen Sie bitte sorgfältig, ob Sie sich meiner Einschätzung anschließen. Meine Gedankensammlung soll ein erster Anhaltspunkt sein, um Sie zu sensibilisieren und zu ermutigen, eigene Beobachtungen anzustellen.

Arbeitsbogen
Situationsentschlüssler

1. Was passiert in der Szene aus Ihrer Sicht?

   ....

   ....

2. Ist Frau Schäfer in diesem Moment ein Teil der Gruppe oder eher eine Außenstehende?

   ....

   ....

3. Hat das Konsequenzen für die Akzeptanz von Michaela Schäfer in der Arbeitsgruppe?

....

....

4. Wie kann sie die Situation kompensieren? Welches Verhalten passt zu Frau
Schäfer?

....

....

Mein Lösungsvorschlag

1. Das Verschränken der Hände hinter dem Kopf bei angehobenen Ellenbogen und sicht-
barer Achselhöhle demonstriert Unerschrockenheit und den Wunsch nach Dominanz,
weil der Schutz der Brust aufgegeben wird. Männliche Gesprächspartner reagieren
häufig mit der gleichen Geste, um gegenzuhalten – meist kommentarlos. Dieses
Ritual bezeichnen Experten für Körpersprache gerne als männlich, in Frauengruppen
beobachtet man es selten.
2. Michaela Schäfer und ihre Kollegin Dr. Willmann-Maier stehen im Gruppengeschehen in diesem Moment etwas am Rande. Ich denke, Mitmachen ist hier
nicht hilfreich. Es kommt kein Dialog in Gang, wenn Frauen diese Geste kopieren
und so übliche Verhaltensmuster verlassen. Trotzdem übertragen manche Männer
die Gewohnheit auch auf Gespräche mit weiblichen Gesprächspartnern. Frauen
finden diese Körperhaltung der Kollegen meist unangenehm, weil sie – durch unsere
Sozialisation – andere Erwartungen an die männliche Körpersprache im Berufsleben
haben.
3. Das hat keine akute Auswirkung auf die Akzeptanz von Frau Schäfer – ist aber auf-
schlussreich. Die Szene illustriert, dass die männlichen Teilnehmer alle wichtigen
Rollen in der Arbeitsgruppe unter sich verteilt haben. Auch Frau Dr. Willmann-Maier
nimmt an dem Ritual nicht teil. Es wird deutlich, dass die Arbeitsgruppe bisher nicht
auf Augenhöhe mit den weiblichen Mitgliedern debattierte. Frau Schäfer erhält ein
Bild über ihre Rolle in der Gruppe und kann ihr Verhalten danach ausrichten.
4. Nach meiner Erfahrung ist es sinnvoll, die Situation unkommentiert als Ritual anzu-
erkennen und den Verlauf abzuwarten. Beobachten Sie stattdessen, wer sich in dem
nonverbalen Kräftemessen durchsetzt. Michaela Schäfer nutzt die Zeit, um ihre
Argumente zu schärfen. So holt sie den Meinungsführer geschickt ab. Ein Einwurf
im Plenum ist hier aber nicht hilfreich. Die Gruppe würde das als Versuch werten,
die gerade erst bestätigte Hierarchie infrage zu stellen: Das wird man nicht goutieren.

Erfolgversprechend ist eher ein Gespräch in der Pause, wenn Frau Schäfer Akzente setzen will. So wird der Meinungsführer Michaela Schäfer – wenn sie besonnen und konstruktiv bleibt – schrittweise akzeptieren.

▶ **Praxistipp: Dynamik in Männergruppen einschätzen** Trotz Koedukation in der Vorschule, Schule und weiterer Ausbildung wachsen junge Männer und Frauen mit unterschiedlichen Rollenerwartungen auf. Während Jungen sich in der Freizeit in locker organisierten Freundeskreisen treffen, bevorzugen Mädchen eine oder zwei feste Freundinnen. Die beste Freundin ist so zum geflügelten Wort geworden. Mädchen und Frauen bevorzugen in Gruppen Konsenslösungen, die in Gesprächen gefunden werden. Männer organisieren sich in Gruppen durch eine klare Rollenverteilung, die sie entlastend finden. Sie kann täglich verändert werden. Die Gruppenhierarchie legen sie nonverbal über Gesten, Körpersprache oder Nähe und Distanz zum Gesprächspartner fest. Plakativ – und bewusst verallgemeinernd – formuliert: Im Berufsleben führen Männer ihre Rivalität um die tägliche Hackordnung mit den seit der Kindheit gewohnten Mitteln fort. Frauen finden dies – aufgrund der anderen Erfahrungen mit Konsens und verbalen Lösungen – eher unverständlich. Sie belächeln das Verhalten von Kollegen oder Führungskräften sogar als überflüssig oder kindisch. Es ist aus meiner Sicht jedoch wichtig, der Dynamik die angemessene Aufmerksamkeit zu schenken. Sonst leidet Ihr Status in der Gruppe, weil Sie „die Landessprache" nicht verstehen.

Besonnen und konstruktiv auftreten: aber wie? Wir wird man Teil der Gruppe? Wie versteht man die spezifische Sprache der Gruppe? Wie erlernt man sie und setzt sie ein: passiv und aktiv, sodass man mitreden darf? Mit Antworten auf diese Fragen beschäftigt sich der nächste Abschnitt.

Koalitionsstifter Wie ist die Stimmung in der Arbeitsgruppe? Wer versteht sich mit wem? Michaela Schäfer möchte die Standpunkte einzelner Kollegen besser verstehen, aber auch deren Verhältnis untereinander. Dazu nutzt sie die verschiedenen Übersichts- und Arbeitsblätter, um ihr Wissen schrittweise zu sammeln, zu reflektieren und dann die gewonnenen Ergebnisse zu nutzen, um Verbündete und Koalitionspartner in der Diskussion der Sachfragen zu gewinnen. Unterstützen Sie Michaela Schäfer in den nächsten Schritten.

Bitte tragen Sie in die Grafik alle Mitglieder der Arbeitsgruppe ein. Markieren Sie, welche Kollegen in den Fach- und Pausengesprächen als „Verbündete" auftreten.

Diese Übersichten nennt man Soziogramm, weil sie – anders als ein Organisationsbild – die sozialen Hierarchien abbilden. Meinen Lösungsvorschlag finden Sie im letzten Abschnitt des Kapitels (Abb. 3.3).

Abb. 3.3 Koalitionsstifter

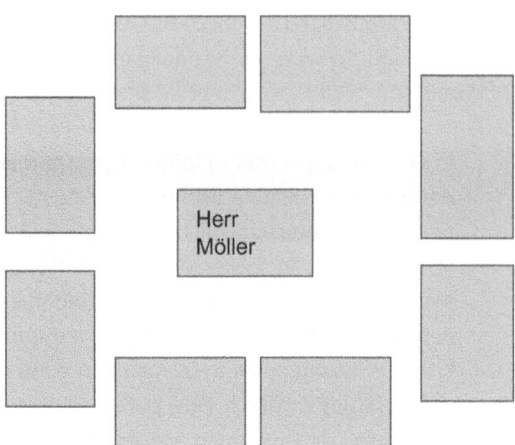

Sie haben die Beziehungen zwischen den Personen mit dem Soziogramm erfolgreich reflektiert? Ich gratuliere. Dann arbeiten Sie bitte jetzt mit dem Arbeitsbogen „Koalitionsstifter" weiter. Die Reflexionsfragen helfen Michaela Schäfer dabei, passende Partner für gemeinsame Argumentationen zu finden.

Arbeitsbogen
Koalitionsstifter
Für wen sind die Argumente und Erfahrung von Frau Schäfer hilfreich?

....

....

Wie kann sie diese Personen unterstützen?

....

....

Wer von diesen Personen unterstützt Michaela Schäfer?

....

....

Mit welchen anderen Personen in der Arbeitsgruppe haben diese „Unterstützer" ein gutes Verhältnis, sodass Frau Schäfer sie als Botschafter gewinnen könnte?

....

....

Welche Argumente und Anliegen vertreten diese Personen in der Arbeitsgruppe?

....

....

▶ **Praxistipp: Schulterklopfen** Nach hitzig geführten Diskussionen in Meetings klopfen sich männliche Gesprächspartner häufig gegenseitig auf die Schulter. Genauer gesagt: Meist beginnt der Ranghöhere damit bei dem hierarchisch tiefergestellten Gesprächspartner. Die Geste hilft dabei, die persönliche Bindung zwischen den (sachlichen) Kontrahenten zu stärken und Missstimmungen abzufangen. Das festigt den Zusammenhalt. Die beiden Partner bestätigen indirekt auch ihr Rollenverhältnis: Die Über- und Unterordnung zwischen ihnen wird bestärkt. In gemischten Teams oder Arbeitsgruppen bleiben Frauen in Einklang mit den üblichen Business-Etiketten (beschränkter Körperkontakt) bei diesem Ritual meist außen vor. Ich empfehle: Finden Sie für sich und Ihre konkrete Situation eine Alternative. Schaffen Sie Nähe, indem Sie ein Gespräch anknüpfen. Machen Sie eine humorvolle Bemerkung à la: „Es war ein feuriges Gespräch mit Ihnen. Das hat mir Spaß gemacht! Trinken wir darauf einen Kaffee zusammen?"

Interesse und Aufmerksamkeit wecken Es ist anspruchsvoll, sich in einer situierten Arbeitsgruppe zu integrieren und als Meinungsmacher akzeptiert zu werden. Im Gegensatz zu einem Team mit einer gemeinsamen Team-Vision stehen in unternehmensübergreifenden Gremien die Vorteile für die Einzelnen im Vordergrund. Es genügt also nicht, den Geschäftsauftrag zu verstehen (wie beim Team) und konstruktive Beiträge zur Umsetzung der gemeinsamen Aufgabe zu leisten. Frau Schäfer ist aufgefordert, in der heterogenen Gruppe jeden Teilnehmer individuell fachlich zu umwerben. So geht sie vor: Um die Mitglieder der Arbeitsgruppe zu überzeugen, muss sie für die Kollegen mindestens einschätzbar sein. Im Idealfall sogar sympathisch. Die Voraussetzung dafür ist, dass die Kollegen im Gremium sie als Person und Expertin in der Runde wahrnehmen. Es ist nicht selbstverständlich für „die alten Hasen", sich mit den Argumenten der Neuen inhaltlich intensiv zu beschäftigen: Zeit, Konzentrationsvermögen und Energie sind bei uns allen beschränkt. Diese Zugewandtheit kann nicht auf Knopfdruck erzeugt werden, deshalb arbeitet Michaela Schäfer mit dem Handwerkszeug der Werbefachleute: Sie wissen, dass vor der Identifikation mit einem Menschen (oder einer Idee) erst die Rezeptionsstufen Aufmerksamkeit und Interesse bei den Gesprächspartnern positiv durchlaufen werden müssen (Abb. 3.4).

Michaela Schäfer hält sich im Plenum mit längeren Einwürfen oder bei hitzigen Debatten zurück. Sie beteiligt sich jedoch konstant durch eher kurze, konstruktive Hinweise. So zeigt sie immer mehr Facetten ihrer fachlichen und persönlichen Kompetenz.

Abb. 3.4 Rezeptionsstufen
der Kommunikation

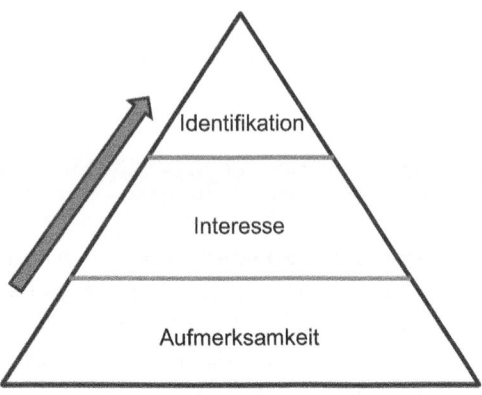

Das fällt bald allen Teilnehmern der Arbeitsgruppe positiv auf und sie hören ihr mit steigendem Interesse zu. In den Pausen stellen die Kollegen die eine oder andere Nachfrage zu den Auffassungen von Michaela Schäfer. Sie merkt: Sie ist keine Black Box mehr für die anderen, weil die Kollegen sie besser einschätzen können. Jetzt ist der Grundstein gelegt, um sich schrittweise Zustimmung (Identifikation) in der Gruppe zu erarbeiten. Frau Schäfer formuliert Ideen, erste Koalitionen entstehen und gemeinsame Vorschläge finden in der ganzen Arbeitsgruppe Akzeptanz.

Vierter Schritt
Im Rückspiegel – wie ging der Praxisfall weiter?

Zurück zu Michaela Schäfer Michaela Schäfer hat erkannt, dass ihre Führungs- und Projekterfahrung in einer unternehmensübergreifenden Arbeitsgruppe nicht ausreicht, um schnell zur Meinungsführerin aufzusteigen. Sie bemerkte in der Arbeitsgruppe sehr unterschiedliche Charaktere, Erfahrungshintergründe und Auffassungen zu den Fachthemen. Eine gemeinsame Vision gab es nur in wenigen Aspekten. Nachdem sie die Situation erkannt hatte, machte sie ihre Hausaufgaben. Michaela Schäfer sah ein: Sie war als extrovertierte Vertriebsfrau für die Kollegen aus dem Personalwesen und der Entwicklung einfach gewöhnungsbedürftig. Es würde etwas dauern, bis die anderen sie einschätzen können.

Sie verschaffte sich einen Überblick über das Beziehungsnetzwerk in der Gruppe. So lernte sie mehr darüber, wer mit wem koalierte. Frau Schäfer akzeptierte etwas widerwillig, dass neben dem Arbeitsgruppenleiter Karl-Heinz Möller die Herren Wörnemann und Dr. Schiller die Meinungsführer in der Gruppe waren. Und sie begann, diese Kollegen mit gezielten Argumenten zu umwerben. Allerdings hielt sich Michaela Schäfer im Plenum mit längeren Einwürfen oder bei hitzigen Debatten zurück, bis sie die Gruppendynamik besser einschätzen konnte. In ihrem Unternehmen war sie als Entscheiderin gefragt, im Verband beteiligte sie sich konstant – jedoch durch eher kurze, konstruktive Hinweise. So zeigte sie immer deutlicher alle Facetten ihrer fachlichen und persönlichen Kompetenz. Das fällt den Teilnehmern der Arbeitsgruppe positiv auf, und sie hörten ihr mit steigendem Interesse zu. In den Pausen stellten die Kollegen die eine oder andere Nachfrage zu den Auffassungen von Michaela Schäfer.

Obwohl sich Frau Schäfer bei ihren Kunden gekonnt und ohne Hilfe durchsetzte, baute sie in der Arbeitsgruppe auf ihre Unterstützer – die Herrn Wagner, Schmidt, Kurz und Frau Dr. Willmann-Maier – und sie vertraten viele Standpunkte nun gemeinsam. Frau Schäfer nutzte „ihre Botschafter", um – zuvor kurz mit ihnen abgesprochen – für Innovationen in der Verbandsarbeit zu werben.

Die Teilnehmer der Arbeitsgruppe waren nur durch einen direkten Vorteil für ihr Unternehmen oder ihre Person zu überzeugen. Schließlich mussten sie im eigenen Unternehmen dann für die neuen Grundsätze ebenfalls um Zustimmung kämpfen. Bei der Wahl ihrer Argumente zählte Frau Schäfer auf den Koalitionsstifter: Sie merkte, dass sie ihre Ideen nach den verschiedenen Standpunkten in der Gruppe beleuchten musste. Ein allgemeiner Nutzen für die Nachwuchskräfte reichte deshalb nicht aus, um alle zu überzeugen. Mit einer Kommunikationsberaterin übte sie, noch intensiver auf unterschiedliche Persönlichkeiten und Blickwinkel in ihren Argumenten einzugehen. Die kannte solche Übungen aus Vertriebsseminaren und profitierte an der – wie sie lachend sagte – „Sprachgymnastik" auch für ihr Tagesgeschäft. Michaela Schäfer ist mittlerweile ein anerkanntes Mitglied der Arbeitsgruppe. Sie versteht es, neben Anregungen und Innovationen auch das nötige Vertrauen bei den Kollegen aufzubauen.

Fünfter Schritt
Highlights und Lowlights im Praxisfall „Als Meinungsbildnerin gefragt sein"

Dieser Abschnitt fasst für Sie die gelungenen und weniger hilfreichen Schritte der Protagonistin im Praxisfall aus der Beobachterperspektive zusammen. Der Fragebogen „Was nehmen Sie mit?" unterstützt Sie bei der strukturierten Zusammenfassung aller Inhalte aus Ihrer Sicht.

Zusammenfassung
- Michaela Schäfer muss akzeptieren, dass in der unternehmensübergreifenden Arbeitsgruppe eines Verbands besondere Regeln herrschen. Trotz großer Menschenkenntnis und umfassender Geschäfts- und Führungserfahrung war sie darauf nicht vorbereitet. Sie überforderte die Gruppe mit ihrem Elan. Es fehlte ihr an Selbstreflexion, weil sie nicht erkannte, dass sie als extrovertierte Vertriebspersönlichkeit für die eher introvertierten Kollegen aus dem Personalwesen oder der Entwicklung schwer einschätzbar war.
- Da sie als Regionalleiterin ihres Unternehmens eine Schlüsselposition innehat, fand sie es selbstverständlich, auch in der Arbeitsgruppe einer der Wortführer

zu sein. Die Rollen der Meinungsführer waren jedoch in den festen Händen langjähriger Mitglieder. Außerdem versuchte sie es als Einzelkämpferin – ohne die Unterstützung von Kolleginnen und Kollegen, die sie schon auf ihrer Seite hatte.

- Sehr gelungen war der Rollenwechsel von Michaela Schäfer: von der aktiven Diskutantin zur taktisch orientierten Unterstützerin der Gruppenprozesse. Für eine reife Führungspersönlichkeit ist es ein beachtlicher Schritt, sich zurück-zunehmen, der Respekt verlangt. Frau Schäfer zeigte viel Sensibilität in der guten Zusammenarbeit mit den Herren Wagner, Schmidt, Kurz und mit Frau Dr. Willmann-Maier. Es gelang ihr auch in diesem Kreis durch ihre authentische Art der Kommunikation, vertrauensvolle Beziehungen aufzubauen.
- Die akribische Analyse des Beziehungsnetzwerks und der unterschiedlichen Bedarfe der Gremienteilnehmer beweist erneut, dass Frau Schäfer ein Profi ist. Ausgestattet mit diesen Erkenntnissen achtet sie jetzt darauf, gemeinsam mit ihren Unterstützern die Vorteile ihrer Argumente für möglichst viele Gremien-mitglieder herauszuarbeiten. Schrittweise vergrößerte sie ihren Einfluss. Dieser Weg verlangte Geduld, war aber erfolgreich.
- **Fazit:** Die Erfahrungen von Michaela Schäfer zeigen, dass man auch mit viel Berufs- und Lebenserfahrung vor Fehleinschätzungen oder Nachlässigkeiten nicht geschützt ist. Sie blieb jedoch souverän: Frau Schäfer besann sich auf ihre Stärken und blieb in Kontakt mit den anderen Personen der Gruppe – auch wenn diese nicht immer entgegenkommend waren. Ganz ohne frustrierten Rückzug aus Eitelkeit arbeitete sie mit Energie an der Qualität ihrer Argumente und verband altes und neues Wissen. Eine echte Führungspersönlichkeit.

Was nehmen Sie mit? In diesem Abschnitt fassen Sie wichtige Aspekte dieses Kapitels zusammen. Indem Sie Ihre Notizen in das Arbeitsblatt eintragen, fällt es Ihnen leichter, Ihr neues Wissen zu wiederholen und zu festigen. Auch persönliche Hinweise oder Kommentare finden hier ihren Platz, damit Sie möglichst viele Anregungen in Ihren All-tag mitnehmen können (Abb. 3.5).

Erster Schritt: Netzwerkersystematik

1. Gruppendynamik verstehen

   ....

2. Meinungsmacher erkennen

   ....

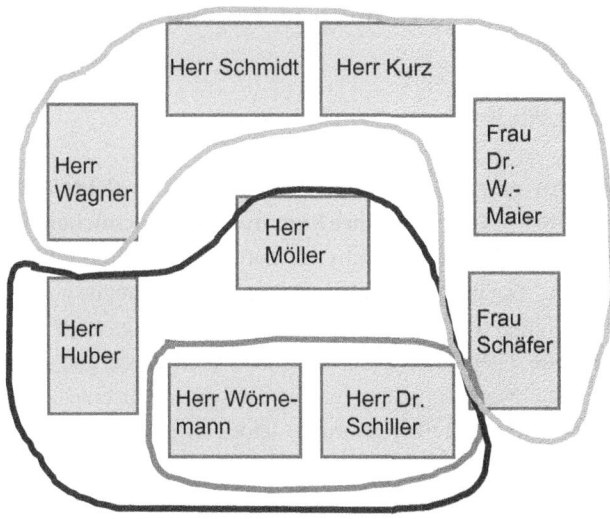

Abb. 3.5 Lösungsvorschlag Koalitionsstifter

3. Eigene Rolle gestalten

....

Zweiter Schritt: Checkpoint

1. ....

2. ....

3. ....

Dritter Schritt: Stärken nutzen

1. Situationsentschlüssler

....

....

2. Koalitionsstifter

....

....

3.6   Führungserfolge in Teams und Projektgruppen sicherstellen

3.6.1   Praxisfall: Mit Konsequenz überzeugen

▶ **Petra Koch gibt gerne Gas: Es motiviert sie, ein Projekt nach dem anderen abzuwickeln. Ihre Stärken sind ihre konstruktiven, sachlichen Argumente.**
Auch wenn es mal schlecht läuft, orientiert sie sich an Fakten – nicht an Emotionen. Die 33-jährige Abteilungsleiterin der strategischen Planung wird in ihrem Unternehmen neben ihrer Linienverantwortung auch als Projektleitung für übergreifende Themen eingesetzt. Aktuell geht es darum, mit 35 Mitstreitern eine gemeinsame Marketingkampagne in Europa umzusetzen. Petra Koch startet mit der für sie typischen Begeisterung, leider zeigen sich ihre Kolleginnen und Kollegen aus zwölf verschiedenen Ländern weniger enthusiastisch: Vereinbarungen werden nicht eingehalten und bereits beschlossene Arbeitsschritte immer wieder infrage gestellt. Frau Koch merkt, dass sie ihren Einfluss auf ihre Projektkollegen ausdehnen muss, sonst erreicht sie die Projektziele nicht pünktlich. Gleichzeitig hat sie in ihrer Abteilung einen Konflikt mit einer Mitarbeiterin, die sich sehr emotional über ihre Arbeitsaufgaben und den Führungsstil von Frau Koch beschwert. Erstmalig stößt Petra Koch an ihre Grenzen.

Das Rahmenkonzept aus der Zentrale in den USA sieht vor, dass jede Landesgesellschaft selbst Adaptionen ausarbeiten kann, bei denen ein – nicht sehr strenger – gemeinsamer Standard erhalten bleiben soll. Das lässt viel Freiraum für eigene Ideen, findet Frau Koch.

Leider sehen ihre Kollegen das anders: In den Projektgruppentreffen beschweren sich alle über die Kampagne, jeder Arbeitsschritt wird zerredet und Fortschritte in der Umsetzung bleiben aus. Petra Koch appelliert an das gemeinsame Ziel und erklärt immer wieder die Idee hinter dem Marketingkonzept. Obwohl sie viele der Kollegen schon lange kennt und ein gutes Verhältnis mit ihnen hat, reicht ihr Einfluss nicht aus, um die zuverlässige Erledigung der verteilten Arbeitspakete durchzusetzen. Als Projektleiterin hat sie kein disziplinarisches Führungsverhältnis, sodass unerledigte Aufgaben ohne weitere Konsequenzen für die Kollegen bleiben. Das Projekt stockt, die Motivation aller ist im Keller – egal wie sehr sich Frau Koch um plausible und rationale Argumente bemüht.

Frustriert kommt sie von einem der Meetings zurück, um von ihren Mitarbeitern zu erfahren, dass Frau Gärtner – eine Sachbearbeiterin ihrer Abteilung – in Tränen aufgelöst an ihrem Arbeitsplatz sitzt. Frau Koch habe ihr neue Aufgaben versprochen und würde jetzt ihr Wort nicht halten, so die einhellige Meinung in dem 14-köpfigen Team. Frau Koch ist eine anerkannte Führungskraft mit klarem Führungsstil. Betroffen und überrascht geht sie in das Büro von Frau Gärtner. Das Gespräch ergab, dass Frau Gärtner Wunsch und Wirklichkeit nicht voneinander trennte. Die Absprachen zwischen ihr und

Frau Koch vor einem Monat waren unmissverständlich gewesen, die Lösung wurde einvernehmlich festgehalten: Aufgabenerweiterung im nächsten Geschäftsjahr, nicht früher. Jetzt stellt Frau Gärtner den Sachverhalt beharrlich anders dar.

Die nächsten Tage herrscht Aufregung im Team, weil Frau Gärtner immer mehr Details über Vereinbarungen schildert, die aus der Sicht von Frau Koch schlicht aus der Luft gegriffen sind. Frau Gärtner ist charmant und der erklärte Liebling aller. Frau Koch merkt, dass ihre Mitarbeiter zurückhaltend und skeptisch auf sie reagieren. Das Vertrauensverhältnis mit ihrem Team ist offensichtlich angespannt. Die Arbeitsruhe wird immer wieder gestört. Mit Frau Gärtner ist nicht vernünftig zu reden. Sachliche Erklärungen scheinen kein Gehör zu finden, sie erwidert stereotyp: „Sie mögen mich eben nicht!" Frau Koch ist demoralisiert und wütend. Sie legte großen Wert auf einen sachlichen Gesprächston und geschäftsorientierte Argumente am Arbeitsplatz – und auf Leistung. Wie soll sie als Projektleitung und Führungskraft auf die starken Emotionen ihrer Kollegen und Mitarbeiter reagieren?

Aufgabenstellung und Problemanalyse
Petra Koch ist eine Powerfrau. Sie ist sachlich und bleibt auch in schwierigen Situationen konstruktiv, das qualifiziert sie als Abteilungsleitung genauso wie für wichtige Projekte im Unternehmen. Aktuell stößt sie an ihre persönlichen Leistungsgrenzen: Ihre sachlichen Argumente verschaffen ihr weder im aktuellen Marketingprojekt der Firma Einfluss auf die unmotivierte Projektgruppe, noch gelingt es ihr, die Spannungen im eigenen Team zu lösen. Es gibt Schwierigkeiten, die sich Frau Koch mit Logik nicht erklären kann. Sie will beide Baustellen in den Griff bekommen. Allerdings ist sie unsicher, ob sie durch ihren Führungsstil das – für sie – unprofessionelle Verhalten der Projektgruppe und in ihrem Team verschuldet hat.
   Schritt 1: Leadership-Systematik
   Schritt 2: Checkpoint
   Schritt 3: Stärken nutzen
   Schritt 4: Im Rückspiegel – wie ging der Praxisfall weiter?
   Schritt 5: Highlights und Lowlights im Praxisfall „Mit Konsequenz überzeugen"

Petra Koch stellt hohe Anforderungen an die eigenen Führungsfähigkeiten. Sie wünscht sich, ihre Mitarbeiter begeistern zu können – besonders wenn die Aufgaben mal weniger für Euphorie im Team sorgen.

Erster Schritt: Leadership-Systematik
Erfolgreiche Führungskräfte motivieren ihre Mitarbeiter oder Projektkollegen zu Spitzenleistungen. Es wirkt dann so, als ob alle Beteiligten mühelos dem gleichen

Ziel folgen und ihren Beitrag leisten. Die Führungskraft lenkt mit Lob und gezieltem Feedback. Das Vertrauensverhältnis ist solide.

Leider ist die Realität nicht immer so perfekt: Es mangelt an Begeisterungsfähigkeit oder Kompetenzen für die Aufgaben, und zwischenmenschliche Spannungen belasten die Zusammenarbeit. Im Alltag werden deshalb an Projekt- wie Abteilungsleitungen hohe Anforderungen bezüglich ihrer Führungsfähigkeiten gestellt.

Ihr Lernvorteil Sie lernen, allgemeine Führungskompetenzen in einer spezifischen Situation anzuwenden.

Begleiten Sie Petra Koch dabei, ihr Führungsverhalten weiterzuentwickeln.

Leadership-Systematik
1. Anwendungsfall verstehen
2. Bedürfnisse erkennen
3. Führungsverhalten gestalten

Petra Koch ist eine anerkannte Führungskraft. Professionalität ist ihr wichtig, deshalb argumentiert und entscheidet sie immer anhand sachlicher Kriterien. Eine unaufgeregte und durchdachte Handlungsweise ist ihr dabei immer ein Anliegen, obwohl sie bei ihren Projekten gerne Gas gibt. Frau Koch achtet für die erfolgreiche Zielerreichung auf konstruktive Denk- und Handlungsmuster bei allen Kollegen. Missstimmungen und Konflikte räumt sie aus, indem sie Fakten sichtet und gemeinsam mit den Beteiligten klärt. Das aktuelle Projektteam für den Marketing-Roll-out erreicht sie mit diesen Methoden leider nicht. Auch in ihrem Team „schlagen die Emotionen hoch", sodass Fakten keine Beachtung finden. Petra Koch möchte differenziert handeln und mit passenden Interventionen auf die Situation und die Menschen eingehen. Dazu muss sie zuerst die Situation verstehen und in ihren Erfahrungskontext einordnen: Sie merkt: Mit ihrem bisher erfolgreichen Standardvorgehen (Fakten sichten und gemeinsam besprechen) kommt sie in beiden Aufgabenstellungen nicht weiter.

1. Anwendungsfall verstehen
Gibt es einen Zusammenhang zwischen dem Verhalten der Projektgruppe und dem Team von Frau Koch? Als Abteilungsleiterin verfügt sie über die volle disziplinarische Macht im Team. Trotzdem handeln die Kollegen nicht entsprechend den Absprachen. In der Projektgruppe ist der Einfluss von Frau Koch

von vornherein auf die fachliche und methodische Anleitung der Kollegen beschränkt. Trotzdem zeigen sich auch hier erstmals ernste Probleme in der Zusammenarbeit. Welche Charakteristika fallen in beiden Fällen auf – und mit welchen Führungsinstrumenten greift Petra Koch ein?

Ihr Lernvorteil
Sie üben im Führungsverhalten, fachliche Aufgabenstellungen und zwischenmenschliche Herausforderungen integriert zu betrachten.

Fragen zu „Anwendungsfall verstehen" Mit welcher Verbindlichkeit kann Frau Koch in der Projektgruppe Aufgaben verteilen?
Wie steht es um ihren Einfluss in ihrer Abteilung?

Antwort

....
....
....
....
....
....

Mit welchen Störungen im Ablauf kämpft Frau Koch im Projekt – mit welchen Herausforderungen ihrer Abteilung? Wo liegen die Unterschiede?

Antwort

....
....
....
....
....
....

Wie reagiert Petra Koch auf die Herausforderungen? Welche Gemeinsamkeiten oder Unterschiede in ihrem Verhalten fallen Ihnen auf?

Antwort

....

....

....

....

....

....

Petra Koch hat sich diesen Fragen gestellt. Ihr ist bewusst geworden, dass sie auf verschiedene Situationen mit dem gleichen Führungsverhalten reagiert hat. Im folgenden Abschnitt reflektiert sie, welches Verhalten der Kollegen ihr als Führungskraft Rückschlüsse auf weitere Bedürfnisse ermöglicht.

2. Bedürfnisse erkennen

Viele Verhaltensweisen in unserem Alltag steuert unser Unterbewusstsein für uns: Geübte Kommunikationsmuster kommen zu unserer Entlastung immer wieder zum Einsatz. So verraten wir unserer Umwelt viel über unsere persönlichen Werte, beispielsweise was uns motiviert oder frustriert. Aufmerksame Beobachter reagieren darauf, um an der Präsentation ihrer Argumente zu feilen. Je intensiver Kommunikations- oder Handlungsmuster auf unsere Bedürfnisse eingehen, desto stärker identifizieren wir uns dabei mit dem Inhalt.

Ihr Lernvorteil

Sie gewinnen Sensibilität, um von den Verhaltensweisen Ihrer Kollegen auf deren persönliche Bedürfnisse zu schließen. So sammeln Sie Informationen für wirkungsvolles Führungsverhalten.

Fragen zu „Bedürfnisse erkennen" Welches Verhalten zeigen die Kollegen in der Projektgruppe?

Antwort

....

....

....

Auf welche Bedürfnisse der 35 Kollegen in der Projektgruppe schließen Sie aufgrund dieser Verhaltensweisen (beispielsweise Koordination, Information, kreativer Freiraum, persönliche Wertschätzung, selbständige Arbeitseinteilung, fachlicher Austausch, konzeptionelle Reflexion, Zielerreichung, Interaktion in der Gruppe, Unterstützung bei der Umsetzung, Fairness und Vertrauen etc.)?

Antwort

....

....

....

Wie würden Sie das Verhalten der Teammitglieder von Frau Koch beschreiben?

Antwort

....

....

....

Auf welche Bedürfnisse von Frau Gärtner und den anderen Teamkollegen der Abteilung „Strategische Planung" schließen Sie aufgrund dieser Verhaltensweisen (beispielsweise Information, kreativer Freiraum, persönliche Wertschätzung, selbständige Arbeitseinteilung, Karriereentwicklung, Interaktion in der Gruppe, Fairness und Vertrauen etc.)?

Antwort

....

....

....

Nach den Aspekten 1) Anwendungsfall verstehen und 2) Bedürfnisse erkennen arbeitet Petra Koch jetzt am dritten Teil der Leadership-Systematik 3) Führungsverhalten gestalten.

3. Führungsverhalten gestalten

Petra Koch ist eine anerkannte Führungskraft. Sie achtet auf konstruktive Denk-
und Handlungsmuster bei allen Kollegen, weil das aus ihrer Sicht die Zielerreichung fördert. Missstimmungen und Konflikte im Team räumt Frau Koch
aus, indem sie Fakten sichtet und gemeinsam mit den Beteiligten klärt. Mit diesen
Führungsmethoden erzielte sie bisher bei allen Herausforderungen Erfolge. Jetzt
möchte Frau Koch reflektieren, wie sie in Situationen punktet, die mit klaren Argumenten offensichtlich nicht zu steuern sind.

Ihr Lernvorteil

Ihr Verhaltensspektrum ausschöpfen und für Ihre Führungsarbeit nutzen.

Fragen „Führungsverhalten gestalten" Wie reagiert Frau Koch auf die Motivations-
krise in der Projektgruppe?

Antwort

....

....

....

Reagiert Frau Koch damit auf die möglichen Bedürfnisse in der Projektgruppe?

Antwort

....

....

....

Wie begegnet Petra Koch der schwierigen Mitarbeiterin, Frau Gärtner?

   Erkennt Frau Koch die Bedürfnisse von Frau Gärtner und geht sie durch ihr
Führungsverhalten auf die Bedürfnisse ihrer Mitarbeiterin ein?

Antwort

....

....

....

Zeigt Frau Koch ihre Gefühle: in der Projektgruppe und/oder in ihrem Team?

Antwort

....

....

....

Zweiter Schritt: Checkpoint

Dieser Abschnitt gibt Ihnen die Gelegenheit, Ihre Eindrücke über den Praxisfall und das Verhalten von Petra Koch zusammenzufassen. Sie werden in den Rollen des Beobachters und der Führungskraft um Ihre Meinung gebeten. Im „Blitzlicht" können Sie dann einen Lösungsvorschlag nachlesen. Bitte beantworteten Sie dazu die Fragen im Arbeitsbogen „Situationsdiagnose".

Ihr Lernvorteil

Sie reflektieren Ihr Bild der Situation. Das ist für die Weiterarbeit sinnvoll, um sich mit den passenden Lösungsstrategien zu beschäftigen, damit Petra Koch versteht, was sie an ihrem Verhalten ändern kann. Der Vergleich mit einer kurzen Zusammenfassung „Blitzlicht" bietet Ihnen zusätzliche Anregungen.

Arbeitsbogen
Situationsdiagnose „Mit Konsequenz überzeugen"

1. Wie würden Sie die Situation im Praxisfall beschreiben?

....

2. Worin liegen die Stärken von Petra Koch?

....

3. Vor welchen Herausforderungen steht Frau Koch aus Ihrer Sicht?

....

**Haben Sie eine ähnliche Situation schon einmal selbst erlebt: als Führungs-
kraft oder Experte?**

1. Beschreiben Sie bitte die Situation in einigen Stichworten.

....

....

2. Welches Vorgehen würden Sie als Führungskraft von Petra Koch für sich
wählen? Welche Maßnahmen schlagen Sie für Frau Koch vor?

....

....

3.6.1.1 Blitzlicht

Die Situation im Praxisfall Petra Koch stößt als Projektleiterin und Führungskraft an
ihre Grenzen. In beiden Teams scheint sie mit ihren sachlichen Argumenten die Bedürfnisse ihrer Kolleginnen und Kollegen nicht zu treffen.

Die Stärken von Petra Koch Frau Koch „erdet" ihre Argumente gerne mit sachlichen
Analysen. Das macht die Gespräche mit ihr konstruktiv. Sie fühlt sich wohl mit klarer
Kommunikation. Sie ist überdurchschnittlich motiviert und es gelingt ihr gut, sich selbst
zu führen.

Vor welchen Herausforderungen steht Frau Koch Petra Koch reagiert in jeder
Situation – geradezu monoton – mit dem gleichen Führungsverhalten, obwohl die
Bedürfnisse der Projektgruppe (Motivation) und des Abteilungsteams (Vertrauen und
Regeln für die Zusammenarbeit) unterschiedlich sind. Sie muss lernen, differenzierter zu
reagieren und ihr Führungsrepertoire zu vergrößern.

Sie vermeidet bewusst, aus dem Bauch heraus zu entscheiden, und investiert ihre
Energie in ihre dynamische Arbeitsweise. Als Führungskraft muss sie jedoch auch die
Kollegen inspirieren, die nicht nur durch ein tatkräftiges Vorbild zu beflügeln sind.

Aus der Sicht der Führungskraft Petra Koch zeigt solide Führungskompetenzen. Für
ihre Verwendung im Unternehmen auch in Projekten scheint sie gut gerüstet. Sie ist ein
echtes Managementtalent und verdient entsprechende Personalentwicklung.

Unterschiedliche Leadership-Aufgaben verlangen ein großes Repertoire an Führungsverhalten. Die Führungskraft von Frau Koch sollte sie gezielt bei der situationsbezogenen und personenbezogenen Führungsarbeit unterstützen, sodass Frau Koch flexibel und selbstbewusst mehrere Methoden einzusetzen lernt.

Dieser Entwicklungsschritt ist anspruchsvoll und gelingt nicht jedem, deshalb ist es sinnvoll, wenn Frau Koch ihr Desiderat auch aus eigenem Antrieb verfolgt.

3.6.2   Stärken nutzen: Ziele setzen und erreichen

Dritter Schritt: Stärken nutzen
Wenn bei anderen „die Emotionen hochschlagen", findet Petra Koch schnell auf den Boden der Tatsachen zurück. Sie überzeugt durch Selbstbeherrschung und beeindruckende Selbstführung. Dazu analysiert sie treffsicher und kann Fakten schnell einschätzen. Mit diesen Attributen überzeugt sie die Geschäftsleitung, weil sie jede Aufgabenstellung „aus der Vogelperspektive" beschreiben kann. Um Mitarbeiter und Projektkollegen in schwierigen Situationen anzuleiten, muss sie sich noch besser auf verschiedene Bedarfe einstellen.

Ihr Lernvorteil
Weitere Werkzeuge kennenlernen, um Ziele zu setzen und zu erreichen.

Petra Koch ist mit den Systematiken der Projektsteuerung vertraut. Sie nutzt in ihrer Abteilung und als Projektleiterin vor allem Zielvereinbarungen, wenn sie Aufgaben oder Aufgabenpakete verteilt und die gewünschten Ziele mit den Kollegen festlegt. Diese Fachkenntnisse und Werkzeuge findet sie hilfreich. Bei ihren aktuellen Aufgaben merkt sie jedoch, dass klare Strukturen und Prozesse zwar die Grundlage für eine geordnete Zusammenarbeit sind. Meist reicht dies jedoch in schwierigen Situationen nicht aus, um Menschen zu motivieren oder Vertrauen zu schaffen. Jetzt ist ihre Führungspersönlichkeit gefragt.

Sie ist entschlossen, mehr über den Einsatz geschäftsbezogener Methoden zu lernen. Die Personalabteilung vermittelt ihr eine externe Führungsexpertin, die sie im Lernprozess berät. Gemeinsam mit ihr analysiert sie die Situation in der Projektgruppe und in ihrer Abteilung. Mit der für sie typischen sachlichen Einschätzungsfähigkeit fasst sie den Status zusammen und vergleicht ihn mit ihren Zielen (Ist-Status versus Soll-Status). Das Ergebnis macht Frau Koch Sorgen: Es klafft eine deutliche Lücke zwischen dem Status und ihren Ansprüchen. Mit der Führungsexpertin erkennt sie, dass in beiden Teams (Projektgruppe und ihre Abteilung) die Arbeitshaltung gestört ist. Frau Koch droht ein

Autoritätsverlust. Die Expertin empfiehlt Frau Koch ohne weiteres Zögern den Einsatz deutlich erkennbarer Managementwerkzeuge statt halb-offizieller Gespräche. Petra Koch entscheidet sich für Workshops: einen in der Projektgruppe und einen für ihr Team.

Da Frau Koch sehr unterschiedliche Ziele zu erreichen hat, sind der Aufbau und Ablauf der Veranstaltungen ebenfalls verschieden:

- Motivations-Veranstaltung für das Projektteam von Frau Koch
- Moderierter Workshop für die Abteilung von Frau Koch

Petra Koch zeigt entschieden als Führungskraft Flagge, weil sie durch ihre Intervention den Verlauf der Zusammenarbeit gestaltet. Trotzdem binden beide Werkzeuge die betroffenen Kollegen bei der Gestaltung der Lösung ein. Lesen Sie in den nächsten Abschnitten mehr über die verschiedenen Workshops – und wie Petra Koch sie plant und einsetzt.

Motivations-Veranstaltung für das Projektteam In der Projektgruppe sind die Einflussmöglichkeiten von Frau Koch beschränkt, weil sie nicht die disziplinarische Vorgesetzte der Kollegen ist. Die gestandenen Marketingexperten lassen sich nicht so schnell beeinflussen. Jetzt geht es darum, die Beziehung zu diesen Kollegen zu stärken. Wenn die persönliche Bindung zwischen ihr und den Kolleginnen und Kollegen sich festigt, erreichen die Appelle ihr Ziel schneller. Die Identifikation mit der Kampagne steigt mit dem persönlichen Bezug zum Thema und den Kollegen – und damit auch die gemeinsame Motivation, die neue Marketingstrategie umzusetzen. Frau Koch entscheidet sich für einen Motivationsworkshop, um so die Kraft ihrer Argumente zu steigern und an Einfluss zu gewinnen.

Damit Petra Koch den Aufbau und Ablauf der Agenda festlegen kann, beschreibt sie zusammen mit ihrer Beraterin die Situation in der Projektgruppe. Diese Klärungsfragen helfen ihr dabei, ihre Wahrnehmung zu schärfen:

- Sind die Störungen eher sachlich begründet oder eher beziehungsorientiert?
- Sind alle Kollegen von den Störungen betroffen oder nur einzelne? (Abb. 3.6)

Frau Koch versteht jetzt, dass die Spannungen in der Zusammenarbeit alle Kollegen in der Projektgruppe betreffen. Obwohl es um das Faktum geht, dass eine weltweite Marketingkampagne im Unternehmen zum Einsatz kommen soll, scheint der Konflikt viele emotionale Aspekte zu beinhalten: Die persönlichen Vorstellungen der Marketingexperten wurden bisher nicht besprochen, sondern nur die Zielvorgaben vorgestellt, die sie erfüllen sollen. Nachdem sie die Situation diagnostizierte, arbeitet Frau Koch mit dem Arbeitsbogen „Zielhorizont" weiter. Sie will mit dem Workshop einen Beitrag zur Lösung der Schwierigkeiten leisten, aber trotzdem realistisch bleiben. Bitte tragen Sie Ihre Lösungsvorschläge ein und lesen Sie im Anschluss an den Arbeitsbogen die Ergebnisse von Frau Koch.

Die Störung in der Zusammenarbeit ist eher sachlich/aufgrund von Fakten begründet, da explizite Regeln oder Absprachen verletzt wurden.	Die Störung in der Zusammenarbeit ist eher beziehungsorientiert, weil implizite Regeln oder Absprachen wie beispielsweise Bedürfnisse oder persönliche Vorstellungen, Arbeitstraditionen oder Freiräume verletzt wurden.
Die Störung in der Zusammenarbeit betrifft alle oder mehrere Kollegen.	Die Störung in der Zusammenarbeit bezieht sich auf die Zusammenarbeit mit/zwischen einzelnen Kollegen.

Abb. 3.6   Klärungsmatrix Situationsanalyse im Projektteam

▷   **Praxistipp: Ruhe bewahren**   Achten Sie darauf, wie Sie in Stresssituationen reagieren: Bleiben Sie optimistisch und übertragen Sie Ihre Zuversicht auch auf die Mitarbeiter. Dieser Führungskompetenz kann man im anspruchsvollen Tagesgeschäft kaum widerstehen. So wächst Ihr Einfluss auf das Team.

Arbeitsblatt
Vorbereitung Motivationsveranstaltung: Zielhorizont

1. Was ist aus Ihrer Sicht ein ideales Ergebnis für die Motivationsveranstaltung mit der Projektgruppe „Marketingkampagne": Für die Teilnehmer? Für Frau Koch?

   ....

   ....

2. Wie würden sich bei diesem idealen Ergebnis die Projektgruppe und Frau Koch nach dem Workshop verhalten? Bitte beschreiben Sie die Szene aus Ihrer Vorstellung.

   ....

   ....

3. Wie kann die Projektgruppe das ideale Ergebnis erreichen: Welche Argumente, Methoden oder Veränderungen sind nach Ihrer Sicht hilfreich?

   ....

   ....

Das hat sich Petra Koch als Ziel vorgenommen

Zu 1) Frau Koch glaubt, dass einige Kollegen der Kampagne gegenüber kritisch eingestellt sind, weil sie Angst vor Kritik haben. Die Idee für die Kampagne stammt aus der Zentrale. Im eigenen Land könnten jedoch die Führungskräfte oder Kunden reserviert reagieren. Die Marketingverantwortlichen möchten dann nicht die Sündenböcke sein. Im ideal verlaufenden Motivationsworkshop würden solche Argumente offen genannt werden. Die Gruppe würde gemeinsam nach Lösungen suchen, die Entlastung bringen. Auch die Sorge, im fordernden Tagesgeschäft noch eine weitere Aufgabe betreuen zu müssen, wird artikuliert. Natürlich würde die Projektgruppe auch für den Nutzen der Kampagne für das Unternehmen diskutieren. Die besten Argumente könnten dann bei der Implementierung eingesetzt werden.

Zu 2) Alle in der Projektgruppe würden ihre Arbeitspakete pünktlich erledigen. Erfahrungsberichte bereicherten die Zusammenarbeit. Manche Kollegen würden die Zeit finden, sogar noch weitere Initiativen zu starten. So läge ausreichend Feedback über die Implementierung vor und Frau Koch könnte den Projektplan flexibel an die Herausforderungen anpassen. Die Kampagne würde schnell in Europa implementiert. Alle Mitstreiter profitierten an der Erfahrung.

Zu 3) Petra Koch fällt auf, dass sich viele der Kollegen nicht genug kennen, um vertrauensvoll zusammenzuarbeiten. Wichtiger als die intensive fachliche Diskussion erscheint ihr deshalb, das Team zusammenzuschweißen und den Zusammenhalt zu stärken. Um die weiteren Fachgespräche in den Projekttreffen zu professionalisieren, führt sie vor dem Workshop ausführliche Einzelgespräche mit jedem Projektmitglied. So lernt sie mehr über die lokalen Herausforderungen der Kollegen bei der Implementierung der Kampagne, schafft eine persönliche Bindung zu jedem und steigert durch ihren wachsenden Sachverstand ihren Einfluss auf die Partner im Projekt. Frau Koch konsultiert eine Checkliste, während sie die Motivations-Veranstaltung plant.

Zehn Tipps für eine Motivationsveranstaltung

1. **Nehmen Sie sich genug Zeit:** Motivation entsteht nicht unter Zeitdruck. Ich empfehle, eineinhalb bis zwei Tage einzuplanen.
2. **Sorgen Sie für gute Startbedingungen:** Die Anreise am Abend mit gemeinsamem Abendessen ist eine ideale Basis für gute Ergebnisse.
3. **Wählen Sie einen neutralen Moderator:** damit alle unbefangen mit ihr/ ihm arbeiten können. Informieren Sie die Teilnehmer vor dem Workshop über diesen Partner und seine Rolle beim Workshop.
4. **Prüfen Sie Ihr Konzept kritisch:** Alle Maßnahmen – jeder Agendapunkt – muss einen Beitrag zu Ihrem Ziel leisten. Ein strukturiertes Vorgehen ist auch bei Motivationsworkshops mit kreativen oder gruppendynamischen Elementen sehr wichtig für Ihr Vorhaben.

5. **Vermeiden Sie extreme Aktivitäten:** Klettergarten oder Segeltörns sind nicht jedermanns Sache. Auch eine gemeinsame Wanderung bringt viel, wenn Sie die Erlebnisse gekonnt für Ihre Zielsetzung aufarbeiten.

6. **Sorgen Sie für ein angenehmes Hotel:** Ein Ambiente zum Wohlfühlen und persönliche Rückzugsmöglichkeiten sind wichtig, um niemanden zu überfordern.

7. **Versuchen Sie nichts zu erzwingen:** Vertrauen und Identifikation müssen wachsen. Schaffen Sie auch bewusst den Raum für persönliche Gespräche jenseits des Programms.

8. **Bitten Sie alle Teilnehmer um persönliche Vorschläge oder Wünsche im Vorfeld:** So bringen Sie leichter alle ins Boot.

9. **Denken Sie gründlich über Ihre Rolle beim Workshop nach:** Bitten Sie den Moderator regelmäßig in der Planungsphase und während des Workshops um Feedback. Durch den neutralen Blick eines Außenstehenden, steigern Sie Ihre Zielerreichung.

10. **Greifen Sie alle Anregungen auf, die während des Workshops entstehen:** Dokumentieren Sie die Ergebnisse und nutzen Sie ein Nachtreffen oder eine regelmäßige Besprechung für die Rückschau. Das stärkt die Verbindlichkeit der Maßnahmen und festigt den Glauben an Ihre Integrität.

Moderierter Workshop für die Abteilung von Frau Koch Als Führungskraft möchte Frau Koch – bei allem Verständnis für emotionale Irritationen – klare Führungsmethoden einsetzen. Ein moderierter Workshop, der für eine Klärung der Verwirrung sorgt, indem Fakten benannt und Grenzen von akzeptablem Verhalten benannt werden, ist hier aus ihrer Sicht hilfreich.

Frau Koch orientiert sich erneut mit dem Arbeitsbogen „Zielhorizont". Dieses Mal an die Aufgabenstellung angepasst, einen Abteilungsworkshop zu konzipieren. Beantworten Sie bitte die folgenden Fragen. Frau Kochs Ergebnisse finden Sie im Anschluss an den Arbeitsbogen.

Arbeitsbogen
Vorbereitung Workshop für die Abteilung von Frau Koch: Zielhorizont

1. Was ist aus Ihrer Sicht ein ideales Ergebnis für den Abteilungsworkshop von Frau Koch: Für die Mitarbeiter von Petra Koch? Für Frau Koch?

   ....

   ....

2. Wie würden sich bei diesem idealen Ergebnis das Team und Frau Koch nach
   dem Workshop verhalten? Bitte beschreiben Sie die Szene nach Ihrer Vorstellung.

   ....

   ....

3. Wie kann das Team von Frau Koch das ideale Ergebnis erreichen: Welche Argumente, Methoden oder Veränderungen sind aus Ihrer Sicht hilfreich?

   ....

   ....

Das hat sich Petra Koch als Ziel vorgenommen

Zu 1) Frau Gärtner ist einverstanden, die Angelegenheit offen im Team zu besprechen.
Dazu ist sie nicht verpflichtet. Nach den starken Irritationen ist sie jedoch erleichtert,
Klarheit in der Angelegenheit zu gewinnen und alles auf den Tisch zu bringen. Das Team
erkennt, dass Frau Gärtner bei ihren Berichten über die Absprachen mit Frau Koch über
das Ziel hinausgeschossen ist. Die allgemeine Wertschätzung bleibt Frau Gärtner jedoch
erhalten. Trotzdem wird deutlich, dass Frau Koch die Personalentscheidungen im Team
alleine trifft. Sie muss sich nicht rechtfertigen und ist auch nicht durch Stimmungsmache
erpressbar. Das bisher vertrauensvolle Verhältnis zwischen ihr und den Teammitgliedern
festigt sich wieder. Auch mit Frau Gärtner findet sich ein Weg: Sie akzeptiert schrittweise, dass es nicht darum geht, von Frau Koch gemocht zu werden, wenn sie neue
Aufgaben erhalten will. Für Frau Koch stehen die Zielerreichung der Abteilung und das
verfügbare Budget für Personalgelder im Vordergrund.

Zu 2) Alle im Team sprechen bereitwillig über ihre Wahrnehmung der Arbeitsatmosphäre. Es herrschten Offenheit und gegenseitiger Respekt. Der Moderator begleitet
den Ablauf und sorgt dafür, dass die Diskussion nicht zu hitzig wird. Petra Koch hört
sich alle Argumente an und reagiert gelassen, auch wenn sie nicht alle Argumente
nachvollziehen kann. Das gemeinsame Gespräch liefert neue Einsichten und stärkt die
Beziehung zwischen allen. Durch die Aussprache klärt sich die Lage, Gerüchte werden
beseitigt.

Zu 3) Gemeinsam erarbeitet die Abteilung Regeln der Zusammenarbeit. Frau Koch
legt ihre Auffassung über den Umgang mit Personalentscheidungen dar und formuliert
ihre Grundsatzentscheidungen für die Abteilung. Ihre Mitarbeiter und sie vereinbaren,
wie sie diesen gesetzten Rahmen gemeinsam umsetzen können. Verunsicherungen
werden künftig angesprochen und möglichst schnell geklärt – aber nur von den
Betroffenen.

▶   **Praxistipp: Reputation wirken lassen** Oft hilft es, im Umgang mit Mit-
    arbeitern oder Projektkollegen durch Ihr Verhalten Ihren Standpunkt zum
    Ausdruck zu bringen. Mein Tipp: Werfen Sie bewusst Ihre Reputation in die
    Waagschale und lassen Sie Ihre bisherigen Erfolge durchblicken. Wenn man
    Sie als Person als integer, kompetent und erfolgreich wahrnimmt, ist dies
    überzeugender als so manches Machtwort. Ihr guter Ruf sorgt beim Gegen-
    über gewöhnlich für Respekt und Vertrauen – und für die Bereitschaft zur
    Kooperation.

Zehn Tipps für einen moderierten Abteilungsworkshop

1. **Informieren Sie Ihre Mitarbeiter schon während der Planung:** Sprechen
   Sie über Ihre Motive und die geplanten Inhalte des Workshops. Dabei stehen
   konstruktive Lösungsansätze im Mittelpunkt – nicht Revanche, Kritik oder
   Einschüchterung. Das muss von allen Teilnehmern verstanden werden, sonst
   haben Sie die Gruppe nicht ausreichend informiert.

2. **Wählen Sie die Kommunikationsmedien für die Teaminformation sorgfältig:** Ist eine E-Mail ausreichend, um Ihre Motive und Erwartungen vorzustellen? Passt die Ankündigung besser in eine Abteilungsbesprechung? Sind
   erklärende Einzelgespräche sinnvoll, um Bedenken auszuräumen? Diese
   Fragen sollten Sie sich rechtzeitig beantworten.

3. **Besprechen Sie mit den Teilnehmern im Vorfeld das Vorgehen:** Erklären
   Sie die geplante Arbeitsweise und die Rollenverteilung im Workshop. Laden
   Sie dazu ein, Vorschläge oder Konzeptideen einzubringen (die Sie natürlich in
   der Planung berücksichtigen).

4. **Entkräften Sie mögliche Bedenken oder Ängste im Vorfeld:** Häufig
   machen sich einzelne Kollegen Sorgen, dass schwarze Schafe bloßgestellt
   werden könnten. Das kann belasten, auch wenn sie selbst nicht direkt
   betroffen sind. Prüfen Sie, ob alle Teilnehmer an die konstruktiven Ziele der
   Veranstaltung glauben. Nur so stellen Sie sicher, dass sie sich angstfrei am
   Workshop beteiligen.

5. **Stellen Sie niemanden an den Pranger:** Auch wenn Sie – wie im Fallbeispiel – Anlass hätten, persönlich über Vorkommnisse verärgert zu sein,
   ist es wichtig, dass Sie als Führungskraft für eine konfliktfreie, respektvolle
   Atmosphäre sorgen.

6. **Rechnen Sie mit kleinen Überraschungen:** Kein Teamworkshop verläuft nur
   nach Plan. Achten Sie aber auf die vertrauliche Behandlung aller Ereignisse
   oder Konflikte gegenüber Dritten.

7. **Wählen Sie Ihre Moderatorin oder Ihren Moderator sorgfältig aus:** Bei
   großen Teams und anspruchsvollen Zielsetzungen empfehle ich den Einsatz
   eines Moderatorenteams, um auf alle Bedürfnisse der Teilnehmer zu reagieren.

8. **Achten Sie auf entspannende Programmpunkte:** Anspruchsvolle Themen oder schlummernde Konflikte sorgen auch bei bester Vorbereitung für Gefühle von Anspannung oder sogar Stress. Planen Sie deshalb entspannende Programmpunkte ein, an denen alle gerne teilnehmen und eine Rückzugsmöglichkeit bieten: ein schönes Mittagessen, ein Spaziergang nach der Kaffeepause etc.

9. **Zeigen Sie positiv Flagge:** Stecken Sie Energie in einen charmanten Eisbrecher zu Beginn des Workshops. Zeigen Sie allen Teilnehmern Ihre aufrichtige Wertschätzung und ermutigen Sie Ihr Team zu positivem Feedback: zu Ihrer Arbeit und zur Zusammenarbeit mit den Kollegen. Diese Einleitung wird sicher zum emotionalen Referenzpunkt für die Veranstaltung und hilft Ihnen dabei, heikle Themen gemeinsam anzugehen.

10. **Wählen Sie den Tagungsort mit Bezug zu Ihrer Themenstellung aus:** Die Distanz zum Arbeitsplatz hilft dabei, auf neue Gedanken zu kommen. Bei heiklen Themen kann die Entfernung zum persönlichen Umfeld auf die Teilnehmer aber auch belastend wirken. Eine Übernachtung zu Hause – ansonsten im Tagungsbetrieb unüblich – ist dann willkommen, um die Energiespeicher aufzuladen.

▶ **Praxistipp: Grenzen setzen – aber gemeinsam** Erfahrene Führungskräfte kennen das Spannungsfeld im Umgang mit schwierigen Mitarbeitern: Belohnt man mit mehr Aufmerksamkeit deren Verhalten? Ist eine Qualifizierungsmaßnahme oder ein Seminar zur Persönlichkeitsentwicklung wirklich der richtige Weg? Wird man so nicht als Führungskraft erpressbar? Fragen wie diese kommen auf. Die Antworten sind leider nicht so einfach zu finden. Ich rate dazu, Grenzen klar zu setzen und nachzuhalten: Sind Sie mit der Leistung oder dem Verhalten Ihrer Mitarbeiter nicht zufrieden, sprechen Sie dies deutlich an. In meiner Praxis als Führungskraft war es hilfreich, das gewünschte Verhalten gemeinsam mit dem betroffenen Mitarbeiter zu beschreiben und festzulegen. Betrachten Sie dies als fortlaufenden, gemeinsamen Prozess. Auch die beste Chefin löst solche Herausforderungen nicht mit einem einzigen Personalgespräch.

Vierter Schritt
Im Rückspiegel – wie ging der Praxisfall weiter?

Zurück zu Petra Koch Petra Koch versteht: Es gibt einen Zusammenhang zwischen den Vorkommnissen in ihrer Abteilung und in der Projektgruppe. Sie begeistert sich für strategische Konzepte, bei denen sie einen Beitrag zum großen Ganzen leisten kann. Daten und Fakten geben ihr dabei die Sicherheit, um ihr Vorgehen zu planen.

Offensichtlich reagieren die Projektkollegen und ihre Mitarbeiter anders: Schlechte Stimmung und schleppende Arbeitsleistung will Frau Koch trotzdem nicht akzeptieren. Sie ist besorgt, dass sie zum „Weichei" werden muss, um die Bedürfnisse ihrer Kollegen zu erfüllen. Die Personalentwicklung ihres Unternehmens vermittelt ihr einen Coach: Zu Frau Kochs Überraschung (und Erleichterung) rät ihr die Expertin zu mehr Konsequenz – nicht zu mehr Emotion. Allerdings erkennt Petra Koch durch die Gespräche mit ihrem Coach, dass sie lernen muss, verschiedene Motivationshebel zu kennen und an diesen zu drehen, wenn sie mit ihren Argumenten andere Menschen erreichen und mit ihnen ambitionierte Ziele umsetzen möchte.

Teamleitung und Projektleitung scheinen ihr auf den ersten Blick in den Anforderungen unterschiedlich. Dann sieht sie ein: Die gemeinsame Herausforderung liegt darin, dass sie jeden einzelnen Menschen noch zielgerichteter ansprechen muss – auch mehrfach. Nur mit disziplinarischer Macht oder fachlicher Expertise klappt das nicht. Frau Koch entscheidet sich dazu, beide Baustellen anzugehen. Sie ist sich sicher: Abwarten untergräbt ihre Autorität.

In der Abteilung von Frau Koch Zuerst spricht sie bei der nächsten Abteilungsbesprechung mit ihrem Team darüber, dass aus ihrer Sicht die Arbeitsruhe gestört ist und sie deshalb einen Teamworkshop von zwei Tagen abhalten wird. Als Tagungsort sei ein Hotel vor den Toren der Stadt ausgewählt worden: Kollegen, die lieber zu Hause übernachten möchten, könnten unkompliziert mit der S-Bahn pendeln. Frau Koch bittet ihre Mitarbeiter um Themenwünsche für den Workshop. Sie will sich nicht an dem Konflikt mit Frau Gärtner festbeißen, sondern alle Anliegen im Team aufgreifen. Sicher gibt es im Team weitere Reibungspunkte rund um die Zusammenarbeit. Spontan nennen ihre Mitarbeiter zwei Wunschthemen: die strittige Urlaubsregelung (Wer geht in der Ferienzeit in Urlaub?) und die ungeliebte Organisation der Teambesprechungen.

Frau Gärtner verhält sich im Meeting zurückhaltend. Frau Koch lädt sie anschließend zu einem Gespräch ein: Sie schildert Frau Gärtner ihren Eindruck von der Atmosphäre im Team. Frau Gärtner reagiert sehr offen. Auch sie findet das Klima bedrückend und schlägt von alleine vor, den Workshop für die Klärung der Missverständnisse zu nutzen. Mittlerweile sieht sie ein, dass sie mit ihrem Verhalten zu weit gegangen ist. Frau Koch ist froh über diese Geste und nimmt ihr gerne die Sorge, dass sie als schwarzes Schaf dastehen würde.

Als der Tag des Workshops heranrückt, fühlt sich das Team verunsichert. Auf Gruppentherapie hat es keine Lust. Natürlich wollen die Teammitglieder das ihrer Chefin so aber nicht sagen. Als der Moderator die Themenwünsche zur Zusammenarbeit auf einem Flipchart zeigt und die strukturierte Arbeitsweise vorstellt, geht es den Kollegen besser. Frau Koch achtet gemeinsam mit dem Moderator darauf, dass auch sie deutlich ihre Erwartungen an die Zusammenarbeit artikuliert: Personalentscheidungen trifft sie alleine.

Natürlich werden alle im Team zu diesem Statement gehört: Wünsche zu Aufgaben-erweiterungen, Weiterbildung und mögliche Beförderungen sind lange das Gesprächs-thema. Aber auch schlichte Themen der Arbeitsorganisation. Frau Koch merkt, dass sie mit ihren Worten bisher nicht immer das Wesentliche zum Ausdruck gebracht hatte.

Langsam schmilzt das Eis: Als das Team sich nach den zwei Tagen trennt, fühlten sich alle wohler als zuvor. Niemand hatte zu Hause übernachtet. Die Mitarbeiter rechnen es Frau Koch hoch an, dass sie sensibel für mögliche „Heimschläfer" vorsorgte. Man könne ja nie wissen, wie so ein Workshop abliefe, schmunzelten die Kollegen. Die Bedeutung des guten Arbeitsklimas für Frau Koch ist zuvor niemandem in der Abteilung bewusst gewesen. Im Abschluss-Gespräch wird sogar deutlich, dass das Team „der Streberin" fälschlich unterstellt hat, es geht ihr ausschließlich um gute Leistung.

Besser informiert und mit der Lage versöhnt, kehrt die Abteilung motiviert an die Arbeitsplätze zurück. Frau Gärtner bleibt anfänglich missmutig in Bezug auf ihre – wie sie fand – langweiligen Arbeitsaufgaben. Sie sieht ihre Chefin jetzt aber nach den intensiven Gesprächen im Workshop und bei den gemeinsamen Mahlzeiten in einem neuen Licht. Frau Gärtner respektiert ihre Konsequenz und ihren Mut. Die Mitarbeiterin von Frau Koch akzeptiert nun die Entscheidung und erledigte ihre Aufgaben korrekt. Petra Koch erweiterte wie angekündigt im nächsten Geschäftsjahr ihren Verantwortungs-bereich.

In der Projektgruppe „Marketing" von Frau Koch Der Motivationsworkshop in der Projektgruppe verlief ebenfalls nicht ohne Spannungen: Das „Eisbrecher-Spiel" am ersten Abend sorgte oberflächlich für gute Stimmung. Beim gemeinsamen Abendessen schienen sich die Kolleginnen und Kollegen gutgelaunt auszutauschen. Am nächsten Tag präsentierten die Teilnehmer Geschäftsdaten zur eigenen Landesgesellschaft und ihren genauen Marketingauftrag. Darum hatte Frau Koch gebeten.

Es zeigte sich schnell: Die Marktanforderungen waren unterschiedlich und das Tagesgeschäft von beispielsweise Schweden nicht mit dem der Türkei zu vergleichen. Die anschließenden Gespräche über Implementierungsschritte der Marketingkampagne führten zu kontroversen Diskussionen – und zu neuen Blickwinkeln.

Die Projektgruppe war deutlich in Bewegung gekommen, wenn auch noch keine Lösung in Sicht war. Bei der Wanderung am Nachmittag ging es darum, das lokale Wissen über die Regionen des Unternehmens zu nutzen: Das erfolgreichste Team der Schnitzeljagd wurde von Frau Koch prämiert. Frau Koch hatte die Redaktion der Mit-arbeiterzeitung des Unternehmens „Blickpunkt/Views" überzeugt, eine Reportage über den Workshop zu veröffentlichen. Ein Reporter war mit seiner Fotokamera vor Ort. Das brachte an dem Tag positiven Rückenwind, denn die Teilnehmer fühlten sich geschmeichelt.

Es lohnte sich, denn die positiven Gefühle hielten an: Der hohe Stellenwert der Kampagne fand breite Aufmerksamkeit bei den Lesern der Mitarbeiterzeitschrift – auch in den Heimatländern der Marketingleiter. Das Projekt stieß langsam auch bei den Landeschefs auf Interesse. Dieser Imagegewinn beflügelte alle Kollegen im Projekt und sorgte für Motivation. Frau Koch sah ein: Mehr als ihre Strategie-Statements leistete das Gefühl der Kollegen für das Arbeitsklima, dass die Kampagne für ihren Arbeitsalltag einen persönlichen Nutzen bringt. Petra Koch hat aus dieser Erfahrung gelernt.

Aktuell leitet sie eine große Geschäftseinheit. Ihr Verständnis für die Unternehmensstrategie hat sie fachlich dafür qualifiziert. Sie hat ihre Führungsfähigkeiten erfolgreich weiterentwickelt und zeigt jetzt ihren Mitarbeitern im Tagesgeschäft das angemessene Verständnis für persönliche Blickwinkel auf die Arbeitsaufgaben. Ihren Abteilungsleitern bietet sie regelmäßig Feedback an, wie sie deren Führungsmethoden erlebt, und gibt auf Wunsch Anleitung für den Alltag im Team.

Fünfter Schritt

Highlights und Lowlights im Praxisfall „Mit Konsequenz überzeugen"

Das Kapitel fasst für Sie die gelungenen und weniger hilfreichen Schritte der Protagonistin im Praxisfall aus der Beobachterperspektive zusammen. Der Fragebogen „Was nehmen Sie mit?" unterstützt Sie bei der strukturierten Zusammenfassung aller Inhalte aus Ihrer Sicht.

Zusammenfassung

- Petra Koch ist überdurchschnittlich leistungsfähig. Sie liebt es, gemeinsam mit kompetenten Kollegen einen Beitrag für ihr Unternehmen zu leisten. Dafür stellt sie ihre persönlichen Bedürfnisse gerne zurück: Sie nimmt bei spannenden Aufgaben eine höhere Arbeitsbelastung in Kauf und gibt Gas. Petra Koch argumentiert sachlich und bleibt auch in schwierigen Situationen konstruktiv, außerdem ist sie vertraut mit strategischen Konzepten und Analysen.
- Obwohl sie schon einige Zeit für ihr Unternehmen als Projektleiterin und Führungskraft tätig ist, übersieht Frau Koch manchmal, dass nicht alle Menschen so ticken wie sie selbst: Frau Koch fühlt sich durch strategische Ideen und Modelle inspiriert. Fakten und Analysen faszinieren sie. In ihrer Abteilung arbeiten Menschen, die noch stärker auf emotionale Aspekte in der Zusammenarbeit eingehen möchten: Persönliche Wertschätzung und gegenseitiges Vertrauen sind für sie wichtiger. So entstehen Spannungen. Die Projektgruppe „Marketing" kommt nicht in Schwung, weil die Kollegen den persönlichen Nutzen der Kampagne noch nicht erkannt haben. Trotz der gutgemeinten Strategiedarstellung von Frau Koch überwiegen die Sorgen des Arbeitsalltags.
- Glücklicherweise wird Frau Koch durch die Personalabteilung unterstützt, sodass sie ihre Führungswerkzeuge mit einer Führungsexpertin reflektiert und den Bedarf erkennt, beide Baustellen anzugehen. Frau Koch zeigt Führungsqualitäten, weil sie schnell interveniert. Das war wichtig, damit sich die Missstimmungen nicht verhärten und dauerhaft bleiben.

- Eine besondere Herausforderung beim Abteilungsworkshop war es, Frau Gärtner ohne Ausgrenzung in die Gespräche einzubeziehen. Die Probleme mit ihr gaben den Anlass für den Workshop, sollten aber nicht ohne ihre Zustimmung in der Runde besprochen werden. Das ist gut gelungen. Alternativ hätte Frau Koch ihre Mitarbeiterin Frau Gärtner bereits vor der Ankündigung im Teammeeting über den Workshop informieren können.
- Bemerkenswert finde ich die Konsequenz, mit der Frau Koch ihre Personalentscheidung umsetzt: Sie ließ sich von Frau Gärtner und dem Team nicht unter Druck setzen. Sie lernte jedoch, ihre Entscheidungen verständlicher zu machen und als Person hinter der Führungsaufgabe mehr in den Vordergrund zu treten. So verstand ihr Team Frau Kochs Motivation und fühlte sich abgeholt.
- Zu einer erfolgreichen Projektarbeit gehört eine Kick-off-Veranstaltung. Sie gibt nicht nur einen Überblick über die Projektziele, Rollen und Aufgaben, sondern auch Raum für die Diskussion möglicher Barrieren im Ablauf. Diesen Aspekt vernachlässigte Frau Koch zu Projektbeginn. Sie hat das Versäumnis beherzt ausgeglichen: Durch die geschickte Planung der Inhalte (Präsentation der Landesgesellschaften) und die kleine Image-Kampagne für das Projekt in der Mitarbeiterzeitschrift hat sie die Zusammenarbeit intelligent in Fahrt gebracht und die Motivation gestärkt.
- **Fazit:** Frau Koch hat ihre Stärken eingesetzt und mit Managementmethoden die Störungen analysiert und beseitigt. Sie ist sich selbst treu geblieben und hat gleichzeitig ihre Softskills erweitert. Sicher handelt es sich nicht um die letzte Herausforderung in ihrer Laufbahn als Führungskraft: Petra Koch hat bewiesen, dass sie über ihren Schatten springen kann und auch bei Schwierigkeiten ihre Ziele nicht aus den Augen verliert.

Was nehmen Sie mit? In diesem Abschnitt fassen Sie wichtige Aspekte dieses Kapitels zusammen. Indem Sie Ihre Notizen in das Arbeitsblatt eintragen, fällt es Ihnen leichter, Ihr neues Wissen zu wiederholen und zu festigen. Auch persönliche Hinweise oder Kommentare finden hier ihren Platz, damit Sie möglichst viele Anregungen in Ihren Alltag mitnehmen können.

Erster Schritt: Leadership-Systematik

1. Anwendungsfall verstehen

....

2. Bedürfnisse erkennen

....

3. Führungsverhalten gestalten

....

Zweiter Schritt: Checkpoint

1. ....

2. ....

3. ....

Dritter Schritt: Stärken nutzen

1. Motivationsworkshop für die Projektgruppe „Marketing"

....

....

2. Moderierter Abteilungsworkshop

....

....

Weiterführende Literatur

[1]   Bingel C (2010) Visualisieren
[2]   Daufeld D (2010) Karriere weiblich
[3]   Franck N (2000) Schreiben wie ein Profi
[4]   Härter G (2007) Mehr Disziplin, bitte
[5]   Härter G (2009) Selbstmarketing
[6]   John F, Peters-Kühlinger G (2010) Mit Druck richtig umgehen
[7]   Malorny C, Langner M (2007) Moderationstechniken
[8]   Modler P (2009) Das Arroganzprinzip
[9]   Nöllke C, Schmettkampf M (2001) Präsentieren
[10]   Pease A, Pease B (2009) Die kalte Schulter und der warme Händedruck
[11]   Pöhlmann S, Roethe A (2004) Die Streitschule
[12]   Seiwert L, Gay F (2004) Das neue 1´1 der Persönlichkeit

[13]   Schranner M (2006) Verhandeln im Grenzbereich

[14]   Schulz A (Hrsg) (2005) Spitzenfrauen

[15]   Sturtz P (2007) Perfekte Geschäftsbriefe und E-Mails

[16]   Watzlawick P et al. (1996) Menschliche Kommunikation

[17]   Wolf D (2008) Ab heute kränkt mich keiner mehr

[18]   Zittlau D (2010) Small Talk

Erfolgspotenziale realisieren: Methoden zusammenstellen

4

4.1 Baukasten für Ihr Selbstmarketing passgenau zusammenstellen

Sie haben beim Durcharbeiten unserer Fallbeispiele verschiedene Hilfsmittel kennengelernt. In Kap. 3 biete ich Ihnen eine kommentierte Zusammenfassung an.

Damit Sie sich einfach orientieren können, habe ich Kap. 3 chronologisch nach den Praxiskapiteln und Themenfeldern geordnet, die ich Ihnen in Kap. 1 vorgestellt habe:

- Selbstvorstellung
- E-Mails
- Vorträge
- Meetings
- Gremien
- Führung

Unter dem Stichwort „Zur kurzen Erinnerung" finden Sie einen Überblick über die Aufgabenstellung im Praxisfall.

Lernen an Beispielen steht für mich im Mittelpunkt. Ich bespreche die Werkzeuge mit Bezug auf das Fallbeispiel. Das Vorgehen erleichtert es Ihnen, möglichst viele Informationen auf die Herausforderungen Ihres Alltags zu übertragen und mit dem geeigneten Hilfsmittel zu reagieren. So unterstützt, können Sie sich die Anpassung an Ihre Aufgabenstellung zutrauen und Ihr persönliches Selbstmarketing zusammenstellen. Mein Anspruch ist folglich nicht die wissenschaftliche Reflexion oder ein Methodenvergleich.

Ich erläutere Ihnen, wie und warum ich die Hilfsmittel im Fall konzipiert oder an die spezifischen Anforderungen angepasst habe. Mein Augenmerk liegt darauf, Ihnen

S. Müller, *Frauen als Führungskraft*, https://doi.org/10.1007/978-3-658-40047-7_4

den Praxisnutzen für das Selbstmarketing realistisch vorzustellen. Deshalb gliedere ich meine Kommentierung in drei Kategorien:

- Zielsetzung und Anwendung
- Nutzen
- Beschreibung

Ein Werkzeug für alle Praxisfälle Sicher haben Sie beim Durcharbeiten der Praxisfälle bemerkt: In allen Praxisbeispielen biete ich Ihnen den Arbeitsbogen „Situationsdiagnose" an. Sie sind eingeladen, Ihre Eindrücke vom Praxisfall zusammenfassen, mit eigenen Erlebnissen zu vergleichen und eine Empfehlung abzugeben. Am Ende des Arbeitsbogens bitte ich Sie, auch die Perspektive einer Führungskraft einzunehmen. So üben Sie zusätzlich Ihre Führungskompetenzen. Nach dem Arbeitsbogen finden Sie in allen Kapiteln die Rubrik „Blitzlicht", die Ihnen meinen Lösungsvorschlag als Ausfüllhilfe anbietet. Die frühzeitige Reflexion unterstützt Ihr Verständnis für die Themenstellung.

Arbeitsbogen

Situationsdiagnose
1. Wie würden Sie die Situation im Praxisfall beschreiben?

....

2. Worin liegen die Stärken von Petra Koch?

....

3. Vor welchen Herausforderungen steht Frau Koch aus Ihrer Sicht?

....

Haben Sie eine ähnliche Situation schon einmal selbst erlebt: als Führungskraft oder Experte?
1. Beschreiben Sie bitte die Situation in einigen Stichworten.

....

....

2. Welches Vorgehen würden Sie als Führungskraft von Petra Koch für sich wählen? Welche Maßnahmen schlagen Sie für Frau Koch vor?

....

....

Zielsetzung und Anwendung Der Arbeitsbogen fordert Sie auf, alle erhaltenen Informationen zur Situation und den Hausforderungen sowie den Stärken der Protagonistin zusammenfassend zu durchdenken. Sie erhalten die Gelegenheit, Vergleiche mit eigenen Erlebnissen anzustellen. Abschließend sind Sie aufgefordert, den Praxisfall aus dem Blickwinkel einer Führungskraft zu beurteilen.

Nutzen Mit fünf Reflexionsfragen setzen Sie persönliche Schwerpunkte für Ihre weitere Arbeit in den Praxiskapiteln. Sie halten Ihre Gedanken zum Praxisfall fest und sensibilisieren sich für Ihre Lernfortschritte. Die Notizen tragen Sie unkompliziert in die Antwortboxen ein.

Beschreibung Die offenen Fragen geben Ihnen den Raum, Ihr Praxiswissen und die neuen Eindrücke zu verbinden. Anschließend vergleichen Sie Ihre Einschätzung mit den Zwischenergebnissen in der Rubrik „Blitzlicht". Dieser Vergleich schafft die Grundlage für den Transfer in den Alltag.

> **Praxisfall 2.1.1 Neu im Unternehmen**
> **Fokusthema:** Mit Ihrer Selbstvorstellung punkten

Zur Erinnerung Nicole Lange wechselte das Unternehmen, um eine Führungsaufgabe zu übernehmen. Ihr früherer Arbeitgeber hatte sie trotz guter Zielerreichung zu lange auf eine Beförderung warten lassen. Nicole Lange hat zu Beginn Schwierigkeiten, sich bei den neuen Kollegen sympathisch und mit Blick auf ihre zukünftige Rolle im Management vorzustellen. Nicole Lange nutzte die Systematik zur Integration im neuen Job, um die Situation zu verstehen:

1. Selbstbild und Ziele klären
2. Fremdwahrnehmung reflektieren
3. Als Person und Expertin überzeugen

Zielsetzung und Anwendung Die Integrationssystematik ist empfehlenswert, wenn neue Aufgaben übernommen werden (Vorbereitung) oder bereits Hinweise auf Störungen zwischen Selbst- und Fremdwahrnehmung vorliegen. Die Systematik hilft der Leserin dabei, die Ausgangssituation richtig einzuschätzen. Er unterstützt bei der Selbstreflexion und Standortbestimmung.

Nutzen Das Rollenverständnis wird mit den persönlichen Eindrücken über die Reaktion des Umfelds auf die eigene Person verglichen. Die Systematik liefert einen roten Faden für die Selbstreflexion und kann dabei unterstützen, bei der Integration in ein neues berufliches Umfeld weitere bzw. passende Ressourcen zu mobilisieren.

Beschreibung Die Systematik ist in drei Schritte gegliedert. Sie ist insbesondere bei beruflichen Übergangssituationen wie dem Wechsel in ein neues Unternehmen oder in ein neues Team hilfreich. In anspruchsvollen (neuen) Situationen verändert sich unser Verhalten unmerklich oder wir übertragen bewährtes Verhalten in eine neue Situation, wo es jedoch nicht oder nicht vollständig angemessen ist. Die Systematik stellt die eigene Wahrnehmung des persönlichen Auftritts einer Reflexion über die Fremdwahrnehmung gegenüber: Damit unterstützt sie auf intensive Weise die Selbstreflexion. Durch die gewonnene Klarheit über die Berufsziele und die Betrachtung des eigenen Verhaltens gewinnen Sie Anhaltspunkte für eine Verhaltensveränderung. Hier nicht „als guter Ratschlag von außen", sondern aus Ihrem unabhängigen Verständnis der Situation. Das stärkt Ihr Selbstbewusstsein und motiviert für die nächsten Schritte.

Arbeitsbogen

Die richtigen Worte finden

Ihre Fachkompetenzen ausdrücken

Meine erste Idee:
....

Formulierungsvariante:
....

Beispiel:
....

Ihre Methodenkompetenz ausdrücken

Meine erste Idee:
....

Formulierungsvariante:
....

Beispiel:
....

Ihre sozialen Kompetenzen ausdrücken

Meine erste Idee:
....

Formulierungsvariante:
....

Beispiel:
....

Ihre persönlichen Kompetenzen ausdrücken

Meine erste Idee:

....

Formulierungsvariante:

....

Beispiel:

....

Zielsetzung und Anwendung   Nicht nur im Vorstellungsgespräch fragt man häufig nach den persönlichen Stärken. Auch bei Vorstellungsrunden im Unternehmen ist es hilfreich, ein aktuelles, klares Bild vor Augen zu haben und die Kompetenzen im Gespräch auf den Punkt zu bringen. Der Bogen zu diesem klassischen Thema unterstützt bei der Reflexion und Formulierung passender Inhalte.

Nutzen   Die eigenen Kompetenzen präzise und gewinnend ausdrücken und illustrieren.

Beschreibung   Die Reflexionshilfe „Die richtigen Worte finden" ist in vier Abschnitte gegliedert, die den üblichen vier Kompetenzbereichen (fachliche, methodische, soziale und persönliche Kompetenzen) folgen. Der Bogen hilft dabei, häufige Denk- und Formulierungsblockaden zu lösen, weil gezielt eine „erste Idee" abgefragt wird. Die spontane Antwort kann die Leserin im zweiten Schritt anders oder noch zutreffender formulieren, sie liefert aber eine Arbeitsgrundlage. Abschließend bittet der Bogen um ein Beispiel. Die übersichtliche Struktur entlastet bei der Bearbeitung. Gleichzeitig sensibilisiert sie für die wesentlichen Schritte im Denk- und Sprechvorgang: zutreffende Idee, Beschreibung und passende Formulierung und Illustration des Beschriebenen.

Arbeitsbogen
Vorbereitung zum Elevator Pitch
   In welchen Gesprächssituationen sind Sie besonders erfolgreich
   (beispielsweise im Dialog, Meeting, große Projektdurchsprachen, Vortrag)?

....

Was war Ihr größter Erfolg in einem Gespräch? Was war Ihr Erfolgsfaktor?

....

Welche Strategien nutzen Sie, wenn Sie neue Gesprächspartner kennenlernen
   (beispielsweise Small Talk, Humor – oder Gespräche über gemeinsame Bekannte)?

1.

....

2.

....

3.

....

Zielsetzung und Anwendung Die Klientin im Praxisfall fand auf die Frage, wie sie in „Kennenlern-Gesprächen" agierte, keine Antwort. Der Arbeitsbogen unterstützt dabei, sich für die eigenen Gesprächsstrategien zu sensibilisieren. Sie können sich selbst im Alltag beobachten und mit der Anleitung durch den Bogen Ihre Eindrücke strukturiert zusammenfassen. Die Stärken der Sprecherin stehen im Vordergrund, um die aktuellen Handlungsoptionen zu erkennen, zu benennen und gezielt einzusetzen.

Nutzen Sie verbinden Ihre persönlichen Erfolge in Gesprächen mit Gesprächsstrategien und Methoden. So wird Ihr konkretes Erfolgsverhalten für Sie erkennbar und Sie lernen, es zu wiederholen.

Beschreibung Der Bogen ist in drei Abschnitte gegliedert und wurde speziell für die Klientin konzipiert. Der möglicherweise zu Beginn der Übung noch als abstrakt empfundene Begriff „Gesprächssituation" wird durch eine Frage bearbeitet und leichter greifbar. In der Antwort kann die Nutzerin verschiedene Fälle (Inhalte und Gesprächsteilnehmer) klassifizieren. Das ist die Basis, um differenziert über hilfreiches Gesprächsverhalten nachzudenken, das bereits zum Repertoire der Sprecherin gehört. Der letzte Sinnabschnitt widmet sich neuen Gesprächspartnern, die eine besondere Herausforderung darstellen. Auch hier wird die Wahrnehmung für die eigenen Erfolgsstrategien geschärft, sodass die Selbstvorstellung von der Klientin solide vorbereitet wurde, was ein wichtiges Anliegen für sie war.

Arbeitsbogen
Ihr persönlicher Elevator Pitch: Inhalte
Was möchten Sie anderen über Ihre Person und/oder Ihre Kompetenzen mitteilen?

....

Was unterscheidet Sie von anderen Kolleginnen oder Kollegen?

....

Welchen Nutzen bieten Sie anderen durch den Kontakt mit Ihnen?
Bedenken Sie verschiedene Gesprächssituationen: Ihre Kunden, Ihre Kollegen, Ihr Chef – oder spannende Entscheider innerhalb oder außerhalb Ihres Unternehmens.

1.

....

2.

....

3.

....

4.

....

Zielsetzung und Anwendung Der Arbeitsbogen unterstützt dabei, Kommunikationsinhalte für die überzeugende Selbstvorstellung zu erarbeiten. Er war im Praxisfall hilfreich, weil die Klientin allgemeine Schlagworte ablehnte. Zudem fühlte sie sich noch nicht sicher, wie sie ihre persönlichen Kompetenzen im Vergleich zu anderen Experten und Expertinnen einschätzen sollte.

Nutzen Inhalte für die Vorstellung der eigenen Ziele und Leistungen erkennen.

Beschreibung Mit der ersten Frage klärt die Leserin, worüber sie bei ihrer Selbstvorstellung sprechen möchte, um bei Gesprächspartnern einen positiven Eindruck zu hinterlassen. Die zweite Frage lenkt die Aufmerksamkeit auf den „Unique Selling Point", also das Differenzierungsmerkmal im Kompetenzprofil im Vergleich zu anderen Kollegen. Die Frage kann in Bezug auf die Aufgaben, den persönlichen Auftritt oder die Berufserfahrung beantwortet werden. Sie half meiner Klientin, die individuelle Note ihrer Persönlichkeit im beruflichen Kontext besser zu erkennen. Der Bogen endet mit einer Frage, wie die Leserin ihren Nutzen für andere Gesprächsteilnehmer einschätzt.

Das sorgt für einen Perspektivenwechsel, und die Reflexion bringt zusätzliche Referenz-punkte für Überlegungen.

Formulierungshilfe Elevator Pitch

Im Aufzug:

Fassen Sie nun bitte in **maximal 60 Wörtern** zusammen, was Sie mir über sich sagen möchten:

....

....

....

....

Je prägnanter, desto besser!

Bitte wiederholen Sie diese Übung: Fassen Sie jetzt in nur **40 Wörtern** zusammen, was Sie mir über sich im Aufzug sagen möchten:

....

....

....

Zielsetzung und Anwendung In Fünf-Minuten-Übungen (in der Länge einer gedank-lichen Aufzugfahrt) wird trainiert, wie man sich einem Gesprächspartner so vorstellt, dass dieser positiv beeindruckt ist. Der Schwerpunkt der Elevator-Pitch-Übung liegt darin, unter Zeitdruck Argumente zu finden, die für die eigene Person „kleidsam" und für die Gesprächspartner gut verständlich (und gut erinnerbar) sind. Das Arbeits-blatt greift den Gedanken „Zeitdruck" auf. Es schränkt jedoch lediglich die Anzahl der genutzten Wörter ein, nicht die Bearbeitungszeit.

Nutzen Ohne Scheu mit den treffenden Worten über die eigene Person sprechen lernen.

Beschreibung Die Arbeitshilfe funktioniert in zwei Stufen: Die Leserin wird erst gebeten, sich in 60 Wörtern vorzustellen, dann in nur 40. Diese Wiederholung der Übung ist gewünscht, um die Reflexion über den Text zu intensivieren. So wird der fehlende Dialogpartner durch eine intensivere Lernerfahrung zur eigenen Wortwahl aus-geglichen. Die Erinnerungsleistung steigt ebenfalls, weil die schriftliche Ausarbeitung das genaue Arbeiten und Korrektur- oder Redaktionsmöglichkeiten unterstützt. Die Übung kann unkompliziert wiederholt werden, sodass die Klientin Veränderungen auch ohne Anleitung gut vergleichen und einschätzen kann. Der Bogen ersetzt das Rollenspiel nicht, sondern ist eine Variante. Im Coaching mit der Klientin wurde er sehr erfolgreich als Vor- und Nachbereitung zum Rollenspiel eingesetzt und speziell für diese Situation erarbeitet.

Arbeitsbogen

Hypotheken erkennen

1. Warum hat Nicole Lange ihren Arbeitgeber gewechselt?

....

2. Wie ist ihre emotionale Haltung – wie ist ihre sachliche Betrachtung der Gründe?

....

....

....

3. Worauf sollte Nicole Lange achten, um nicht irrtümlich Barrieren oder Herausforderungen falsch einzuschätzen?

....

....

....

Zielsetzung und Anwendung Job- oder Unternehmenswechsel gehören mittlerweile in einen ambitionierten Lebenslauf. Sie stehen für Flexibilität, und nicht wie früher für Unstetigkeit oder mangelndes Durchhaltevermögen. Moderne Arbeitnehmer wechseln den Arbeitgeber sowohl aus emotionalen als auch rationalen Motiven. Im Praxisfall möchte die Protagonistin klären, ob ihre innere Haltung zum letzten Job bei der Integration im neuen Unternehmen hinderlich ist.

Nutzen Die gezielte Rückschau leistet einen Beitrag dazu, auf Übertragungsfehler oder Überreaktionen in einem neuen Umfeld aufmerksam zu werden.

Beschreibung Die Reflexionshilfe ist als Arbeitsbogen mit drei offenen Fragen aufgebaut. Sie beginnt mit einer Frage zu den Ursachen des Arbeitgeberwechsels. Für die Leserin ist es sinnvoll, sich zuerst ausführlich auf die Aspekte „Karriereentwicklung und Gehaltsperspektiven" zu konzentrieren. Erst durch die zweite Frage nach möglichen Unterschieden in der sachlichen versus der emotionalen Haltung lenkt die Leserin ihre Aufmerksamkeit auf ihre Gefühlswelt (im Praxisfall: die Frustration über die – aus der Sicht der Protagonistin – vorenthaltene Anerkennung ihrer Leistung durch ihren ehemaligen Chef und die bei ihr entstandene Unsicherheit über ihr Management-Potenzial). Die dritte Frage sensibilisiert für Übertragungssituationen, um nicht aus Verunsicherung über das Ziel hinauszuschießen oder sich unter Druck zu setzen. Die Fragen wurden in einer Coaching-Sitzung genutzt und brachten der Klientin eine klarere Sicht auf ihr

Verhalten im neuen beruflichen Umfeld. Ich habe sie redaktionell angepasst und als Arbeitsbogen zusammengestellt, um sie in dieser Abfolge als Reflexionshilfe anzubieten.

Praxisfall 2.2.1 Gut mit Worten
Fokusthema: E-Mails bewusst einsetzen

Zur Erinnerung Susanne Fischer schreibt nicht gerne Texte. An ihrem Arbeitsplatz muss die Ingenieurin häufig ihre Führungskräfte und Geschäftspartner via E-Mail über den Projektstatus oder ihre Abteilungserfolge informieren. Ein wesentlicher Teil der Kommunikation findet schriftlich statt. Das gelingt der peniblen Frau Fischer nicht gut: Ihre elektronischen Briefe enthalten zu viele Details, um auf angenehme Weise informativ zu sein. Das schadet ihrem Ansehen im Unternehmen, weil das Management sie hauptsächlich durch die E-Mails wahrnimmt und ihr deshalb fälschlich das Image „kompliziert und wenig strategisch" zuschreibt. Susanne Fischer nutzte die Mut-zur-Lücke-Systematik, um die Situation zu verstehen:

1. Schreibmotivation klären
2. Leseantrieb verstehen
3. Inhalte einer E-Mail passend auswählen und strukturieren

Zielsetzung und Anwendung Die Systematik hat das Ziel, der Leserin Klarheit über die möglichen Motivationsunterschiede beim Verfassen und Lesen von E-Mails zu verschaffen. Sie hilft dabei, Gütekriterien für erfolgreiche Texte kennenzulernen und in der Folge die Inhalte ihres Schriftverkehrs zu priorisieren.

Nutzen Der systematische und professionelle Umgang mit Texten wird reflektiert und ins eigene Handeln integriert.

Beschreibung Die Reflexionshilfe setzt sich aus drei Abschnitten zusammen: Zuerst klärt die Anwenderin ihre Schreibmotive und versteht dadurch besser, was ihr in einer E-Mail wichtig ist – und warum sie bisher ihre Texte wie bekannt verfasst hat. Im zweiten Schritt analysiert sie ihre Zielgruppe: Warum lesen ihre Geschäftspartner die E-Mail und was erwarten sie in Inhalt und Form, um sie – im besten Fall – lesenswert zu finden? Falls zwischen diesen beiden Blickwinkeln Unterschiede bestehen, hilft der dritte Abschnitt dabei, die Inhalte von E-Mails entsprechend der erkannten Anforderungen zu texten.

Checkliste für den Aufbau von E-Mails

- **Aussagekräftige und zutreffende Betreffzeile**
  Bedenken Sie: Sicher konkurriert Ihre E-Mail mit vielen anderen im Postfach des Empfängers. Ein prägnanter Betreff sorgt für mehr Aufmerksamkeit. Die Mühe lohnt sich also – und die E-Mail ist bei Bedarf schneller auffindbar, wenn man sich an den Titel erinnert. Beispiele sind: „Ergebnisse August 2011", „Teilprojekterfolg in Dubai September 2011" oder „Budgetplan 2011 Produktion".
- **Passende Anrede zu Beginn**
  Die Regel lautet: Im Zweifelsfall lieber zu förmlich als zu leger. Wenn Sie in einem Unternehmen arbeiten, in dem Sie sich auch mit Mitgliedern des Managements duzen, gilt eine besondere Etikette. Achten Sie trotzdem darauf, nicht zu „kumpelhaft" zu schreiben. Falls Sie unsicher sind: Ein Bezug zur Tageszeit in der Anrede ist immer passend: Guten Morgen, guten Tag oder guten Abend.
- **Kommen Sie schnell auf den Punkt**
  E-Mails sollen schnell lesbar sein: Fallen Sie also mit der Tür ins Haus. Ihr Leser wird es Ihnen danken.
- **Passend bei allen Inhalten: Aufzählungen mit Aufzählungszeichen nutzen**
  Dieser Trick verschlankt Ihren Text. Sehr wirkungsvoll sind die Aufzählungen auch, wenn Sie Daten und Fakten übermitteln wollen. So kann der Leser die Inhalte schnell aufnehmen und hat eine Gliederung vor Augen.
- **Schreiben Sie in kurzen Sätzen**
  Vermeiden Sie komplizierte Satzkonstruktionen, denn das lässt Ihre Inhalte kompliziert wirken. Achten Sie darauf, wenige Adjektive zu benutzen. Diese beschreibenden Details sind in einer Mail eher Ballast als Hilfestellung. Lassen Sie auch Füllwörter wie „hingegen", „natürlich", „gleichwohl", „durchaus" weg. Sie nehmen Ihrem Text die Klarheit, helfen Ihnen aber nicht dabei, Ihren Inhalt zu transportieren.
- **Optisch abheben, wenn Sie eine Reaktion vom Leser erwarten**
  Weisen Sie Ihren Leser auf eine Handlungsanweisung optisch hin. Beispielsweise durch den Hinweis „Nächster Schritt durch Sie" oder „Ihr nächstes To do". Erwarten Sie keine konkrete Reaktion, versenden Sie Ihre E-Mail als Kopie. Sie erleichtern den Lesern die Arbeit, wenn Sie einen Hinweis geben wie „@ Herrn Becker: Wir halten Sie über die nächsten Schritte der Umsetzung informiert. Konkrete Aktionen erwarten wir von Ihrem Team bis dahin nicht." Falls Sie einen Rückruf vom Leser erwarten, schreiben Sie Ihre Telefonnummer gut sichtbar zur Aufforderung. Auch dann, wenn Sie sie in der Signatur ebenfalls ausweisen.

- **Schriftart, Sonderzeichen und Schriftgröße**
  Auch wenn Ihnen Ihr Corporate Design Freiheiten lässt: Bleiben Sie sachlich und vergessen Sie nicht, dass Sonderzeichen nicht an jedem Computer lesbar sind.
- **Schlussformel**
  Hier gilt wie bei der Begrüßung: im Zweifelsfall lieber korrekt. Ansprechend und mittlerweile in vielen Schreiben üblich sind Zusätze wie „Beste Grüße aus Wiesbaden", „Viele Grüße aus dem sonnigen Berlin" oder „Es grüßt Sie aus Bayern".
- **Signatur mit Ihren Kontaktdaten**
  Vergessen Sie niemals Ihre Kontaktdaten, selbst wenn Sie mit Ihren Geschäftspartnern schon länger im Austausch stehen. Es ist eine willkommene Entlastung, wenn man nicht nach einer Telefonnummer suchen muss.

Zielsetzung und Anwendung Die Checkliste fasst Erfolgsfaktoren für gut lesbare E-Mails zusammen. Im Tagesgeschäft ist sie ein kurzes Nachschlagewerk, das durch hohen Praxiswert für Entlastung sorgt.

Nutzen Sie erreichen mit Ihren E-Mails Ihre Leserschaft besser, weil Sie Ihre elektronische Post nach Qualitätskriterien, die für Geschäftspartner wichtig sind, schnell und unkompliziert prüfen können.

Beschreibung Die Checkliste lehnt sich an den Aufbau einer E-Mail an: Sie beginnt mit der Referenzzeile und endet mit der Signatur am Ende der Mail. Sie fokussiert sich auf zehn wichtige Punkte. Damit bleibt sie übersichtlich und auf das Wesentliche konzentriert. Die Inhalte sind Ergebnisse aus Feedback-Gesprächen und Kurzinterviews, die ich von Führungskräften erhalten habe. Sie enthalten also neben kommunikationswissenschaftlichen Erkenntnissen auch die Rückkopplung mit der Praxis.

Arbeitsbogen
Aufbau erfolgreicher E-Mails

1. Was ist Ihr wichtigster Inhalt: An welcher Stelle Ihrer E-Mail steht er?

   ....

   ....

2. Nutzen Sie für die Kernargumente eine optische Hervorhebung wie beispielsweise Spiegelstriche?

....

....

3. Welche Formulierungen verwenden Sie bevorzugt?

....

....

4. Beschreiben Sie die Inhalte mit überflüssigen Adjektiven oder benutzen Sie Füllwörter? Wenn ja, welche? An welchen Stellen könnten Sie sich noch klarer ausdrücken?

....

....

....

Zielsetzung und Anwendung Selbstverständlich liegt Ihnen – genau wie meinen Klientinnen – die gelungene Vermittlung der Inhalte am Herzen. Der Bogen unterstützt Sie dabei, Ihre Kernbotschaften zu definieren und ins rechte Licht zu rücken. Sie erhalten Denkanstöße, um Texte – wo nötig – zu kürzen.

Nutzen Sie erweitern Ihre Fähigkeit, Ihre wichtigsten Botschaften im Text erkennbar in den Mittelpunkt zu stellen und Ihre E-Mails von Textballast zu befreien.

Beschreibung Die vier Fragen sind in zwei Sinnabschnitte untergliedert. Die ersten beiden Fragen helfen der Anwenderin dabei, die Wichtigkeit der Textstelle in der E-Mail mit der optischen Gestaltung zu vergleichen: Die Wichtigkeit von Botschaften und deren optische Heraushebung sollten übereinstimmen. Die Fragen drei und vier gehen auf den Schreibstil ein. Hier steht im Mittelpunkt, ob Sie durch Ihre Wortwahl die gewünschte Botschaft in Ihren Texten zum Ausdruck bringen. Die Klientin im Praxisfall nutzte den Bogen als Hilfestellung, um ihren Schreibstil zu verbessern. Sie bearbeitete die Fragen als Hausaufgabe zwischen zwei Coaching-Sitzungen.

Visualisierungstipps

- **Wichtiges oben:** Achten Sie auf möglichst kurze Schreiben. Im Internet – und damit auch bei E Mails – folgt der Inhalt der Form, wegen der spezifischen technischen Anforderungen. Setzen Sie deshalb die wichtigen Textstellen nach oben, dann muss Ihr Leser erst bei den Themen der zweiten Priorität scrollen.

Das erhöht die Aufmerksamkeit, weil sich die Botschaft mit hoher Geschäfts-relevanz sofort beim Öffnen der E-Mail zeigt.

- **Kurz ist Trumpf:** Ihre Leser arbeiten in vielen Arbeitssituationen – und nicht nur auf Geschäftsreisen – mit kleinen Bildschirmen. Das Format begünstigt „Wenigzeiler". Selbst wenn Sie gerne umfassend berichten: Die Chancen, dass Ihre Leser alle Inhalte wahrnehmen, sind hier realistisch betrachtet eher gering. Erwarten Sie also nicht zu viel von Ihrer E-Mail: Geben Sie einen guten Über-blick und kommen Sie bei Bedarf im nächsten Telefonat oder Gespräch unauf-geregt auf Ihre Inhalte und wichtige Details zu sprechen.
- **Immer Kontaktdaten:** Achten Sie auf gut lesbare Kontaktdaten bei jeder E-Mail, die Sie versenden. Bei Bedarf kann sich Ihr Geschäftspartner bei Ihnen melden. Logografiken sorgen übrigens auf Smartphones häufig für Über-tragungsschwierigkeiten. Viele Leser bevorzugen deshalb Textsignaturen.
- **Gezielte Hervorhebungen:** Durch die besondere Textformatierung der kleineren Bildschirme eignen sich Absätze und Aufzählungen, um auf Sinn-inhalte aufmerksam zu machen. Fette und kursive Schriften nicht auffällig genug. Kursivschrift kann sogar die Lesefreundlichkeit Ihrer Texte erschweren. Vermeiden Sie Textgestaltung durch Einrückung: Meist sorgt das auf den Bild-schirmen der Empfänger für Verwirrung.

Zielsetzung und Anwendung Die Visualisierungstipps lenken den Blick auf ein Rand-gebiet der elektronischen Korrespondenz, das jedoch über Kommunikationserfolg ent-scheidet. Die Liste fasst Meinungen von Entscheidern zusammen und gibt Hilfestellung für den Alltag, weil man sie als Checkliste nutzen kann.

Nutzen Sie lernen, Ihre Texte aus der Sicht der Leser einzuschätzen: Die Rezeptions-freundlichkeit Ihrer Texte und Ihre Textgestaltung entwickeln sich weiter.

Beschreibung Die Liste umfasst vier Gliederungspunkte: wichtige Textstellen zu Beginn der E-Mail, bitte kurze Texte, sichtbare Kontaktdaten bei jeder E-Mail und den Aspekt Hervorhebungen. Die Sammlung der Hinweise stammt aus Feedback-Gesprächen mit Personen, die viel reisen oder mobil arbeiten und deshalb ihre Korrespondenz häufig auf kleinen Bildschirmen bearbeiten. Ich habe die Anregungen für die Klientin im Praxisfall zusammengestellt.

Hinweise für Statusberichte

- **Prägnante Darstellung:** Achten Sie auch bei Ihren Management-Summarys auf prägnante Darstellungen mit wenigen Folien. Erwähnen Sie im Text, dass es sich beispielsweise um drei oder fünf Folien handelt. Das motiviert Ihre Leser und nimmt Ihnen die Sorge, mit 70 komplexen Charts umgehen zu müssen.

- **Umgang mit Anhängen:** Klären Sie, ob in Ihrem Unternehmen ein Content-Management-System zur Verfügung steht. Legen Sie die Präsentationen auf diese gemeinsamen Laufwerke ab und versenden Sie nur die Links. Das erleichtert den Zugriff direkt vom Smartphone aus.
- **Papierloses Büro:** Arbeitsweisen sind unterschiedlich. Es gibt Berufe und Branchen, in denen die Sekretariate Papierausdrucke wichtiger Unterlagen für Führungskräfte erstellen. Wenn das in Ihrem Unternehmen so ist: Nutzen Sie diese Tatsache – und bringen Sie eine ansehnliche Mappe vorbei und kündigen Sie diesen Schritt in Ihrer E-Mail nur kurz an.

Zielsetzung und Anwendung Die Hinweise für Statusberichte widmen sich dem Reporting des Projekts oder Abteilungsstatus per E-Mail. Ich habe drei Aspekte als Kurzliste zusammengefasst, um weitere Gütekriterien anzubieten.

Nutzen Die Kurzliste gibt Hinweise, worauf Sie achten sollten, um mit Ihren Berichten erfolgreich zu sein. Der Katalog bringt wertvolle Entlastung in Situationen mit Zeitdruck, weil sie ihn als Gedankenstütze und Leitfaden nutzen können.

Beschreibung Die Liste fasst drei Merkpunkte zusammen: Management-Summarys bitte immer –auch als E-Mail-Anhang – kurz fassen, Umgang mit Anhängen, Hinweise zur Arbeitsweise mit elektronischen Unterlagen in Chefetagen.

Praxisfall 2.3.1 Angemessen im Mittelpunkt stehen
Fokusthema: Kompetenz in Präsentationen und im Vortrag ausstrahlen

Zur Erinnerung Dr. Claudia Weber ist eine gut ausgebildete und selbstbewusste Abteilungsleiterin. Seit sie Führungskraft ist, hat sie es schwer, bei ihren Vorträgen im Leitungskreis die nötige Akzeptanz zu finden. Sie recherchiert ihre Redebeiträge solide: An der fachlichen Richtigkeit kann ihr Misserfolg nicht liegen. Auch ihre Präsentationskompetenzen sind gut. Dr. Claudia Weber nutzte die kleine-Ursache – große-Wirkung-Systematik, um die Situation zu verstehen und sie in den Griff zu bekommen:

1 Präsentationsmethoden prüfen
2. Präsentationsatmosphäre analysieren
3. Individuelle Vorbereitungen treffen

Zielsetzung und Anwendung Erfahrene Vortragsredner stimmen ihre Beiträge auf die Zuhörer ab. Die Systematik gibt eine Hilfestellung, um sowohl Fakten als auch Stimmungen bei der Vorbereitung ins Kalkül zu ziehen.

Nutzen Sie lernen, Ihre Vortragsvorbereitung auf „politische" Aspekte auszudehnen.

Beschreibung Die Systematik reflektiert mit der Leserin die aktuellen Präsentationsmethoden. Danach erweitert sie den Blickwinkel und hilft bei der Analyse der Atmosphäre, die im Publikum herrscht. Die gewonnene Klarheit zu diesen beiden Aspekten unterstützt dabei, die passende Vorbereitung für Vorträge auch in einem anspruchsvollen Umfeld zu finden.

Arbeitsbogen
Stimmungsbarometer
Wie ist die aktuelle Gemütslage im Management-Meeting? Prüfen Sie, auf welche Stimmung Sie im Publikum mit Ihrer Präsentation treffen:

- Es ist wie unter Freunden: Während der Sitzung wird viel gelacht und diskutiert.
- Die Stimmung ist entspannt: Alle freuen sich über die Informationen und den Austausch.
- Sachliche Meinungsverschiedenheiten werden aufgedeckt und konstruktiv gelöst.
- Es gibt unterschiedliche Auffassungen, die nicht offen diskutiert werden.
- Es gibt Spannungen zwischen den Teilnehmern, die für persönliche Differenzen sorgen.
- Das Programm ist sehr voll: Interaktion ist bei dem engen Zeitplan nicht möglich.
- Die Stimmung ist schlecht und verkrampft: Alle sind froh, wenn das Meeting vorbei ist.

....

....

Welche Folgen hat das für den Auftritt von Claudia Weber aus Ihrer Sicht?

....

Wie beeinflussen die Botschaften ihrer Vorredner Frau Dr. Webers Präsentationskonzept? Hier einige Möglichkeiten:

- Die Informationen erweitern ihren Blick, liegen jedoch nicht in ihrem Aufgabengebiet.
- Die Vorträge bringen neue Erkenntnisse für sie und ihr Aufgabengebiet, die aber die Darstellungen in ihrem Vortrag nicht berühren.
- Die Inhalte der anderen Redner weisen auf unterschiedliche Auffassungen zu den Inhalten ihrer Präsentation hin (Meinungen, Qualität der Inhalte, Lücken).
- Die Präsentationen zuvor liefern Konfliktpotenzial, weil unter den Anwesenden neue Aufgaben formuliert und verteilt werden (müssen). Sie ist nicht betroffen.

....
....

Wie könnte Claudia Weber mit der Situation zu Beginn ihres Vortrags erfolgreich umgehen?

....
....

Zielsetzung und Anwendung Bei Managementsitzungen kann sich der Informationsbedarf der Teilnehmer im Tagesverlauf ändern: Teile Ihres Vortrags können überflüssig werden, plötzlich politisch brisant erscheinen oder fachlich durch die aktuell vorgelegten Informationen im Meeting neu eingeschätzt werden. Die flexible Reaktion auf die Zuhörer und ihren gefühlten Status quo ist gerade in einem Managementkreis erfolgsentscheidend. Der Arbeitsbogen leitet an, das eigene Vortragskonzept und -verhalten an die Erwartungen der Zielgruppe anzupassen: nicht nur bei der Vorbereitung auf das Treffen, sondern speziell zu Beginn und auch während Ihres Vortrags.

Nutzen „Dienstjunge" Führungskräfte lernen, neben Fachaspekten auch „politische Aspekte" in ihre Vortragsvorbereitung aufzunehmen. Sie lernen, die Vorbereitungszeit gedanklich bis auf die Vortragssituation auszudehnen und jederzeit auf die Anforderungen der Zuhörer einzugehen.

Beschreibung Der Bogen nimmt die Situation in den Fokus, die eine Rednerin beim Meeting zu Beginn ihres Vortrags vorfindet – und im schlimmsten Fall von der erwarteten Atmosphäre abweicht. Er schließt damit die Lücke zwischen der klassischen Vortragsvorbereitung vor dem Meeting (Recherche, Formulierung der Botschaften, Erstellung von Manuskript und Präsentationsfolien etc.) und der Sprechsituation im Vortrag. Der Bogen ist in zwei Sinnabschnitte unterteilt: Zu Beginn hilft er bei der Reflexion der Emotionen, die im Laufe des Management-Meetings bei den Teilnehmern entstehen. Im zweiten Teil geht es um das Faktenwissen, das bei den Teilnehmern im Tagesverlauf bzw. während der Abfolge verschiedener Vorträge wächst. Der Bogen fordert die Leserin auf, beide Aspekte in Bezug auf das eigene Präsentationskonzept einzubeziehen, um für hilfreiche Verhaltens- oder Textveränderungen zu sensibilisieren. Dies passiert indirekt, weil die Arbeitsfragen sich auf das Fallbeispiel beziehen. Neben den Reflexionsfragen bietet der Bogen Situationsbeschreibungen als Arbeits- und Gedankenhilfe. Der Bogen „Stimmungsbarometer" wurde speziell für diese Beratungssituation konzipiert und erfolgreich eingesetzt.

Arbeitsbogen
Präsentationsentstörer für die Vorbereitung auf Störungen während Ihrer Vorträge

1. **Themen, die durch die Präsentationssituation geprägt sind. Hier einige Beispiele:**
   - Es war ein langer Tag und Ihre Zuhörer sind schon erschöpft.
   - Ihre Vorredner haben die Geduld der Zuhörer strapaziert (zu lange gesprochen, unklarer Vortrag, schlechte Visualisierung, hitzige Debatte).
   - Ihr Präsentationsthema ist für die Zuhörer schwierig oder unbequem (politische Aspekte im Unternehmen, fachliche Mängel der Zuhörer kommen ans Licht etc.).

   Erste Situation:

   ....
   ....

   Anregung für die Vorbereitung:

   ....
   ....

   Zweite Situation:

   ....
   ....

   Anregung für die Vorbereitung:

   ....
   ....

2. **Aspekte, die Sie eher mit Ihrer Rolle oder Person in Zusammenhang bringen. Hier einige Beispiele:**

- Sie haben beispielsweise erst kürzlich eine Führungsaufgabe übernommen und werden von langjährigen Führungskräften als Greenhorn kritisch betrachtet.
- Sie sind neu im Unternehmen oder einer Abteilung und müssen sich Ihre Anerkennung der Kolleginnen und Kollegen erst erarbeiten.
- Sie haben das interessanteste Projekt des Jahres erhalten und Ihre Zuhörer sind noch immer etwas eifersüchtig auf Ihren Erfolg.
- Ihre Körpersprache wirkt unbeabsichtigt schroff oder unpassend
Erste Situation:

....
....

Anregung für die Vorbereitung:

....
....

Zweite Situation:

....
....

Anregung für die Vorbereitung:

....
....

Zielsetzung und Anwendung Der Arbeitsbogen unterstützt die Lesebeispiele aus dem Praxisbeispiel. Im Mittelpunkt steht es, mit Störungen durch die Teilnehmer während einer Präsentation umzugehen (Kommentare oder Verhalten des Publikums). Der Bogen unterstützt Sie dabei, sich optimal vorzubereiten. Er leitet Sie an, die Einflüsse durch das Programm oder das Umfeld des Meetings, die auf die Teilnehmer wirken, strukturiert wahrzunehmen und zu bewerten.

Nutzen Sie lernen, sachlich und professionell mit Störungen bei Präsentationen umzugehen, weil Sie alle wichtigen Einflüsse in Ihre Betrachtung einbeziehen.

Beschreibung Der Arbeitsbogen „Präsentationsentstörer" wurde für diesen Praxisfall konzipiert und eingesetzt. Er liefert eine Hilfestellung, um sowohl das Umfeld (Publikum beim Vortrag) als auch die Person der Vortragenden bzw. deren berufliche Rahmenbedingungen näher zu betrachten. Die Klientin im Fallbeispiel analysierte mit diesen Fragen im Coaching-Gespräch die Situation. Sie verstand die Situation dadurch besser, fühlte sich weniger hilflos und fand konkrete Ansatzpunkte für ihre weitere Vorbereitung.

Praxisfall 2.4.1 Sich in Verhandlungen Respekt verschaffen
Fokusthema: Profil in Meetings zeigen

Zur Erinnerung Andrea Hartmann ist in ihrem Unternehmen eine respektierte Führungskraft. In Meetings findet sie allerdings wenig Gehör bei ihren Gesprächspartnern. Andrea Hartmann möchte in Gesprächs- oder Verhandlungssituationen einen anerkannten Beitrag leisten. Mit der Profil-Zeichner-Systematik arbeitet sie daran, die Problemstellung zu durchdenken:

1. Als Player auftreten
2. Redebeiträge analysieren
3. Körpersprache einsetzen

Zielsetzung und Anwendung Die Systematik wurde konzipiert, um Frauen zu unterstützen, die ihre Akzeptanz in Gesprächs- und Verhandlungssituationen steigern möchten. Sie ist hilfreich, wenn Sie aktuell mit der Aufmerksamkeit, die Ihren Beiträgen gewidmet wird, unzufrieden sind. Die Systematik ist ebenfalls nützlich, wenn Sie bereits zufriedenstellende Auftritte und Reaktionen punktgenau prüfen oder weiterentwickeln möchten.

Nutzen Sie verstehen die Erfolgsfaktoren in Gesprächsverhandlungen und Meetings besser und lernen, Ihren persönlichen Stil zu finden.

Beschreibung Die Systematik befasst sich mit drei Erfolgsdimensionen: der souveränen Selbstinszenierung, der Qualität und Quantität Ihrer Redebeiträge und Ihrer Körpersprache. Zu diesen Dimensionen bearbeiten Sie Reflexionsfragen, die Ihnen helfen, den Praxisfall „mit der Brille des Selbstmarketings" zu analysieren. Spätere Reflexionseinheiten fordern Sie auf, den Praxisfall mit Ihrer aktuellen Gesprächskompetenz in Meetings zu vergleichen. Das erleichtert Ihnen den Transfer Ihrer Lösungen in Ihren Berufsalltag.

Checkliste „Sprachassistent"
- **Ihr Empfänger**
  Behalten Sie den ranghöchsten Teilnehmer im Auge: Halten Sie mit ihm oder ihr bei Ihren Sprechbeiträgen Blickkontakt. Diese Person entscheidet über Ihre Akzeptanz – die anderen Teilnehmer folgen.

- **Lautstärke beim Sprechen**

  Sprechen Sie lauter als gewohnt. Ein Meeting-Raum ist meist größer als Ihr Büro und es gibt Nebengeräusche. Sie können nicht erwarten, dass man Sie inhaltlich ernst nimmt, wenn man Sie akustisch nur schwer versteht.

  Sie werden von anderen Teilnehmern unterbrochen: Sprechen Sie weiter – in etwas höherer Lautstärke. Sonst verlieren Sie Ihr Rederecht kampflos. Der Einschub „ich bin noch nicht am Ende" ist hilfreich.

- **Kurz und bestimmt – aber nicht hektisch**

  Das Wichtigste zuerst: Kommen Sie umgehend auf den Kern Ihrer Aussagen zu sprechen.

  Einleitungen à la „ich würde gerne sagen, dass…" wirken unklar. Sagen Sie direkt, was Ihnen auf der Zunge liegt. Ein selbstbewusstes Handzeichen zu Beginn kann in großen Runden sinnvoll sein. Im kleinen Kreis: Nutzen Sie die nächste Sprechpause.

  Geben Sie Ihrer Stimme Nachdruck: Wenn Sie durch Ihre verhaltene Tonlage den Zweifel wecken, werden die anderen Teilnehmer diesen Eindruck übernehmen.

  Sprechen Sie nicht zu schnell: Das wirkt gehetzt und nervös auf die Teilnehmer. Nutzen Sie zur Kontrolle Ihre eigene Wahrnehmung. Wenn Ihr Beitrag sich für Ihr Ohr langsam gesprochen anhört, haben Sie die richtige Geschwindigkeit. Warum? Ihr Gehirn kennt den Inhalt, deshalb gelingt Ihnen die Rezeption schneller – die Zuhörer brauchen mehr Zeit.

- **Fragen stellen**

  Prüfen Sie die Wirkung von Fragen im Meeting: Das kann auf männliche Gesprächspartner unsicher, uninformiert und schwach wirken. Frauen verstehen Fragen eher als ein Signal für Interesse.

- **Fragen am Ende Ihres Beitrags**

  Wenn Sie Ihre Redebeiträge mit „oder finden Sie nicht auch?" beenden, stellen Sie Ihre Aussage zur Diskussion. Was in anderen Sprechsituationen oder beispielsweise mit britischen Partnern höflich wirkt, schadet Ihnen im deutschen Meeting: Sie wirken unsicher. Im Meeting geht es darum, selbstbewusst eine glaubwürdige Botschaft zu senden.

Zielsetzung und Anwendung   Der „Sprachassistent" möchte die Leserin für ihr Sprachverhalten sensibilisieren. Zusammen mit der Profil-Zeichner-Systematik beleuchtet er – erfahrungsgemäß zum Teil unbewusste – Sprech- und Verhaltensweisen. Darin liegt sein Schwerpunkt. Die Empfehlungen stammen aus einer Sammlung von Interviews und Beobachtungen. Sie geben erste Anregungen. Eine Verhaltensveränderung – insbesondere in fordernden Gesprächssituationen – kann durch die Checkliste zwar angeregt, aber nicht mit der Leserin ohne begleitendes Training umgesetzt werden.

Nutzen Die Leserin erkennt Handlungsfelder für eine mögliche Anpassung des eigenen Verhaltens und verbessert die Einschätzung ihrer Gesprächspartner.

Beschreibung Die Checkliste fasst Referenzpunkte für die Selbst- und Fremdbeobachtung zusammen und ist in fünf Rubriken unterteilt. Die Themenbereiche sind Klassiker in der Berufsberatung weiblicher Führungskräfte. Die Ausführung wurde hier jedoch speziell an die Klientin angepasst, die über das „kleine Einmaleins" bereits informiert war und sich eine feinmaschige Hilfestellung wünschte. Der Sprachassistent ist für Nachwuchsführungskräfte gut geeignet, die sich positionieren möchten.

Checkliste „Ihr Vokabular"
Helfer und Hinderer im Meeting

+ Fachsprache
+ Zielorientierte Sprache
+ Erfolgsorientierte Sprache
− Füllwörter
− Gefühlsbetonte Ausdrücke
− Kompromiss-Sprache

Übung „Analyse des Vokabulars"
Die Textbeispiele aus dem Praxisfall von Andrea Hartmann erläutern die Rubriken in der Liste. Sie haben Gelegenheit, Vorschläge zu erarbeiten, um sich noch intensiver mit den Themen vertraut zu machen. Vergleichen Sie die Textstellen anschließend mit Ihren Sprach- oder Verhaltensgewohnheiten und prüfen Sie, wo Sie sich verändern möchten.

Fachsprache, die Ihre Kompetenz zeigt
Textbeispiel:
Fachbegriffe aus dem Controlling meidet sie. Das macht es den Zuhörern leicht, sie zu verstehen, banalisiert aber ihr Arbeitsgebiet.
Ihr Vorschlag:

....

....

Zielorientierte Sprache mit passender Selbstreferenz
Textbeispiel:
Wenn sie den aktuellen Status ihrer Abteilung vorstellt, fasst Frau Hartmann sich kurz. Die männlichen Kollegen kommen gleich zum Punkt. Sie gefallen sich in

den langen Darstellungen der eigenen Fortschritte. Persönliche Erfolge spielen in den Berichten eine große Rolle. Fast wie abgesprochen, halten sich Andrea Hartmann und die Leiterin der Personalabteilung, Jasmin Schneider, zurück. Helden gibt es im Meeting schon genug, so der stillschweigende und gutgelaunte Konsens zwischen den Frauen.

Ihr Vorschlag:

....

....

Erfolgsorientierte Sprache, die Optimismus ausdrückt
Textbeispiel (nicht aus dem Fallbeispiel zitiert):
Sie weist ehrlich auch auf die Schwierigkeiten in den Projekten hin, die guten Lösungen ihrer Abteilung gehen dabei unter: „Wir stellen die Arbeitsprozesse gerade auf ein neues Berichtswesen um. Die Anforderungen an exaktes Arbeiten sind bei Finanzzahlen hoch. Täglich finden wir Fehler und arbeiten deshalb sehr hart."

Ihr Vorschlag:

....

....

Füllwörter wie eigentlich, aus meiner Sicht, wenn ich mir erlauben darf etc.
Textbeispiel:
Ihre Diskussionsbeiträge beginnen – aus Höflichkeit – mit „wenn ich mir die Frage erlauben darf" oder „aus meiner Sicht stellt sich das so dar ...".

Ihr Vorschlag:

....

....

Gefühlsbetonte Ausdrücke wie „ich fühle mich besser, wenn" oder „mein Gefühl sagt mir, dass" etc.
Textbeispiel:
Wenn sie um ihre Meinung gebeten wird, sagt sie: „Mein Gefühl sagt mir, dass ...".

Ihr Vorschlag:

....

....

Kompromissorientierte Sprache ohne „nein" wie: „Mir wäre es doch viel lieber, die Entscheidung noch mal zu reflektieren" etc.
  Textbeispiel:
  Wenn sie um ihre Meinung gebeten wird, sagt sie „ich fühle mich nicht ganz wohl mit dieser Entscheidung, könnten wir nicht vielleicht ...".
  Ihr Vorschlag:

....

....

Zielsetzung und Anwendung Die Checkliste und der Arbeitsbogen „Helfer und Hinderer im Meeting" sind ein zusammengehörendes Übungsangebot. Die Übungen helfen dabei, Standpunkte und Meinungen überzeugend auszudrücken. Ziel ist es, dass Sie noch präziser lernen, Ihre Sprache an den beruflichen Anlass anzupassen.

Nutzen Die Wortschatzübungen unterstützen die Leserin dabei, das Vokabular der Protagonistin zu prüfen und anschließend Verbesserungsvorschläge abzuleiten. Das steigert die Wahrnehmung der eigenen Sprache. Die Fähigkeit, sich selbst – bei Wunsch oder Bedarf – zu korrigieren, verbessert sich.

Beschreibung Die Checkliste gibt einen Kurzüberblick über Sprachkategorien und zeigt mit gut einprägsamen Plus- und Minussymbolen, wie hilfreich diese Kategorien in Gesprächsverhandlungen sind. Der interaktive Übungsbogen ordnet diesen Kategorien Textzitate aus dem Praxisbeispiel zu, um sie zu illustrieren und zu erklären. Die Leserin wird aufgefordert, die kurzen Beispieltexte umzuformulieren und so ihren Wortschatz zu erweitern. Der hohe Praxiswert überzeugte meine Klientin im Praxisfall, obwohl sie anfänglich Vorbehalte hatte. Sie entwickelte schrittweise mehr Bewusstsein über den Stellenwert sprachlicher Stilistik für berufliche Akzeptanz. Ihre Argumente wurden klarer, und sie fand großen Spaß daran, die Wortwahl erfolgreicher Kollegen zu beobachten, um daraus zu lernen.

Checkliste „Revierabgrenzer"

Persönlichkeit und Funktion zeigen: Prestigereiche Symbole

- Kleidung
- Schmuck und/oder Uhr
- Firmenanstecknadeln
- Requisiten wie Laptop, Handy, Terminplaner etc.

Gute Position: Platzwahl im Meeting

- Vorsitzende
- Fenster
- Türen
- Weit weg von Getränken und „weiblichen Hilfsaufgaben"

Raum um sich: Revier beanspruchen

- Tisch
- Sitzen auf dem Stuhl
- Gepäck und Taschen

Übung „Analyse der Körpersprache"

Vertiefen Sie mit vier Übungseinheiten Ihr Verständnis über das Verhalten von Andrea Hartmann. Die Textzitate aus dem Praxisfall lenken Ihre Aufmerksamkeit auf die relevanten Aspekte. Erarbeiten Sie Lösungsvorschläge aus Ihrem Erfahrungsschatz, die Andrea Hartmann nutzen könnte. Falls Sie sich inspirieren lassen möchten: Im Punkt „Ideenbox" im Anschluss an die Aufgabenstellung zu dieser Übung biete ich Ihnen einige Stichworte als Arbeitsgrundlage an.

Persönlichkeit und Funktion zeigen: Mit welchen Accessoires und/oder Arbeitsgegenständen kann Andrea Hartmann – ohne zu übertreiben – auf ihre verantwortungsvolle Funktion im Unternehmen hinweisen?

Textbeispiel:

Frau Hartmann bringt wenige Schreibutensilien mit. Ihre Aufzeichnungen notiert sie handschriftlich auf einem Firmenschreibblock.

Ihr Lösungsvorschlag:

....

....

Gute Position: Was empfehlen Sie Andrea Hartmann für die Auswahl ihres Sitzplatzes während des Meetings?

Textbeispiel:

Frau Hartmann wählt meist einen Platz mit dem Rücken zur Tür, weil dort das Licht besser ist. Die anderen Kollegen gruppieren sich – dicht gedrängt – um den wichtigsten Bereichsleiter.

Ihr Lösungsvorschlag:

···

···

Raum um sich beanspruchen: Welche Ratschläge können Sie Andrea Hartmann geben, damit Sie sich mehr Platz am Besprechungstisch verschaffen kann?

Textbeispiel:

Beim Meeting der Bereichsleiter ist der Tagungstisch immer ein bisschen zu klein. Frau Hartmann macht sich „schlank", um alle zu entlasten. Sie bemüht sich, wenig Raum durch ihre Sitzhaltung zu beanspruchen, und bringt wenige Schreibutensilien mit.

Ihr Lösungsvorschlag:

···

···

Zielsetzung und Anwendung Die Checkliste und der Bogen „Revierabgrenzer" sind das zweite zusammenhängende Übungsangebot in diesem Praxiskapitel. Die beiden Module sind hilfreich, um Ihren nonverbalen Auftritt im Meeting abzurunden. Ihre Körpersprache (das selbstbewusste Verhalten „im Raum") steht im Mittelpunkt.

Nutzen Sie erhalten konkrete Hinweise, auf welche Aspekte Ihrer Selbstinszenierung Sie achten sollten, wenn Sie sich in einem Meeting befinden (idealer Sitzplatz, Requisiten, beanspruchter Raum).

Beschreibung Die Checkliste verschafft Ihnen einen schnellen Überblick, was für Ihr Image wichtig ist, wenn Sie einen Meeting-Raum betreten. Nach dem Überblick folgt die Übung: Mit Textzitaten aus dem Praxisfall lernen Sie, auf Hinweise zum „persönlichen Revier" der Protagonistin sensibel zu reagieren und mit neuem Wissen zu interpretieren. Die Übung erweitert Ihre Wahrnehmung zu Punkten, die – so meine Erfahrung in Beratungsgesprächen mit Frauen – trotz großer Bedeutung leicht übersehen werden. Der Katalog ist die Zusammenfassung meiner Erfahrungen, gespiegelt an Fachliteratur. Der Bogen wurde von mir für die Klientin erstellt und half ihr dabei, sich in Meetings nonverbal geschickter zu positionieren. Im Coaching-Gespräch reflektierten wir einzelne Situationen in Besprechungen anhand der Reflexionsfragen. Die Klientin erarbeitete wertvolle Lösungsvorschläge, die sie spielerisch in ihrem Tagesgeschäft umsetzte.

Praxisfall 2.5.1 Als Meinungsmacherin gefragt sein

Fokusthema: Verantwortung in Gremien übernehmen

Zur Erinnerung Michaela Schäfer wird im Gremium ausgebremst. Die selbstbewusste Managerin versteht anfänglich nicht, dass sie im Berufsverband nicht selbstverständlich zu den Impulsgebern gehört. In ihrem Unternehmen ist sie schließlich seit vielen Jahren eine leitende Angestellte und trägt erfolgreich Verantwortung. Offensichtlich muss sie sich in dem eingeschworenen Kreis der Arbeitsgruppe erneut beweisen. Michaela Schäfer nutzte die Netzwerksystematik, um zu verstehen, worauf sie achten muss:

1. Gruppendynamik verstehen
2. Meinungsmacher erkennen
3. Eigene Rolle gestalten

Zielsetzung und Anwendung Die Netzwerksystematik ist besonders hilfreich für Leserinnen mit großer Verantwortung und/oder langer Berufserfahrung. Die Systematik hilft dabei, gruppendynamische Prozesse zu dokumentieren und unkompliziert zu erfassen. Die Protagonistin im Praxisfall ist es gewohnt, dass ihr Wort Gewicht hat. Als „die Neue" in einer Arbeitsgruppe von „Silberrücken" muss sie sich die nötige Akzeptanz der anderen Gremienmitglieder erst erarbeiten. Die Leserin lernt mit der Systematik, wie die Gruppe „tickt" und was das für das eigene Verhalten bedeutet.

Nutzen Sie beschleunigen Ihre Integration in Gruppen und werden als Meinungsmacherin akzeptiert.

Beschreibung Die dreigliedrige Systematik arbeitet mit Reflexionsfragen zum Praxisfall. Die Fragen beziehen sich auf Textpassagen im Fall und helfen der Leserin, typische Stolpersteine zu erkennen. Zuerst reflektiert die Leserin die Gruppendynamik, dann die Hierarchie in der Gruppe, und abschließend arbeitet sie an einer Lösungsstrategie für die Protagonistin, um die eigene Rolle in der Gruppe erfolgreich aufzuwerten.

Arbeitsbogen
Situationsentschlüssler

1. Was passiert in der Szene aus Ihrer Sicht?

....

....

2. Ist Frau Schäfer in diesem Moment ein Teil der Gruppe oder eher eine Außenstehende?

....

....

3. Hat das Konsequenzen für die Akzeptanz von Michaela Schäfer in der Arbeitsgruppe?

   ....

   ....

4. Wie kann sie die Situation kompensieren? Welches Verhalten passt zu Frau
   Schäfer?

   ....

   ....

Zielsetzung und Anwendung Auch ein Meeting in einer Gruppe von Frauen ist fachlich wie persönlich anspruchsvoll. In einer Runde, die von männlichen Teilnehmern
dominiert wird, ist es jedoch sinnvoll, das Verhalten der Partner zusätzlich unter
Gender-Aspekten zu analysieren, zu deuten und einzuschätzen. Die Konzentration
auf die eigenen Argumente und den persönlichen Auftritt steigt durch die gewonnene
Orientierung im Umgang mit den Kollegen.

Nutzen Verunsichernde Situationen in Meetings entschlüsseln und auf weitere
Situationen übertragen lernen.

Beschreibung Das Instrument arbeitet mit Textzitaten aus dem Praxisfall, um den Blick
für kritische Momente zu schärfen und fallbezogene Lösungen zu finden. Der Arbeitsbogen enthält Reflexionsfragen und Antwortboxen zum Einfüllen Ihrer Lösungsvorschläge und Notizen. Im Praxiskapitel schließe ich die Übung mit Lösungsangeboten ab,
um Ihnen Referenzpunkte zum Gegenlesen und Weiterreflektieren Ihrer Eindrücke anzubieten.

Arbeitsbogen
Koalitionsstifter
Für wen sind die Argumente und Erfahrungen von Frau Schäfer hilfreich?

....

....

Wie kann sie diese Personen unterstützen?

....

....

Wer von diesen Personen unterstützt Michaela Schäfer?

....

....

Mit welchen anderen Personen in der Arbeitsgruppe haben diese „Unterstützer" ein
gutes Verhältnis, sodass Frau Schäfer sie als Botschafter gewinnen könnte?

....

....

Welche Argumente und Anliegen vertreten diese Personen in der Arbeitsgruppe?

....

....

Zielsetzung und Anwendung Der Koalitionsstifter unterstützt Sie dabei, Ihre Argu-
mente nicht nur sachlich auf Ihre Zuhörer auszurichten, sondern Ihre Inhalte auch in
Bezug auf das Beziehungsnetz der Gruppe auszusteuern. Sie sind noch besser in der
Lage, auf die Entscheidungen in Gremien Einfluss zu nehmen.

Nutzen Sie lernen, wie Sie soziale Beziehungen beschreiben und für die berufliche
Interaktion nutzbringend dokumentieren. Der weiche Faktor Beziehungen wird für Sie
greifbar. Es fällt Ihnen leichter, Ihre (Wunsch-)Position in der Gruppe zu erreichen.

Beschreibung Das Werkzeug besteht aus einer Übersichtsgrafik und einem Arbeitsblatt. In die Grafik tragen Sie alle Teilnehmer des Gremiums ein. Die Anordnung erfolgt
ausschließlich nach ihrer sozialen Rolle in der Gruppe, wobei der Gremienleiter in der
Mitte steht. Personen, die sich persönlich näherstehen und/oder sich inhaltlich gegenseitig unterstützen, werden als Nachbarn eingezeichnet. Die Übung zielt darauf ab,
sich Koalitionen zu verdeutlichen und grafisch zu markieren. In meinem Lösungsvorschlag habe ich darauf verzichtet, die Rolle des Gremienleiters genauer zu untersuchen
(Nähe oder Distanz zu einzelnen Gruppen), weil dies für den ersten Reflexionsschritt
der Klientin nicht ausschlaggebend war. Der Arbeitsbogen geht auf diese Ergebnisse
mit Reflexionsfragen ein: Die Fragen schaffen Bezüge zur sozialen Rolle von Michaela
Schäfer – auf der Betrachtungsebene tatsächlicher oder möglicher Argumente.

Praxisfall 3.6.1 Mit Konsequenz überzeugen
Fokusthema: Führungserfolge in Teams und Projektgruppen erreichen

Zur Erinnerung Petra Koch stößt als Führungskraft an ihre Grenzen wenn es darum geht, Menschen mit unterschiedlichen Interessen für das gleiche Ziel zu motivieren. Sie ist eine erfolgreiche Projekt- und Abteilungsleiterin und möchte ihre Performance in diesem Punkt weiterentwickeln. Petra Koch nutzte die Leadership-Systematik, um die Situation besser einzuordnen:

1. Anwendungsfall verstehen
2. Bedürfnisse erkennen
3. Führungsverhalten gestalten

Zielsetzung und Anwendung Die Systematik unterstützt Sie bei zwischenmenschlichen Störungen im Verhältnis zwischen Führungskraft und Mitarbeiter. Die Klärungs- und Analysefragen liefern Ihnen Denkanstöße, wenn Ihre Führungsstrategien nicht (mehr) greifen, weil Sie auf die Bedürfnisse Ihrer Mitarbeiter nicht oder ungenügend eingehen.

Nutzen Sie lernen, bekannte Führungsmethoden punktgenau anzuwenden und Ihr persönliches Repertoire zu erweitern. Das steigert Ihren Führungserfolg bei Teams und Projektgruppen, weil Sie Ihr Verhalten noch genauer an den Anwendungsfall im Team anpassen.

Beschreibung Die Systematik ist in drei Stufen untergliedert: Situationsanalyse und Übertragung der beschreibenden Kriterien auf den „Anwendungsfall für Führung", bei dem Ihre Ziele und die Bedürfnisse Ihres Teams bedacht und verknüpft werden. Im dritten Schritt geht es darum, Ihren Einsatz als Führungskraft (Verhalten, Mitarbeiter-kommunikation) auf die Reflexionsergebnisse auszurichten. Jeder Mitarbeiter reagiert unterschiedlich auf Ihre Entscheidungen und Motivationsversuche. Dabei geht es nicht darum, auf Konsequenz zu verzichten. Im Gegenteil: Das Ziel ist es, das eigene Führungs-verhalten genau auf Ihre Führungsaufgabe auszurichten, anstatt ein Routine-Verhalten abzuspulen, das nicht oder nur bedingt (weil möglicherweise zufällig) zum Erfolg führt.

Klärungsmatrix Situationsanalyse im Projektteam

Die Störung in der Zusammenarbeit ist eher sachlich/aufgrund von Fakten begründet, daexplizite Regeln oder Absprachen verletzt wurden.	Die Störung in der Zusammenarbeit ist eher beziehungsorientiert, weil implizite Regeln oder Absprachen wie beispielsweise Bedürfnisse oder persönliche Vorstellungen, Arbeitstraditionen oder Freiräume verletzt wurden.
Die Störung in der Zusammenarbeit betrifft alle oder mehrere Kollegen.	Die Störung in der Zusammenarbeit bezieht sich auf die Zusammenarbeit mit/zwischen einzelnen Kollegen.

Zielsetzung und Anwendung Die Ursachen für Störungen in der Zusammenarbeit können komplex sein. Die Aufgabe der Führungskraft ist es, diese Störung durch Managementhandlungen rasch einzuschätzen und zu beseitigen. Der Leitfaden unterstützt in der Klärungs- und Orientierungsphase. Die Matrix bietet Hilfestellungen, um die Situation und die betroffenen Personen (und deren Bedürfnisse) nach wenigen Kriterien einzuschätzen.

Nutzen Sie wählen schneller die passende Handlungsweise aus und lösen Ihre Führungsaufgabe wirkungsvoll.

Beschreibung Die Klärungsmatrix aus vier Feldern hilft dabei, den Status quo der Situation zu erkennen und zu beschreiben. Sie hilft Ihnen dabei, die Störung im Team zu unterscheiden (mit der Antwort auf die Frage: „Stehen eher Fakten oder beziehungsorientierte Aspekte im Mittelpunkt?"). Die Matrix leitete die Klientin auch dabei an zu erkennen, welche Personen im Team unmittelbar von den Störungen betroffen sind.

Die Vier-Felder-Matrix ist einfach in der Handhabung und überzeugte im Praxisfall, weil sie die Klientin bei der Klärung der Situation unterstützte. Sie lenkte ihre Aufmerksamkeit auf implizite Regeln des Unternehmens, die sie in ihrem Führungsverhalten noch stärker berücksichtigen wollte. Die Matrix wurde individuell für diesen Beratungsfall von mir konzipiert.

Erfahrenen Kommunikationsexperten ist bewusst, dass jede Störung in der Zusammenarbeit auch durch die zwischenmenschliche Beziehung beeinflusst wird und das ganze System – also alle Teammitglieder mittelbar oder unmittelbar – betroffen sind. Die plakative Vereinfachung der Inhalte in der Matrix, im Sinne einer beabsichtigten Realitätsreduktion, half der Protagonistin im Fallbeispiel, um sich dem für sie diffusen Problem mit ihrem Team zu nähern. Zudem lieferten die Beschreibungen der Matrix der Klientin ein situationsangemessenes Vokabular, um den Fall im Coaching gemeinsam zu erörtern. Die Grafik ist visuell „gut lesbar" und überzeugt durch ihren hohen Praxisnutzen, weil sie den Reflexionsprozess im Beratungsgespräch merklich intensiviert.

Arbeitsblatt
Vorbereitung Motivationsveranstaltung: Zielhorizont

1. Was ist aus Ihrer Sicht ein ideales Ergebnis für die Motivationsveranstaltung mit der Projektgruppe „Marketingkampagne": Für die Teilnehmer? Für Frau Koch?

   ....
   ....

2. Wie würden sich bei diesem idealen Ergebnis die Projektgruppe und Frau Koch nach dem Workshop verhalten? Bitte beschreiben Sie die Szene Ihrer Vorstellung.

....

....

3. Wie kann die Projektgruppe das ideale Ergebnis erreichen: Welche Argumente,
   Methoden oder Veränderungen sind aus Ihrer Sicht hilfreich?

....

....

Zielsetzung und Anwendung Der Arbeitsbogen stellt Fragen, die bei der erfolgreichen Konzeption und Umsetzung eines Workshops zu beantworten sind. Im Fokus steht nicht, Störungen zu benennen, sondern gemeinsame Ziele zu formulieren. Der Bogen ist ein Planungsinstrument und liefert Prüffragen, um die richtige Richtung einzuschlagen. Er bereitet die präzise Projektplanung vor und soll diese ergänzen.

Nutzen Sie erstellen einen lösungsorientierten Workshop, dessen Programm zielsicher auf die Bedürfnisse der Teilnehmer eingeht.

Beschreibung Der Praxisfall handelt von einer Projektgruppe, der Workshop eignet sich jedoch – bei ähnlicher Problemstellung – auch für Abteilungen. Im Mittelpunkt der drei Reflexionsfragen steht das ideale Ergebnis. Die Betrachtungsweise verharrt demnach nicht bei den Problemen, sondern konzentriert sich auf Lösungen. Der Bogen hilft Ihnen dabei, Ihre noch abstrakte Vorstellung zu konkretisieren und als realistische Planungsanleitung im Sinne einer Vision einzusetzen. Gelingt es Ihnen, Ihre Wunschvorstellung zu skizzieren, kann sie kommuniziert und für das Briefing von Moderatoren oder als Information für das Team eingesetzt werden. Damit dies unkompliziert gelingt, unterscheidet die erste Frage zwischen den verschiedenen Blickwinkeln der Führungskraft und des Teams. Im zweiten Schritt fordert der Bogen Sie auf, die ideale Situation im Workshop zu beschreiben. Das erweitert Ihre Betrachtung der Zielstellung, weil auch emotionale Aspekte in die Beschreibung einfließen. Erst im dritten Schritt beschäftigt sich der Bogen mit konkreten Aspekten der Projektplanung bereitet Sie auf die konkrete Projektplanung vor.

Zehn Tipps für eine Motivationsveranstaltung

1. **Nehmen Sie sich genug Zeit:** Motivation entsteht nicht unter Zeitdruck. Ich empfehle, eineinhalb bis zwei Tage einzuplanen.
2. **Sorgen Sie für gute Startbedingungen:** Die Anreise am Abend mit gemeinsamem Abendessen ist eine ideale Basis für gute Ergebnisse.

3. **Wählen Sie einen neutralen Moderator:** damit alle unbefangen mit ihr/ihm arbeiten können. Informieren Sie die Teilnehmer vor dem Workshop über diesen Partner und seine Rolle beim Workshop.

4. **Prüfen Sie Ihr Konzept kritisch:** Alle Maßnahmen – jeder Agendapunkt – muss einen Beitrag zu Ihrem Ziel leisten. Ein strukturiertes Vorgehen ist auch bei Motivationsworkshops mit kreativen oder gruppendynamischen Elementen sehr wichtig für Ihr Vorhaben.

5. **Vermeiden Sie extreme Aktivitäten:** Klettergarten oder Segeltörns sind nicht jedermanns Sache. Auch eine gemeinsame Wanderung bringt viel, wenn Sie die Erlebnisse gekonnt für Ihre Zielsetzung aufarbeiten.

6. **Sorgen Sie für ein angenehmes Hotel:** Ein Ambiente zum Wohlfühlen und persönliche Rückzugsmöglichkeiten sind wichtig, um niemanden zu überfordern.

7. **Versuchen Sie nichts zu erzwingen:** Vertrauen und Identifikation müssen wachsen. Schaffen Sie auch bewusst den Raum für persönliche Gespräche jenseits des Programms.

8. **Bitten Sie alle Teilnehmer um persönliche Vorschläge oder Wünsche im Vorfeld:** So bringen Sie leichter alle ins Boot.

9. **Denken Sie gründlich über Ihre Rolle beim Workshop nach:** Bitten Sie den Moderator regelmäßig in der Planungsphase und während des Workshops um Feedback. Durch den neutralen Blick eines Außenstehenden, steigern Sie Ihre Zielerreichung.

10. **Greifen Sie alle Anregungen auf, die während des Workshops entstehen:** Dokumentieren Sie die Ergebnisse und nutzen Sie ein Nachtreffen oder eine regelmäßige Besprechung für die Rückschau. Das stärkt die Verbindlichkeit der Maßnahmen und festigt den Glauben an Ihre Integrität.

Zielsetzung und Anwendung Die Liste fasst zehn aus der Praxis gewonnene Ratschläge zusammen. Sie unterstützt bei der Konzeption, Durchführung und Nachbereitung eines Motivationsworkshops. Im Praxisfall will die Projektleiterin einen Teilnehmerkreis mit heterogenen Erwartungen auf ein gemeinsames Projektziel einschwören.

Nutzen Sie erkennen oder vermeiden Stolpersteine und profitieren an Best Practices. Das verbessert Ihr Einschätzungsvermögen und steigert Ihre Kompetenz.

Beschreibung Die Liste funktioniert sowohl als Checkliste als auch als Nachschlagefibel, um sich Anregungen für die Planung zu holen. Die Inhalte decken vier Gesichtspunkte ab: wirkungsvolle Vorbereitung der Teilnehmer, Agendaplanung, Rollenverständnis und Nachbereitung des Workshops. Die angesprochenen Aspekte sind Expertenratschläge, die die Fachliteratur zum Thema aus der Praxis für die Praxis ergänzen. Ich habe die Liste speziell für die Klientin zusammengestellt, weil die Themen (bisher) nicht in dieser Kombination (und Kürze) angeboten werden. Die Liste ist besonders für Führungskräfte geeignet, die keine oder wenig Erfahrung mit Motivationsworkshops haben und sich eine unabhängige Einschätzung gegenüber einem Berater erarbeiten möchten (oder nicht intensiv durch interne Experten begleitet werden können).

Arbeitsbogen
Vorbereitung Workshop für die Abteilung von Frau Koch: Zielhorizont

1. Was ist aus Ihrer Sicht ein ideales Ergebnis für den Abteilungsworkshop von Frau Koch: Für die Mitarbeiter von Petra Koch? Für Frau Koch?

....

....

2. Wie würden sich bei diesem idealen Ergebnis das Team und Frau Koch nach dem Workshop verhalten? Bitte beschreiben Sie die Szene nach Ihrer Vorstellung.

....

....

3. Wie kann das Team von Frau Koch das ideale Ergebnis erreichen: Welche Argumente, Methoden oder Veränderungen sind aus Ihrer Sicht hilfreich?

....

....

Zielsetzung und Anwendung Im Praxisfall klärt die Protagonistin mit dem Arbeitsblatt, welche Ergebnisse sie sich von dem Abteilungsworkshop erwartet beziehungsweise realistisch erwarten kann.

Nutzen Die Abteilungsleiterin im Praxisfall benennt ihr ideales Ergebnis und nutzt es als Ansporn für die Vorbereitung. Sie priorisiert ihre Ziele und vermeidet Enttäuschungen bei allen Beteiligten, weil sie unrealistische Erwartungen erkennt. Das festigt ihren guten Ruf als besonnene Führungskraft.

Beschreibung Die drei Reflexionsfragen stellen das ideale Ergebnis in den Mittelpunkt der Betrachtung: Zuerst fragt der Bogen nach den – möglicherweise – unterschiedlichen Sichtweisen der Führungskraft und des Teams, dann lenkt die zweite

Frage die Aufmerksamkeit auf konkrete Verhaltensweisen (und damit bewusst nicht nur auf Argumente oder inhaltliche Aspekte beschränkt). Abschließend reflektieren Sie die konkreten Schritte auf dem Weg zum idealen Ergebnis. Der Arbeitsbogen ermöglichte es der Klientin, den Workshop pragmatisch vorzubereiten. Es fiel ihr leichter, „niedrig hängende Früchte" zu erkennen und – bildlich gesprochen – erfolgreich einzusammeln. Das war im Praxisfall der entscheidende Schritt, um die Veranstaltung ohne vermeidbares Risiko zum Erfolg zu führen. Die Klientin erkannte, welche Erwartungen (an sich oder ihr Team) zu ambitioniert waren und erst im nächsten Schritt Thema sein sollten. Das Instrument wurde von mir für einen Abteilungsworkshop zusammengestellt. Es unterstützt Sie aus meiner Sicht auch bei Arbeitsstörungen in Projektgruppen.

Zehn Tipps für einen moderierten Abteilungsworkshop

1. **Informieren Sie Ihre Mitarbeiter schon während der Planung:** Sprechen Sie über Ihre Motive und die geplanten Inhalte des Workshops. Dabei stehen konstruktive Lösungsansätze im Mittelpunkt – nicht Revanche, Kritik oder Einschüchterung. Das muss von allen Teilnehmern verstanden werden, sonst haben Sie die Gruppe nicht ausreichend informiert.
2. **Wählen Sie die Kommunikationsmedien für die Teaminformation sorgfältig:** Ist eine E-Mail ausreichend, um Ihre Motive und Erwartungen vorzustellen? Passt die Ankündigung besser in eine Abteilungsbesprechung? Sind erklärende Einzelgespräche sinnvoll, um Bedenken auszuräumen? Diese Fragen sollten Sie sich rechtzeitig beantworten.
3. **Besprechen Sie mit den Teilnehmern im Vorfeld das Vorgehen:** Erklären Sie die geplante Arbeitsweise und die Rollenverteilung im Workshop. Laden Sie dazu ein, Vorschläge oder Konzeptideen einzubringen (die Sie natürlich in der Planung berücksichtigen).
4. **Entkräften Sie mögliche Bedenken oder Ängste im Vorfeld:** Häufig machen sich einzelne Kollegen Sorgen, dass schwarze Schafe bloßgestellt werden könnten. Das kann belasten, auch wenn sie selbst nicht direkt betroffen sind. Prüfen Sie, ob alle Teilnehmer an die konstruktiven Ziele der Veranstaltung glauben. Nur so stellen Sie sicher, dass sie sich angstfrei am Workshop beteiligen.
5. **Stellen Sie niemanden an den Pranger:** Auch wenn Sie – wie im Fallbeispiel – Anlass hätten, persönlich über Vorkommnisse verärgert zu sein, ist es wichtig, dass Sie als Führungskraft für eine konfliktfreie, respektvolle Atmosphäre sorgen.
6. **Rechnen Sie mit kleinen Überraschungen:** Kein Teamworkshop verläuft nur nach Plan. Achten Sie aber auf die vertrauliche Behandlung aller Ereignisse oder Konflikte gegenüber Dritten.

7. **Wählen Sie Ihre Moderatorin oder Ihren Moderator sorgfältig aus:** Bei großen Teams und anspruchsvollen Zielsetzungen empfehle ich den Einsatz eines Moderatorenteams, um auf alle Bedürfnisse der Teilnehmer zu reagieren.

8. **Achten Sie auf entspannende Programmpunkte:** Anspruchsvolle Themen oder schlummernde Konflikte sorgen auch bei bester Vorbereitung für Gefühle von Anspannung oder sogar Stress. Planen Sie deshalb entspannende Programmpunkte ein, an denen alle gerne teilnehmen und eine Rückzugs-möglichkeit bieten: ein schönes Mittagessen, ein Spaziergang nach der Kaffeepause etc.

9. **Zeigen Sie positiv Flagge:** Stecken Sie Energie in einen charmanten Eis-brecher zu Beginn des Workshops. Zeigen Sie allen Teilnehmern Ihre auf-richtige Wertschätzung und ermutigen Sie Ihr Team zu positivem Feedback: zu Ihrer Arbeit und zur Zusammenarbeit mit den Kollegen. Diese Einleitung wird sicher zum emotionalen Referenzpunkt für die Veranstaltung und hilft Ihnen dabei, heikle Themen gemeinsam anzugehen.

10. **Wählen Sie den Tagungsort mit Bezug zu Ihrer Themenstellung aus:** Die Distanz zum Arbeitsplatz hilft dabei, auf neue Gedanken zu kommen. Bei heiklen Themen kann die Entfernung zum persönlichen Umfeld auf die Teil-nehmer aber auch belastend wirken. Eine Übernachtung zu Hause – ansonsten im Tagungsbetrieb unüblich – ist dann willkommen, um die Energiespeicher aufzuladen.

Zielsetzung und Anwendung Die zehn Tipps aus der Praxis sind Expertenrat-schläge und unterstützen bei der Konzeption, Durchführung und Nachbereitung eines Abteilungsworkshops. Im Mittelpunkt steht der Umgang mit zwischenmenschlichen Spannungen, die zwischen dem Team und der Führungskraft, aber auch zwischen den einzelnen Teammitgliedern für Verunsicherung sorgen.

Nutzen Sie erwerben Praxiswissen und vermeiden Fehler bei der Planung und Implementierung von Abteilungsworkshops.

Beschreibung Der besondere Mehrwert der Liste liegt in ihrem Praxisnutzen: Jeder Aspekt ist von langjährigen Führungsexperten angewandt und geprüft worden – und nicht nur graue Theorie. Im Vordergrund steht die erfolgreiche Mobilisierung der Teil-nehmer vor dem Workshop durch sorgfältig erstellte Informationspakete: zum Programm der Veranstaltung, dem Tagungsort, zu Details über die Arbeitsweise und die Rollen-verteilung während der Tagung. Die Tipps gehen auf mögliche Ängste der Teilnehmer genauso ein wie auf Ihre Verantwortung als Führungskraft. Die Ratschlägesammlung erwies sich im Praxisfall als hilfreich, weicht jedoch bewusst auch von gängigen Lehrmeinungen ab (beispielsweise das Angebot, zu Hause zu übernachten, auch bei einem Teamworkshop außerhalb des Unternehmens).

4.2   Rückschläge bewältigen

Selbst erfolgreichen Menschen bleiben Rückschläge nicht erspart. Nicht selten hört man Gewinner sogar darüber sprechen, dass erst Niederlagen – wie eine Fehlentscheidung oder eine persönliche Krise – der entscheidende Impuls für ihren weiteren Weg waren. Wenn Sie mich fragen: Ich kann diesen Standpunkt nachvollziehen, denn es standen einige Lernfelder zwischen mir und meinen Wunschergebnissen. Verfolgt man diesen Gedanken weiter, stellt sich unwillkürlich die Frage: Machen spektakuläre oder gar zahlreiche Rückschläge erfolgreich? Sicher nicht aus sich selbst heraus. Darüber sind wir uns wahrscheinlich einig. Genau betrachtet, erfordern diese Überlegungen eine persönliche Definition der Begriffe „Erfolg" und „Rückschlag", die nur Sie für sich treffen können.

Die Wissenschaft beschäftigt sich intensiv mit der Fragestellung, wie widrige Lebensumstände positiv bewältigt werden und sogar für die persönliche Weiterentwicklung genutzt werden können. Forscher haben herausgearbeitet, dass Menschen entsprechend ihrer Persönlichkeit unterschiedliche Methoden nutzen. Allerdings lassen sich Erfolgsfaktoren erkennen, die alle Persönlichkeitstypen charakterisieren, wie eine positive Selbstwahrnehmung, Problemlösekompetenz oder Selbstmanagement. Unser Erfolg ist also davon abhängig, wie es uns gelingt, mit den kleinen und großen Rückschlägen im Leben umzugehen. Dazu möchte ich Ihnen durch die folgenden Übungen einige Anregungen geben.

Übung „Erfolge feiern" Die meisten Menschen feiern ihre großen Erfolge wie bestandene Prüfungen, Erfolge im Beruf oder Privatleben sowie andere Glücksfälle. Dabei üben sie Verhaltensweisen ein, die ihnen Freude machen und/oder Kraft schenken: Sie kommen mit geliebten und geschätzten Menschen zusammen und freuen sich gemeinsam mit diesen wichtigen Personen über die Fortschritte in ihrem Leben.

Wie halten Sie das? Feiern Sie Ihre Erfolge angemessen oder gehen Sie gleich zur Tagesordnung über? Bitte bearbeiten Sie die Reflexionsfrage unten.

Wann ist Ihnen das letzte Mal etwas wirklich gut gelungen? Haben Sie den Anlass gefeiert (alleine, mit Freunden und/oder Ihrer Familie)? Wie?

Antwort
....
....
....

Haben Sie auf eine Feier (oder eine andere Art der Anerkennung wie beispielsweise auf ein Stück von Ihrem Lieblingskuchen) verzichtet? Warum?

Antwort

....

....

....

▶ **Praxistipp** Meist gelingt uns sehr viel an nur einem Tag. Allerdings gehen diese Erfolgserlebnisse in einem hektischen Alltag häufig unter. Wenn Sie unsicher sind oder einfach nur besser verstehen möchten, wie gut Ihre Zielerreichung aktuell ist: Führen Sie für einen Monat ein Erfolgstagebuch. Notieren Sie sich jeden Tag mindestens ein Erfolgsmoment. Das kann ein Lob vom Kunden sein, ein Kompliment einer Kollegin oder auch, dass Sie in großer Hektik die Ruhe bewahrt haben. Alles ist erlaubt, was an diesem Tag Ihr Selbstbewusstsein gestärkt hat. Nutzen Sie ein spezielles Heft oder eine Datei in Ihrem Computer. Neben dem Schreiben macht das Lesen des Journals Freude, weil Sie Ihre kleinen und großen Tagessiege nicht vergessen, sondern jetzt, wann immer Sie möchten, vor Augen haben. Prüfen Sie nach einem Monat, ob und wie sich Ihre Einstellung bezüglich Ihrer Stärken verändert hat.

Wir reagieren unterschiedlich auf Enttäuschungen. Mal ziehen wir uns in unser Schneckenhaus zurück und beklagen die Situation ausführlich. Dann kann es eine Zeit dauern, bis wir uns wieder eine anspruchsvolle Aufgabe zutrauen. Wir lenken uns mit kleinen Trostpflastern ab, bleiben aber längere Zeit niedergeschlagen. Sicher ist Ihnen aufgefallen: Lange Phasen von Selbstzweifeln oder -vorwürfen sind Energieräuber.

Es gibt auch Momente, in denen wir nach einem Rückschlag schneller in unsere alte Form und in unseren Alltag zurückfinden. In beiden Fällen sind Sie emotional stark engagiert, Sie haben jedoch in dieser Situation eine motivierende Energiequelle gefunden, wie ein leckeres Abendessen, ein Tag beim Skifahren oder ein Treffen mit liebevollen Menschen. Das kann zu einer geübten Praxis werden, die Ihnen dabei hilft, mit den Schwierigkeiten des Alltags gut zurechtzukommen.

Übung „Den Kopf frei bekommen" Was hilft Ihnen dabei, wieder optimistisch nach vorne zu blicken, wenn Sie niedergeschlagen sind?

Antwort

....

....

....

Sicher kennen Sie das Gefühl: Manchmal möchte man einfach Abstand vom Tag gewinnen und den Kopf frei bekommen. Hier finden Sie Anregungen, wenn Sie einmal eine neue Methode ausprobieren möchten. Die Expertin für Sport und Entspannung, Melanie Raschke, hat mich mit alltagstauglichen Übungsvorschlägen für Sie unterstützt.

▶ **Praxistipp** Unser Gehirn benötigt ausreichend Sauerstoff. Nach einem langen Tag in geschlossenen Räumen kann es schnell zu einer kleinen Unterversorgung kommen – besonders in der kalten Jahreszeit. Unser Körper reagiert mit Müdigkeit. Wir fühlen uns schlapp und ideenlos. Achten Sie aber nicht nur in Arbeitspausen auf Ihre Sauerstoffversorgung, sondern schenken Sie Ihrer Atmung den ganzen Tag über genügend Aufmerksamkeit.

Situationsbeschreibung
Sie fühlen sich niedergeschlagen. Ihr Tag war bisher frustrierend. Jetzt sind Sie zu Hause oder noch an Ihrem Arbeitsplatz. Sie sind niedergeschlagen und fühlen sich auch körperlich schlapp. Sie haben den Eindruck, es fehle Ihnen nicht nur an Energie, sondern auch an Zuversicht. Ihr Selbstbewusstsein ist im Keller. In diesem Augenblick wirkt die Zukunft grau auf Sie.

Übung „Zur Ruhe kommen" von Melanie Seitz
Anleitung für eine Motivations- oder Körperübung: Suchen Sie sich einen Platz, an dem Sie ungestört sind und wo man Sie nicht sehen kann. Also beispielsweise einen Besprechungsraum, der gerade nicht genutzt wird. Im Idealfall öffnen Sie ein Fenster für etwas frische Luft. Wenn die Möglichkeit besteht, gehen Sie in einer Arbeitspause in den benachbarten Stadtpark. Wenn es nicht möglich ist: Nutzen Sie das Archiv oder den Keller. Und so geht die Übung: Stellen Sie sich zuerst auf beide Füße. Hüpfen Sie dann für circa eine Minute auf der Stelle. Es muss nicht hoch sein – 20 cm genügen. Falls Sie Schuhe mit Absätzen tragen, ziehen Sie sie lieber aus, damit Sie sich nicht verletzen. Das Ziel ist es, sich anzustrengen, aber nicht bis zur totalen Erschöpfung. Falls Sie sich dabei seltsam vorkommen: Meistens muss man beim Hüpfen über sich selbst lachen. Das ist gewünscht und gut für Ihre Stimmung. Durch die physische Anstrengung atmen Sie tiefer und reichern Ihr Blut mit Sauerstoff an. Ihr Körper wird besser durchblutet und Sie fühlen sich wacher. Bei mir kehrt dann auch schnell der Optimismus zurück.

Alternative Übung Finden Sie einen Ort oder eine Situation in Ihrer Erinnerung, in der Sie mit sich in Einklang waren. Nutzen Sie diese Vorstellung in den weniger erfreulichen Momenten. Bei mir ist das ein Platz im Wald auf einem Baumstumpf. Als Kind habe ich dort gerne alleine gelesen oder Tagebuch geschrieben. Ich habe mich bei meinem Baum immer sicher, zufrieden und frei gefühlt. An diese Gefühle kann ich mich noch heute intensiv erinnern. Wenn ich deprimiert bin oder mir die Kraft für den Alltag fehlt, versuche ich, mir das Bild vor Augen zu rufen. Versuchen Sie es einmal. Meine Stimmung verbessert sich dann sofort. Es kann auch die Erinnerung an Ihren letzten Urlaub sein, an Schwimmen im See, den Spaziergang mit Ihrem Hund etc.

Situationsbeschreibung

Sie fühlen sich aufgewühlt und reagieren auf die Anforderungen des Alltags mit Hektik. Ihre Unruhe sorgt dafür, dass Sie sich nicht konzentrieren können. Vielleicht hat man Sie heute enttäuscht oder verletzt – vielleicht sind Sie einfach nur unter Zeitdruck, weil wieder mal alle und alles zur gleichen Zeit auf Sie einstürmt. Jetzt möchten Sie innerlich zur Ruhe kommen.

Übung „Konzentration finden" von Melanie Seitz
Anleitung für eine Atemübung: Setzen Sie sich auf einen bequemen Stuhl. Falls es die Situation erlaubt: Legen Sie sich hin (in Rückenlage). Legen Sie dann eine Hand auf Ihren Bauch und die andere auf Ihr Dekolleté. Stellen Sie sich dann vor, Sie hätten einen Luftballon im Brustkorb und einen zweiten im Bauch. Nun stellen Sie sich vor, Sie füllen beim Einatmen zuerst den Ballon im Bauch so weit, wie es geht. Dann atmen Sie ohne Pause in den zweiten Ballon in der Brust. Das verlangt etwas Übung, gelingt Ihnen aber sicher nach einigen Versuchen. Im nächsten Schritt atmen Sie langsam wieder aus. Denken Sie an eine Welle: erst in den Bauch, dann in den Brustkorb einatmen und dann langsam aus den Mund wieder ausatmen. Ich stelle mir dann vor, ich nehme viel Sauerstoff (Ruhe) auf und lasse alles los, was mich belastet, (ausatmen).

Alternative Übung Reiben Sie Ihre Hände aneinander, so wie Sie das machen, wenn Sie frieren. Machen Sie die Bewegung so lange, bis Ihre Hände sich warm anfühlen. Legen Sie dann Ihre Hände auf Ihre Augen. Atmen Sie tief ein und aus. Ideal ist diese Übung im Liegen, sie funktioniert auch im Sitzen.

Situationsbeschreibung

Sie sind aufgebracht Innerlich kochen Sie vor Wut, weil Sie ungerecht oder auf eine persönlich verletzende Weise behandelt wurden. Sie wissen nicht, wohin mit Ihren intensiven Gefühlen. Eigentlich möchten Sie laut schreien oder mit den Füßen aufstampfen, aber Sie behalten äußerlich die Contenance. Gleichzeitig nagen Zweifel an Ihnen und Sie fühlen sich unsicher. Bei diesem Ansturm der Gefühle ist an gute Konzentration nicht zu denken.

Übung „Ärger loslassen" von Melanie Seitz
Anleitung für eine Körperübung: Stellen Sie sich aufrecht hin und lassen Sie die Arme locker nach unten hängen. Atmen Sie einmal tief ein und aus. Ziehen Sie dann die

Schultern so weit in Richtung Ihrer Ohren wie möglich. Halten Sie die Schultern einen kurzen Augenblick am höchsten Punkt fest und lassen Sie sie dann nach unten fallen. Stellen Sie sich vor, dass Sie Ihren Ärger zusammen mit Ihren Schultern loslassen. Wiederholen Sie die Übung mehrfach.

Karrierewege vorstellen: Rollenvorbilder prüfen

5

In drei Interviews sprechen Frauen mit unterschiedlichen Erfahrungen über ihren individuellen Berufsweg. Die Damen gewähren einen Blick auf ihre persönliche Karrieregestaltung in verschiedenen Berufsfeldern: dem Umgang mit den Höhen und Tiefen bis hierher. Für das gezeigte Interesse und Vertrauen möchte ich mich an dieser Stelle nochmals herzlich bedanken. Die Texte möchten informieren, inspirieren oder können vielleicht sogar in dem einen oder anderen Aspekt als Blaupausen für Ihre Ambitionen dienen.

5.1 Interview mit Sabrina Eder, Siltronic AG

„Ein bisschen Glück gehört auch dazu!"

Interview mit Sabrina Eder im Dezember 2021

▶ **Steckbrief**
Sabrina Eder arbeitet seit 2017 als Manager HR bei der Siltronic AG und führt ein Team von fünf Mitarbeitenden. Sie ist am 20. März 1992 geboren. Ihre Berufserfahrung sammelt sie seit 2014, seit dem Abschluss ihres Bachelor-Studiums in BWL. 2015 hat Sabrina Eder nebenberuflich ihr Master-Studium in Wirtschaftsrecht mit Schwerpunkt Arbeits- und Steuerrecht begonnen und 2017 erfolgreich abgeschlossen.

Wie packt man als eher jüngere Expertin die eigene Karriere an? Ich habe mich schon sehr früh ganz gezielt gefragt, wohin meine berufliche Reise gehen soll. Ich hatte den großen Vorteil, dass ich durch mein duales Studium bei der Landeshauptstadt München in den Praktika viele Stationen in verschiedenen Abteilungen durchlaufen konnte. Das verschaffte mir einen guten Überblick und hat mir geholfen, mich zu entscheiden.

Ich wollte in den Personalbereich, in dem allerdings wenige Stellen frei waren. Meine guten Noten im Studium und in den Praktikumsbewertungen haben es mir dann ermöglicht, dass es doch geklappt hat. So kam ich in die Personalabteilung bei der Geschäftsleitung im Baureferat. Auch während dieser Tätigkeit habe ich mich immer wieder gefragt, was mein berufliches Ziel sein kann.

Nach dem Bachelor habe ich mir allerdings erst einmal ein Jahr Pause vor dem Start des Master-Studiums gegönnt und mich auf meine Arbeit als Personalbetreuerin konzentriert. Meine Urlaubstage, die ich dann zunächst nicht mehr für das Studium investieren musste, habe ich dann ausgiebig für Reisen genutzt.

Da mir meine Aufgaben als Personalbetreuerin sehr gut gefallen haben, war mir schnell klar, dass ich meine berufliche Heimat im Bereich „Personal" gefunden hatte. Trotzdem wollte ich noch mehr darüber wissen. So habe ich mich für einen berufsbegleitenden Master-Studiengang entschieden, zu Arbeits-, Wirtschafts- und Steuerrecht. Das Studium hat mir sofort sehr viel für die Praxis im Beruf gebracht. Das hat mich sehr motiviert, sodass ich bereits nach 1,5 Jahren meinen Master abschließen konnte.

Haben Sie geplant, einmal Führungskraft zu werden? Mir war immer klar, dass ich mein theoretisches Wissen im Beruf voll einbringen möchte. Eine fachliche Führung auszuüben, war deshalb für mich auch schnell ein Ziel. Mir macht der Austausch mit Menschen große Freude und ich übernehme gerne Verantwortung. Es gab zu dem Zeitpunkt allerdings keine passenden Stellen bei der Landeshauptstadt München.

Schon meine erste, kurze Recherche in den Jobportalen hat mich zu einer interessanten Stellenausschreibung bei der Siltronic AG geführt. Ich hatte das Gefühl, ich könnte in dem Job wirklich mein ganzes Wissen einbringen (Anmerkung: Referentin für Grundsatzfragen im Personalbereich), und nach einem Vorstellungsgespräch in Burg-hausen hat man mich tatsächlich genommen (lacht). Zu Beginn hatte ich einen Mit-arbeitenden, heute sind es fünf.

Hatten Sie eine/n MentorIn? Ja, mein aktueller Vorgesetzter ist als Mentor sehr gut. Ich profitiere von dem Austausch mit ihm und habe die Zeit mit ihm bisher sehr geschätzt. Ich bearbeite HR-Grundsatzthemen in der Siltronic, da habe ich neben fach-lichen Punkten vor allem auch von den taktischen Erfahrungen meines Chefs profitiert. Wir führen sehr positive und konstruktive Gespräche und ich erhalte immer wieder Feedback von ihm. In den letzten vier Jahren hat er mich sehr gut unterstützt. Das gibt mir Sicherheit. Ein bisschen Glück gehört allerdings auch dazu. Meine bisherige Karriere war schon viel Arbeit, ohne Fleiß klappt es nicht. Trotzdem ist es wichtig, dass man sich gut mit seiner Führungskraft versteht, gut zusammenarbeitet und sein Potenzial entwickeln darf.

Was motiviert Sie im Führungsalltag mit Ihrem Team besonders? Das Miteinander im Team. Ich liebe es, gemeinsam im Team etwas zu bearbeiten und gemeinsam das Ziel zu erreichen. Ich finde einen gegenseitigen Feedbackprozess wichtig. Ich bitte mein Team darum, mit mir zu sprechen, wenn etwas nicht ideal passt und Prozesse, Abläufe optimiert werden können.

Ich möchte nicht, dass mein Team mir gegenüber gehemmt reagiert. Gegenseitige Wertschätzung ist mir sehr wichtig. Zudem ist es mein Ziel, dass meine Mitarbeiter ihr Potenzial ausschöpfen und sich entwickeln können. Auch im Sinne des Unternehmens. Das gelingt gut – und uns macht die Zusammenarbeit auf diesem Weg großen Spaß.

Die Zeit für meine geliebten Fachthemen wird allerdings immer kleiner, da mir aber das Miteinander im Team so gut gefällt, empfinde ich das nicht als Verlust. Ich habe eine gute Struktur gefunden, um mir neben meinen Fachaufgaben die Zeit für Führung ein-zuräumen. So traue ich mir sogar noch mehr Mitarbeiter im Team zu. Besondere Freude habe ich daran, Menschen weiterzuentwickeln. Ich delegiere Aufgaben deshalb sehr gezielt und finde es schön, wenn die Mitarbeitenden mit der Erledigung wachsen. Das Delegieren habe ich mir bewusst beigebracht. Ich frage mich jedes Mal (bei passenden Jobs): „Ist das jetzt wirklich noch meine Aufgabe oder gibt es jemanden im Team, der das machen kann?" Natürlich hängt das auch an den Kapazitäten, das versteht sich von selbst. Einen Teil meiner Aufgaben bereite ich für meinen Vorgesetzten und den Vorstand vor, wie zum Beispiel Betriebsvereinbarungen. Da ist es klar, dass ich diese Punkte selbst erledige. Dann binde ich das Team jedoch als Feedbackgeber und für Plausibilitätschecks ein. Das ist mir wichtig. Ich möchte, dass meine Arbeit gut verständ-lich ist. Nicht nur für mein Team, sondern für alle Mitarbeiter.

Welche Führungskompetenzen bewundern Sie besonders? Ich mag es, wenn Menschen Verantwortung übernehmen, eine gerade Linie vertreten und klare Ent-scheidungen treffen.

Und ich finde: „Das eigene Wissen bitte teilen!" Meine Meinung ist, dass man wissen muss, was man selbst kann. Dann kann man sich auch öffnen und andere entwickeln. Nur so wird man ein Vorbild – und das möchte ich gerne sein.

Sehen Sie Unterschiede zwischen männlichen und weiblichen Führungskräften – oder sind das Themen „von gestern"? Ich kann nur von meinen Erfahrungen erzählen. Ich arbeite in einer männlich geprägten Branche mit vielen Ingenieuren und IT-Experten. Es bewerben sich eher wenige weibliche Kandidaten bei uns, entsprechend wenige weibliche Führungskräfte können wir im Moment einsetzen. Gefühlt ist es manchmal so, dass man sich als jüngere Frau – jedenfalls zu Beginn der Zusammenarbeit – erst einmal beweisen muss. Der Raum für diese positive Entwicklung muss natürlich vorhanden sein. Meine Führungskraft hat mir dabei durch ihren Rückhalt sehr geholfen. Man muss sich aber auch selbst viel zutrauen und dann in Vorleistung bei den Gesprächspartnern gehen.

Mein Standing musste ich mir erarbeiten. Wir sind ein gewachsenes Unternehmen mit erfahrenen Führungskräften. Da braucht man den nötigen „Drive", um akzeptiert zu werden. Sozusagen ein Quäntchen „mehr" als die erwartbare Routine.

Da es mir von Anfang an im Unternehmen wirklich gut gefallen hat, wollte ich mich entsprechend entwickeln – und die nötigen PS auf die Straße bringen. Da mein Personalbetreuungs- und Aufgabenbereich groß und vielseitig ist, hatte ich eine gute Schule. Die gestandenen Ingenieure und Führungskräfte waren zu Beginn durchaus skeptisch, als ihnen eine junge Frau gegenübertrat, um betriebliche Regelungen mit ihnen zu besprechen und die ihnen gegenüber die Arbeitgeber-Position vertritt.

Mein Fachwissen und mein Wertegerüst haben die Kollegen jedoch schnell überzeugt. Ich vertraue auf meine eigene Leistung, meinen Fleiß, meine Ehrlichkeit und bei allem Selbstbewusstsein auch ganz stark auf meine Bodenständigkeit.

Sie haben mehrfach den Begriff „Fleiß" erwähnt. Da möchte ich noch fragen: Klappt das mit der Work-Life-Balance bei Ihnen? Wie? Es gibt im Moment wirklich viel zu tun. Allerdings macht mir die Arbeit so viel Spaß, dass der Unterschied zwischen „Work" und „Life" für mich eher eine künstliche Trennung ist. Ich brauche diese Einteilung nicht wirklich, weil ich beispielsweise in der Mittagspause mit Kollegen sehr angenehme Gespräche führe, sodass diese Momente in den Bereich „Life" einzahlen, auch wenn ich offiziell in der Arbeit bin. Wir machen gemeinsame Spaziergänge, gehen in die Kantine und sprechen dabei nicht nur über die Arbeit. Oder auch die Gespräche mit meinem Vorgesetzten schätze ich sehr. Sie sind sehr lehrreich für mich, sodass ich sie auch eher bei „Life" einteilen möchte als bei „Work". Sie helfen mir als Person weiter und machen mir großen Spaß.

Natürlich ist mir mein Privatleben aber heilig: Ich arbeite gerne und private Termine plane ich fest ein. Das klappt auch sehr gut.

Wenn Sie angehenden Führungskräften einen Rat geben sollten, wie sähe er aus? Viel Glück liegt in der eigenen Hand. Ich finde es wichtig, dass man sich schon in jungen Jahren darüber klar wird, wohin die persönliche Reise gehen soll. Dann ist es wichtig, positiv, engagiert und selbstbewusst heranzugehen und die beruflichen Chancen aktiv zu nutzen (lächelt).

5.2   Interview mit Ellen Trapp, Bayerischer Rundfunk

„Ich bin gerne Löwin!"

Interview mit Ellen Trapp im Dezember 2021

▷   **Steckbrief**
Ellen Trapp, 1975 geboren. Studium: Kunstgeschichte, Italienische Philologie, Neuere Geschichte. Zum Zeitpunkt des Interviews Leiterin der Fachredaktion Landwirtschaft und Umwelt des Bayerischen Rundfunks (BR), 2021–2015 TV-Korrespondentin und Studioleiterin ARD-Studio Rom (Berichtsgebiet Italien, Griechenland, Malta und der Vatikan). 2015 Katholischer Medienpreis für die ARD-Dokumentation „Tod vor Lampedusa. Europas Sündenfall", vorher freie Journalistin in Berlin (BR-Hauptstadtbüro, ZDF und Autorin zahlreicher Reportagen und Dokumentationen). Seit Mai 2022 ist Ellen Trapp die Leiterin des BR-Programmbereichs Kultur.

Sie sind Führungskraft: Was macht Ihnen im Alltag mit Ihrem Team besondere Freude? Das Miteinander. Wenn wir gemeinsam etwas auf den Weg bringen. Ich bin eine absolute Teamplayerin und finde es einfach super, wenn es mir gelingt, Kolleginnen und Kollegen mitzunehmen oder mich auch von ihnen mitnehmen zu lassen. In meinem Team gibt es eine hohe Begeisterung und Leistungsbereitschaft für unser Fachthema. Aber: Ich diskutiere auch gerne mit Skeptikern, die mehr Probleme als Lösungen sehen. Am besten kann ich das so beschreiben: Ich „binde" gerne alles zusammen. Gemeinsam ein tolles Produkt zu erstellen, finde ich großartig.

Was motiviert Sie in anspruchsvollen Momenten? Ich brauche keine extra Motivation (lacht). Ich liebe meinen Job und habe das Selbstverständnis, dass ich für andere da bin, damit wir gemeinsam gute Inhalte für alle Ausspielwege produzieren können.

Und: Ich versuche den Perspektivwechsel zu schaffen und zu verstehen, was die Kolleginnen und Kollegen beschäftigt. Mir ist eine gute Arbeitsatmosphäre sehr wichtig. Warum? Ich möchte selbst gerne am Abend zufrieden grinsend mit dem Fahrrad nach Hause radeln (lacht).

Im Vergleich zwischen meinen Aufgaben in Rom und München fällt mir auf, dass ich – im Mutterhaus des BR mit den gewachsenen Strukturen – gerne neue Weg einschlage. Es war beeindruckend zu erleben, wie sich mein neues Team immer mehr auf mich als Person eingelassen hat. Wahr ist auch: Zu Anfang war es nicht immer nur leicht. Da hat es mich besonders gefreut, dass alle auch in Phasen schlechter Stimmung immer gemeinsam fachlichen Input gegeben haben.

Hilfreich sind auch die vielen institutionellen Strukturen, die im Sender existieren. Der BR gibt trotz vieler Freiheiten ein klares Gefüge vor, das mir Orientierung bietet. Ein Gefühl, das ich auch an die Mitarbeitenden weitergebe. Das ist wichtig für mich als Führungskraft. Wir sind für unsere Leute da – und alle Türen stehen (fast) immer offen. Nur so kann man gemeinsam etwas schaffen.

Im Moment finden unsere Redaktionsthemen viel Aufmerksamkeit, da ändert sich auch vieles in unserer Arbeitsweise und wir stoßen auch an unsere Grenzen. Ich finde es allerdings sehr motivierend zu sehen, dass neben meiner Wertschätzung für unsere Arbeit das Team auch so viel Aufmerksamkeit von außen erhält.

Hatten Sie Rollenvorbilder? Wie begleiten diese Einflüsse Sie noch heute? Eher im negativen Sinn (lacht). Ich will es keinesfalls so schlecht machen, wie ich es früher mal erlebt habe. Das war mein Mantra: Ich möchte nicht herabschauend, misstrauisch und intransparent oder wenig wertschätzend führen. Um mich von diesen Einflüssen zu emanzipieren, habe ich mich früher oft gefragt: „Was macht das jetzt mit mir?" Und ich habe mir immer wieder vorgenommen: „Ich möchte nicht so werden." Da habe ich ein gewisses „Tal der Tränen" durchlaufen und mir immer wieder überlegt, welche Strategie für mich gut ist. Für das Überleben meiner Persönlichkeit. Es war eine Phase intensiver Selbstreflexion.

Und seit ich Führungskraft beim BR bin, hat es natürlich nicht immer mit allen Mitarbeitenden sofort gut funktioniert. Ich fühle mich trotzdem immer als Teil des Teams. Als Führungskraft lebe ich bestimmt nicht auf einem anderen Planeten.

Ich versuche täglich, im Gespräch zu bleiben, damit ich so (vor allem in Pandemie- und damit Homeoffice-Zeiten) zu niemandem den Kontakt verliere. Das gibt es allerdings nicht zum Nulltarif. Zielorientierte, verlässliche Kommunikation kostet viel Energie, funktioniert effizient. Seit Beginn meiner Tätigkeit vor knapp einem Jahr hat das auch in meinem Team „Früchte getragen". Natürlich ist die Stimmung schon mal schlecht, trotzdem fühle ich mich total wohl.

Manchmal bin ich aber auch überrascht, dass die guten Bedingungen beim BR nicht immer von allen Mitarbeitenden wahrgenommen werden. Und natürlich kann und muss ich auch harte Entscheidungen treffen. Das erwarte ich auch von einer Führungskraft. Mein Leitmotiv ist und bleibt aber „Ohne euch bin ich nichts, mit euch kann ich alles sein" (ein Spruch des Schulleiters an der electronic media school in Potsdam, an der ich volontiert habe).

Welche Führungseigenschaften beeindrucken Sie? Was ist Pflicht – was Kür als Chefin? Ich sehe es als meine Pflicht an, eine positive Arbeitsatmosphäre zu schaffen. Ich möchte, dass sich Menschen wohlfühlen – möglichst ohne zwischenmenschlichen Stress. Ohne Mobbing. Denn das ist eine oft vernachlässigte Grundlage für hochwertigen Journalismus.

Auch wenn die Mitarbeitenden hier natürlich selbst das „Heft des Handelns" in die Hand nehmen sollten. Ich übernehme gerne Verantwortung, kann aber auch vertrauensvoll Verantwortung übergeben. Bei Bedarf verteidige ich das Team auch. Wenn Sie so wollen: Ich bin gerne Löwin (lacht).

Es ist mir wichtig, dafür zu sorgen, dass wir den Anschluss an aktuelle Entwicklungen nicht versäumen. Wir dürfen fachlich nicht stehen bleiben. Als Führungskraft muss ich immer wieder neue Perspektiven schaffen. So verstehe ich meine Aufgabe.

An Themen wie „Kontrolle" denke ich nicht. Egal, ob in der Redaktion oder zu Hause gearbeitet wird. So viel Vertrauen muss ich einfach haben – und das habe ich auch. Vertrauen wird bei mir großgeschrieben. Eine transparente Kommunikation können die Kolleginnen und Kollegen von mir erwarten. Was ich in meiner beruflichen Laufbahn bei den unterschiedlichen Stationen vermisst habe, ist das Thema Personalentwicklung. Die im Hinterkopf zu behalten, sehe ich auch als meine Pflicht an.

Wenn Sie mich nach der Kür fragen: Ich versuche, für meine Kolleginnen und Kollegen möglichst häufig da zu sein, um im Idealfall bei Anliegen aller Art eine vertrauensvolle Ansprechpartnerin zu sein. Ich bin dann auch Therapeutin (lacht). Und: Ich bin für gute Laune zuständig, für jeden dummen Spruch zu haben oder wie wir im Rheinland sagen: Ich bin vor nix fies.

Finden Sie, man kann sich auf eine Führungsaufgabe vorbereiten? Wie war das bei Ihnen? Ich bin mir sicher, dass „man" sich auf eine Führungsaufgabe vorbereiten kann. Bei mir kam die Leitung des Studios Rom überraschend. Natürlich fand ich das großartig. Rom war schon immer mein Sehnsuchtsort und nun durfte ich genau dort eine so verantwortungsvolle Aufgabe übernehmen. Das war ein wahr gewordener Traum. Allerdings war ich nie in einem Führungsseminar gewesen. Es hat trotzdem sehr gut geklappt, glaube ich (lacht)

Seit ich hier zu Beginn des Jahres 2021 in München gelandet bin, arbeite ich mit einem weiblichen Coach. Das empfinde ich als Geschenk. Ich kann mit ihr die aktuellen Fallbeispiele aus meiner Führungspraxis besprechen.

Ansonsten stehe ich zu meinen Fehlern und diskutiere mit meinen Kolleginnen und Kollegen kontroverse Themen, stelle meinen Standpunkt nicht unbedingt in den Vordergrund. Ich finde sowieso, dass man nicht alles wissen oder können muss. Beispielsweise habe ich zu unserem Arbeitszeiterfassungssystem einfach den Spezialisten gefragt. Das spart Zeit und ist wirkungsvoller.

Aus Ihrer Sicht: Welche Eigenschaften hat die „perfekte Führungskraft" von morgen? Verlässliche, zielorientierte Kommunikation ist zentral.

Das heißt persönliche Skills wie beispielsweise vertrauensvolle Wertschätzung, die Fähigkeit, Leute mitzunehmen und mit ihnen mitzugehen und Verantwortung für Menschen zu übernehmen, Perspektivwechsel, also nicht nur, was hilft mir als Führungskraft, sondern auch, was täte dem Mitarbeitenden gut ... – diese Skills haben immer Konjunktur. Ideal ist es aus meiner Sicht, ständig reflektieren, genauer analysieren und evaluieren und daraus Schlüsse für das weitere Tun ziehen.

Was raten Sie ambitionierten jungen Menschen, die eine Führungsaufgabe übernehmen wollen: Welche Erfahrungen haben Ihnen hilfreiche Einsichten verschafft? Man sollte Lust haben, Verantwortung zu übernehmen. Wenn ich es aushalten kann, den „Kopf für andere hinzuhalten", das ist eine gute Vorbereitung für eine Führungsaufgabe. Außerdem sollte man sich fragen, warum man Chefin oder Chef werden möchte. Will ich nur etwas schaffen oder möchte ich in unserer schnelllebigen Zeit einen Beitrag dazu leisten, dass Menschen sich zielorientiert und mit großer Arbeitszufriedenheit weiterentwickeln?

Ich finde es auch wichtig zu überlegen, wie persönlich mit Macht umgegangen wird. Will ich den Chefposten, weil es halt cool ist oder weil ich etwas bewegen und weiterentwickeln will? Hat jemand eine Tendenz zum Machtmissbrauch, finde ich das für eine Führungskraft gefährlich. Es hat mir geholfen, mir diese Fragen immer wieder zu stellen.

5.3   Interview mit Dr. Angelica Marte, freie Wissenschaftlerin und Beraterin

„Gemeinsam denken, entscheiden und führen – das ist der Weg in eine ko-kreative Zukunft"

Interview mit Dr. Angelica V. Marte im Dezember 2021

▶   **Steckbrief**
Dr. Angelica Marte ist Unternehmerin, Filmemacherin und Senior Lecturer an der Zeppelin Universität, Friedrichshafen. Sie lehrt und betreut als Dozentin auch Masterstudierende an der Steinbeis University Berlin und an der Karlshochschule International University in Karlsruhe. Als Expertin begleitet die promovierte Ökonomin der Universität Witten/Herdecke Konzerne und Einzelpersonen in Leadership, Diversity, Coaching und Networking.

Sie sind als Wissenschaftlerin schon an vielen internationalen Hochschulen tätig gewesen. Wie ist Ihre Arbeit zu Leadership, Diversity und Networks entstanden? Ich bin in den Wirtschaftswissenschaften verortet. Das Thema „Frauen als Führungskraft" sehe ich als interdisziplinäres und transdisziplinäres Thema, das ich auch aus der Innensicht beurteilen kann. Ich war sieben Jahre in einem global agierenden, amerikanischen Konzern tätig und bin dort schnell aufgestiegen. Mit 28 Jahren war ich Senior Product Managerin und hatte berufsbegleitend Betriebswirtschaftslehre studiert.

Schon 2003 habe ich mich an der Universität Zürich mit den theoretischen Hintergründen von Virtual Leadership befasst, später in 2006 forschte ich an der Privatuniversität Witten/Herdecke und am Massachusetts Institute of Technology (MIT) zu „Global Leadership". Hier war auch der Aspekt „Frauen als Führungskraft" wichtig. Wir haben in einer umfangreichen sozialen Netzwerkanalyse gezeigt, dass Frauen in den Entscheider-Netzwerken nur an den Rändern vertreten sind und daher an Entscheiden kaum beteiligt werden. Im nächsten Schritt haben wir auch fehlende Interaktion und Unterstützung von Frauen untereinander und die Wirkung dessen auf Beteiligung bei Innovation, Kollaboration, Beratung und Beziehungsstrukturen aufgezeigt.[1] Anders als Männer, die oft Machtnetzwerke aufbauen, entwickeln Frauen Sympathienetzwerke, die nachhaltig strategisch wenig in die Karriere einzahlen.[2] Netzwerke sind schon seit Jahrhunderten ausschlaggebend für Karrieren oder „What you know is who you know".[3] Wie aktuelle Forschungen zeigen, gehen sie auch mit Konkurrenz untereinander eher ausschließend, Männer eher einschließend um.[4]

---

[1] Marte, A. V., Gloor, P. (2007); Marte, A. V. (2009).

[2] Bevelander, D., Page, M. (2011).

[3] Sinngemäß und frei übersetzt durch die Verfasserin mit: Was du weißt, ist wen du kennst; Granovetter, M. (1973); Hartmann, M. (2002).

[4] Hübner, R. (2021).

Diese Ergebnisse haben mein weiteres Interesse geweckt. Schon zuvor in meiner Masterarbeit habe ich mich an einem Zitat von Nancy Adler[5] orientiert: Führungsforschung ist auf die angelsächsische Welt orientiert – und wurde von und an Männern entwickelt. Und so befasse ich mich seit mehr als 20 Jahren mit diesem Themenkomplex.

Hintergrundwissen „Collective Intelligence"[6]

Eine Forschergruppe an verschiedenen Universitäten (u. a. MIT) konnte in einer in Science (2010) publizierten Studie den kollektiven Intelligenzfaktor von Gruppenleistungen aufzeigen. Dieser korreliert nicht stark mit dem durchschnittlichen oder maximalen Intelligenzfaktor der einzelnen Gruppenteilnehmer, sondern hängt von folgenden Aspekten ab:

- Personen mit ausgeprägter sozialer Sensibilität bzw. Kompetenz sollten mindestens zu 30 % im Team vertreten sein, damit deren Input sich positiv für den kollektiven Intelligenzfaktor der Organisation bemerkbar machen kann.
- Frauen bringen nachweisbar eine höhere soziale Sensibilität in die Gruppe ein. Ein entsprechender Anteil an weiblichen Mitarbeitenden auf allen Ebenen ist für den kollektiven Intelligenzfaktor von Gruppen deshalb entscheidend.
- Der Sprecherwechsel in Meetings oder Entscheidungsrunden muss ausgeglichen sein, anderenfalls sinkt der kollektive Intelligenzfaktor einer Gruppe.

Die aktuellen Zahlen weiblicher Führungskräfte in Top-Positionen – aber auch in der Breite der Unternehmen – ist weit von 50 % entfernt. Wenn die Entwicklung so schleppend ist: Bedarf es dann überhaupt einer Veränderung? Falls ja: Haben Sie Anregungen für Unternehmen, wie man das ändern könnte? Ich denke, es bedarf einer radikalen Veränderung von Leadership. Wir waren in unserer gesamten Zivilisationsgeschichte noch nie mit derart vielen komplexen, vernetzten Herausforderungen konfrontiert. Ich denke da an Punkte wie den Klimanotstand, das Artensterben oder auch das Bevölkerungswachstum, die sozialen Ungleichheiten und Auswirkungen der Pandemie. Für mich ist klar: Wir brauchen dazu eine andere Form von Führung. Damit dies gelingt, gehe ich von gemischten Gruppen aus Männern, Frauen und diversen Personen in der Entscheidungsfindung und Umsetzung aus. Isolierte Ansätze bewältigen die komplexen Aufgaben schon lange nicht mehr. Aus meiner Sicht erfordert das aber auch ein neues Verständnis von „gemeinsamen Lösungen." Heißt folglich einen „inklusiven, partizipativen" Ansatz, der *alle* Betroffenen zu Beteiligten

---

[5] Nancy J. Adler, geboren in 1948, ist Professorin für Organizational Behavior und Samuel Bronfman Lehrstuhlinhaberin in Management an der McGill University in Montreal, Quebec, Canada; Adler, N. (2001).

[6] Wooley (2010); Gardenswartz, L., Rowe, A. (1998).

macht.[7] In Unternehmen wie auch gesamtgesellschaftlich benötigen wir radikal höhere „Kollektive Intelligenz." Frauen machen nun einmal die Hälfte der Bevölkerung aus. Unternehmen empfehle ich drei Veränderungshebel:

„Stop fixing women – fix the system": Rekrutierung, Retention und Beförderungen in Unternehmen müssen neu gedacht werden. Unternehmen sollten sich von klassischen Vorstellungen zu Karrierewegen lösen und zum Beispiel die Anwesenheitskultur im Unternehmen aufgeben.[8]

Ich gehe noch weiter: Führung muss überhaupt neu gedacht werden! Ich spreche von „gemeinsamem Führen" oder ko-kreativem Führen, bei dem gegenseitiges Vertrauen die Basis der Zusammenarbeit ist. Ich rate zu Respekt auf Augenhöhe anstatt ein Beibehalten asymmetrischer Strukturen. Um meinen Gedanken auf den Punkt zu bringen: „How together are we in this together?"[9]

Damit das gelingt, muss unser Erkennen und folglich unser Denken „neu gedacht" werden, indem wir erkennen, wie wir erkennen, z. B. unsere Stereotypen. Im ersten Schritt können Seminare zu „Unconcious Biases" einen Beitrag leisten. Das ist aber nur der Einstieg in einen Change-Prozess. Unternehmen müssen ihre Narrative und Praktiken ändern, um ihre Kultur zu ändern. Dies zeigt sich z. B. an den Narrativen über Frauen in Führungspositionen. Natürlich auch, welche Bilder wir generell im Kopf haben, wenn es um Führungskräfte geht. Ich lasse dazu Managerinnen und Manager oder auch Studierende eine simple Übung machen: Sie werden aufgefordert, auf einem Stück Papier eine Führungskraft zu skizzieren. Am Ende der Übung liegen fast ausschließlich Bilder mit männlichen Attributen vor. Diese Ergebnisse zeigen: Es läuft etwas falsch.

An diesen Themen müssen Unternehmen arbeiten, wenn sie wirklich dauerhaft mehr weibliche Führungskräfte anziehen und (be-)fördern möchten.

Hintergrundwissen „Ko-kreative Meinungs-, Willens- und Entscheidungsbildung"[10]
Die sich gerade weltweit entwickelnden ko-kreativen, relationalen und inklusiven Führungsansätze sind Prozesse, die u. a. folgende Aspekte beinhalten:

- Es sind alle potenziell von einer Entscheidung Betroffenen in den Entscheidungsfindungsprozess involviert.
- Es finden Perspektivenwechsel statt, sich in die Lage des jeweils anderen zu versetzen (Diversity Mindset).

---

[7] Marte, A., Zips, W. (2018); Marte, A., Zips, W. (2018).

[8] Sinngemäß und frei übersetzt durch die Verfasserin mit „Hört auf, über Frauenthemen nachzudenken, löst stattdessen die Probleme der Organisation"; Marte, A. V., Solf, C, (2019).

[9] Sinngemäß und frei übersetzt durch die Verfasserin mit „Wie gut geeignet ist unsere Führung, um die Situation gemeinsam zu lösen?"; Marte, A. V., Solf, C, (2019).

[10] Zips, W., Marte. A. V. (2021); Wieland (2018); Habermas (1992).

- Der Sprecherwechsel muss ausgeglichen sein.
- Freier Wettbewerb von diskursiv erhobenen Geltungsansprüchen der Verständlichkeit, Wahrheit, Wahrhaftigkeit und Richtigkeit.
- Ein für alle Betroffenen akzeptables Begründungsverfahren, das zu einer anerkannten Geltung führt, die sich für alle erweist.
- Inklusive Basis zur Schaffung von Vertrauen, Gleichwertigkeit, Wertschätzung, Respekt, Augenhöhe.
- Dialogische Kommunikationskompetenzen als Grundvoraussetzung von gelingenden Führungsprozessen.

Gibt es aus Ihrer Sicht typisch weibliche Herausforderungen im Job überhaupt noch? Glaubt man der Selbstdarstellung der Unternehmen, könnte man den Eindruck gewinnen, die Gendergerechtigkeit sei in vielen Unternehmen schon auf einem guten Weg. Handelt es sich am Ende eher um Frauenmangel in MINT-Berufen oder sogar um mangelndes Interesse weiblicher Führungskräfte, Verantwortung zu übernehmen? Ich denke: Es geht nicht nur um Gendergerechtigkeit in den Unternehmen, vielmehr ist die Gender*notwendigkeit* das dringliche Thema. Jedenfalls, solange nicht 50 % Frauen in Führungspositionen arbeiten.

Allerdings ist mir auch das zu kurz gegriffen, wenn wir von gemischten Teams und deren größeren Erfolgen sprechen. Mir geht es um Vielfalt mit Impact – vor allem um kognitive Diversität. Warum sollten wir bei so vielen drängenden Fragen heute noch Energie in einen überholten Geschlechterkampf investieren?

Es geht darum, wie wir die Unterschiede zwischen Personen – mit Blick auf Geschlecht, Alter, Kultur, Ausbildung, Herkunftsmilieu etc. – produktiv nutzen. Es geht schon bald nicht mehr nur um die Repräsentativität von Frauen, Männern und diversen Personen im Unternehmen. Ich plädiere dafür, die unterschiedlichen Führungskompetenzen endlich *gemeinsam zu nutzen*. Hinzu kommt: Das klassische Diversity-Management wird in Deutschland sowieso nur zu 30 % umgesetzt. Das zeigen aktuelle Studien. Meist begnügen sich die Unternehmen mit eher unsystematischen, nicht strategischen Einzelaktionen, die nicht von der Führung getragen, geschweige denn vorgelebt werden und deren Wirkungen in der Folge leider überwiegend verpuffen.[11]

Wie schätzen Sie die Möglichkeiten weiblicher Führungskräfte im Moment ein? Welche Herausforderungen nehmen Sie wahr? In Krisenzeiten wie beispielsweise der aktuellen Corona-Pandemie wachsen statistisch gesehen die Chancen für Frauen in der Wirtschaft, eine leitende Aufgabe zu übernehmen. Allerdings haben es Managerinnen dann schwerer, sich in der Krise dauerhaft zu behaupten.

---

[11] Woolley, A. et al. (2010).

Ich beobachte aktuell, dass sich weibliche Führungskräfte häufiger als ihre männlichen Kollegen nach dem Aufstieg in einer „glass cliff"[12] wiederfinden, also in Gefahr sind, bei Fortdauer der Unternehmenskrise als Opfer wieder entsorgt zu werden. Dazu gibt es aussagekräftige Studien[13], die belegen, dass man Frauen in Führungsrollen weniger häufig eine zweite Chance gibt und sie schneller ihren Job verlieren. Als Ursache dafür wird beispielsweise der Mangel an männlichen Mentoren im Unternehmen genannt. Frauen haben weniger Zugang zu den sogenannten „Old-Boys-Networks", also zu etablierten Entscheidungsträgern[14]. Bei schwachen Geschäftszahlen oder anderen Anfangsproblemen in der Position fehlen Managerinnen dann die rückenstärkenden Allianzen, über die Männer im Vergleich dazu nachweisbar häufiger verfügen. Es kommt hinzu, dass bei Unternehmen „im Krisenmodus" der Druck in Bezug auf schnelle Leistung und zeitlich unbegrenzte Verfügbarkeit aller Managerinnen und Manager besonders hoch ist. Das Risiko in der Burn-out-Falle („burnout trap") zu landen, wird entsprechend häufig in der Fachliteratur angesprochen.

Wichtig ist in diesem Zusammenhang auch, dass es selbst in Familien, in denen beide Elternteile in Vollzeit arbeiten, bis heute selbstverständlich ist, dass Frauen den Großteil der Fürsorge- und Haushaltsarbeit übernehmen. Dies passiert häufig sogar bewusst, um den Partner zu entlasten[15]. Diese „gefühlte Selbstverständlichkeit" führt auch dazu, dass Frauen in Interviews, Podcasts und anderen Medienberichten im Faktor 2,5 häufiger die Familie als Gesprächsthema selbst anschneiden[16] bzw. noch mehr danach gefragt werden.[17]

Ich unterstelle, dass wir uns darüber einig sind: Frauen können Führung. Immer wieder kommt allerdings die Frage hoch, ob Frauen anders führen als Männer. Sie haben sich intensiv mit diesem Thema befasst: Kann man ein geschlechtsspezifisches Verhalten bei Führungskräften nachweisen? Ja, natürlich können Frauen Führung (lacht). Wenn man sie führen lässt, führen sie eher anders. Betonung auf eher, weil sich nicht alle Frauen gleich verhalten, wie eben auch sich nicht alle Männer gleich verhalten. Frauen mussten sich bis dato an männlich geprägte Beförderungssysteme und Führungskulturen anpassen, damit sie Karriere machen konnten, und daher eher männliche Qualitäten zeigen wie Durchsetzungsfähigkeit, Rationalität, Dominanz, Aggressivität, Leistungsfähigkeit, Kompetitiv sein. Und Männer, die mit weiblich assoziierten Qualitäten führen wollten, wie Teamfähigkeit, Langfristigkeit, Offenheit,

---

[12] Bruckmüller, S., Branscombe, N. (2021).

[13] Eichmann, H., Flecker, J., Bauernfeind, A., Saupe, B., Vogt, M. (2010).

[14] Marte, A. V., Gloor, P. (2008).

[15] Marte, A. V., Trattner, M. (2021).

[16] Eichmann, H., Flecker, J., Bauernfeind, A., Saupe, B., Vogt, M. (2010); Hiesserich, J., Hofmann, M., Lämmle, A.-L. (2020); Rüssmann, K., Kopp, J., Hill, P. B. (2015).

[17] Hiesserich, J., Lämmle, A. L., Hofmann, M. (2020).

Mut zur Ehrlichkeit, alle ins Boot holen, selbstkritisch sein, Gefühle zeigen, sind von der Karriereleiter sowieso runtergefallen. Von daher ist das eine Change-the-System-Frage. Das Thema weibliche versus männliche Führung wird sich darin aufheben.

Heute ist für mich sicher: Das traditionelle patriarchale Führungsverständnis, klassische Karrierepfade, streng definierte Prozesse und Hierarchien führen nicht nur in die ökonomische, sondern auch in die ökologische, soziale und politische Sackgasse. Führung, die wir jetzt brauchen, ist relational, inklusiv, transkulturell und baut auf den Säulen Partizipation, Wertschätzung und Sinnstiftung auf. Sie wird im Kontext lernender Organisationskulturen durch authentische Persönlichkeiten – gleich welchen Geschlechts – miteinander führend ko-kreativ und inklusiv realisiert.

Welche Methoden und Instrumente der Karriereplanung funktionieren für Frauen aus Ihrer Sicht: heute und morgen? Für globale wie regionale Karrieren Die Bedeutung von „Karriere", aus dem französischen *carrière,* also Rennbahn, Laufbahn, Fahrweg, verändert sich im Moment, denn die systematische Planung und der schrittweise Aufbau einer beruflichen Entwicklung erweist sich immer häufiger als Trugschluss. Der Grund sind die immer kürzer werdenden Veränderungszyklen, die eher disruptiv als linear ablaufen.

Ich sehe eine Karriere deshalb als evolutionären Weg anstatt als Ergebnis strategischer Planung[18]. Es geht mir auch hier um eine umfassendere Betrachtung, wie Menschen mit ihren unterschiedlichen Rollen im Leben ihre Ziele erreichen und ihre Potenziale nutzen können. Zu den Zielen gehören natürlich auch die Wünsche, Ambitionen und Bedürfnisse der Personen. Ich finde es wichtig, private, berufliche und beispielsweise auch mögliche gesellschaftspolitische Rollen wie Ehrenämter in ein Gesamtbild zu rücken. Der Schlüssel für die positive Umsetzung liegt für mich in der gelungenen Vereinbarkeit in der Praxis. Auch Work-Life-Balance ist ein solcher Karriere-Trugschluss, es geht um eine Life-Balance. Daraus ergibt es sich, dass Sicherheit im Beruf oder Werdegang immer weniger zu finden ist, dafür Freiheit und Potenzialentfaltung. Eine wichtige Lösung für Frauen ist es, dass der Gender-Pay-Gap endlich geschlossen wird und somit faire Gehälter gezahlt werden.[19] Die schlechte Neuigkeit der Pandemie ist, dass sie uns wieder in alte Rollenbilder und in einen Geschlechterkampf katapultiert. Es ist allerhöchste Zeit, dass wir da nicht wieder zurückfallen.

Ich beobachte, dass Frauen nicht nur überdurchschnittlich gute Leistungen bringen, sondern diese besonders gut verkaufen müssen, um Karriere zu machen. Um dann in wirkliche Top-Positionen zu kommen, müssen sie darüber hinaus lernen, mit Macht umzugehen. Dafür fehlt es aber in vielen Fällen an Vorbildern. Vorbilder gibt es, wie zum Beispiel Fränzi Kühne[20]. Wie können Karrieren bis in den Vorstand und Aufsichtsrat

---

[18] Ibarra, H. (2003).

[19] Marte, A., Ermer, I. (2018).

[20] Kühne, F. (2021).

für Männer und Frauen aber so aussehen, dass keiner den Preis für den anderen zahlt? Die gute Neuigkeit der Pandemie ist: Da Väter nun mehr Zeit mit ihren Kindern verbringen, intensivierte sich die Vater-Kind-Beziehung merklich[21]. Dies sind die Erfolg versprechenden Aspekte gegen einen Geschlechterkampf und für ein solidarisches Miteinander.

Wie schätzen Sie die weitere Entwicklung auf den Arbeitsmärkten in Deutschland, Österreich und der Schweiz ein? Brauchen wir dafür überhaupt eine Frauenquote – mehr oder weniger davon? Die Entwicklung sehe ich so: Keine nachhaltige Veränderung ohne Frauenquote![22] Warum sonst sehen wir so wenig Veränderung in den Besetzungszahlen in unseren Wirtschaftsunternehmen, obwohl diverse Teams deutlich höhere Umsätze, Gewinne oder Marktanteile sichern? Die Macht im Unternehmen zu teilen ist gefährlich, sonst hätte diese Transformation schon längst stattgefunden. Wenn ich mir die Bandbreite in den Prognosen für die Wirtschaft anschaue: bei LEAN IN für USA dauert es bis 2050, also in 30 Jahren, bei der deutschen Albright Stiftung 100 Jahre, vorausgesetzt, das Tempo bleibt so, dass wir zu einer Genderquote von 50 % kommen.

Mit der verbindlichen Frauenquote haben wir, wie eine Chirurgin im OP, ein scharfes Messer zur Hand, um erfolgreiche Operationen durchzuführen. Sie würde doch auch nicht zu einem Tupfer greifen oder gar nur mit dem Patienten sprechen, wenn radikale Veränderungen anstehen. Wenn sich die Zusammensetzungen ändern, habe ich sofort diverse Argumente und Blickwinkel „am Tisch". An der Stelle möchte ich aber noch einmal darauf hinweisen, dass dies nur der allererste Schritt einer intensiven Transformation zu inklusiven Organisationen ist. Denn erst dann verändern sich Entscheidungsprozesse, die Macht wird schrittweise immer mehr geteilt und gemeinsam ko-kreativ und inklusiv geführt.

---

[21] Marte, A. V., Trattner, M. (2021).

[22] Marte, A. V., Dams, L. (2021).

Blick auf die neue Generation: Blickwinkel verstehen

6

6.1 Ergebnisse einer Studie in der Generation Y, Z und Alpha

Vielleicht ist es Ihnen beim Lesen meines Vorwortes zur letzten Auflage aufgefallen, dass ich Ihnen in diesem Buch die Antwort auf eine Frage schuldig bleiben musste: Wo bleiben die Frauen, wenn es darum geht, Führungs- und Spitzenpositionen in der deutschen Wirtschaft zu bekleiden?

Mit einem Blick auf aktuelle Statistiken oder persönliche Eindrücke möchte ich die Situation folgendermaßen beschreiben:

- Auch zehn Jahre nach dem Erscheinen dieses Buches gelingt es Männern noch immer häufiger als Frauen, ihre Karriereziele umzusetzen. Selbst nach der Einführung der Frauenquote 2015 in Deutschland sind die Vorstandspositionen der DAX-Unternehmen noch immer überproportional häufig in männlicher Hand. Die gute Nachricht: Die Verteilung der Aufsichtsratspositionen hat im Herbst 2016 – wie das Gesetz vorschreibt – circa ein Drittel weibliche Mitglieder erreicht. In 2022 liegt der Frauenanteil bei rund 35 %, was einem Zuwachs von rund 13 % entspricht. Im März 2022 gab es in Deutschland in allen Bundesländern im Durchschnitt rund 24 % weibliche Führungskräfte.[1]
- In meinen Beratungsmandaten begegnen mir gefühlt bei operativen wie strategischen Fragestellungen unverändert selten weibliche Führungskräfte oder Entscheidungsträgerinnen.

---

[1] https://www.bmfsfj.de/quote/daten.html und https://de.statista.com/statistik/daten/studie/182457/umfrage/frauenanteil-in-fuehrungspositionen-nach-bundeslaendern, Abruf am 20.08.2022.

S. Müller, *Frauen als Führungskraft*, https://doi.org/10.1007/978-3-658-40047-7_6

Soweit zum Status quo. Bei meinen Recherchen interessierte es mich deshalb besonders, welche Entwicklung sich für die nächste Zukunft abzeichnet: Welche Motivation kann man weiblichen Talenten und Führungskräften attestieren, wenn es darum geht, berufliche Ambitionen umzusetzen? Wie sieht es aus mit den Chancen im Berufsalltag, die man Frauen jenseits der deutschen Aufsichtsräte einräumt?

In den lebhaften Diskussionen mit meinen Studierenden gewann ich die Einsicht, dass die Generationen Z und Alpha (Geburtsjahrgänge ab 1990) – im Vergleich mit mir – möglicherweise einen veränderten Standpunkt zum Thema vertraten. Dieser Eindruck entstand bereits in 2016, hier noch mit den Studierendengenerationen Y und Z (Geburtenjahrgänge ab 1980) und blieb bis 2022 bisher unverändert. Oft genug erhielt ich in den Vorlesungen von männlichen wie weiblichen Studierenden im Alter von circa 18 bis 35 Jahren das spontane Feedback, dass meine „Geschlechterbrille" in Bezug auf die Karrierechancen zur aktuellen Lage in den Unternehmen nicht mehr angemessen sei. Frauen hätten mittlerweile alle Chancen. Sie müssten diese „nur" ergreifen und sich durchsetzen – lautete eine gängige Argumentation.

Das war ein Feedback, das ich mir im ersten Schritt gefallen ließ: Wir lehren nach einem semivirtuellen Studienkonzept, bei dem die meisten Studierenden berufstätig sind und bereits umfassende Erfahrungen mit Führungskräften vorzuweisen haben. Zudem bilden wir als Hochschule für angewandtes Management unsere Studierende dafür aus, später eine Führungsaufgabe zu übernehmen. Es liegt zu diesem Punkt demnach eine „Betroffenheit" der Studierenden vor, die aus meiner Sicht kompetente Antworten sicherte.

Auf meine Rückfrage, warum noch immer merklich weniger weibliche Führungskräfte in den Unternehmen aller Branchen anzutreffen sind, fanden wir trotzdem erst einmal keine zufriedenstellenden Antworten. Weder bei meinen vergangenen Vorlesungen noch in 2022. Dieser Status quo wurde allerdings auch noch immer von den Studierenden bemängelt. Das Argument der „gläsernen Decke", also das Phänomen, dass Frauen kaum in Unternehmen Top-Positionen erreichen, sondern spätestens im mittleren Management „hängen bleiben", wurde in diesem Zusammenhang natürlich gemeinsam reflektiert.

Zudem zeigte sich mir in den Diskussionen, dass traditionelle weibliche und männliche Rollenbilder auch im Alter meiner Studierenden noch immer eine Rolle spielen, wenn es um die genderspezifische Einschätzung von Aspekten wie Durchsetzungsvermögen von Frauen im Beruf oder den erfolgreichen Umgang mit Leistungsdruck im Arbeitsumfeld ging. Auch die Vereinbarkeit von Beruf und Familie war ein wichtiger Punkt für die Studierenden, wenn wir über weibliche Karrierechancen sprachen.

Dieser Gegensatz lässt mir bis heute keine Ruhe. Inspiriert durch die Gespräche (mit durchaus leidenschaftlich geführten Debatten), entschloss ich mich im Winter 2016, eine schriftliche Befragung durchzuführen und diese in 2022 zu wiederholen. Der Einfluss der oben skizzierten Gedankenkonstrukte sowie der Gruppendynamik auf das Antwortverhalten der Studierenden ist in diesem Rahmen nicht konkret einschätzbar.

Die gewonnenen Ideen möchte ich jedoch einbeziehen und als Hintergrundinformationen nutzen, um die Interpretation der Ergebnisse zu bereichern.

Mich interessierte es, die Einschätzungen der Studierenden systematisch zu erfassen und auszuwerten. Ziel war es, noch besser zu verstehen, welche Erwartungen von jungen Frauen wie Männern an

- Frauen als Führungskräfte
- und ein ansprechendes, karriereförderliches Arbeitsumfeld

gestellt werden.

Als Befragungsgruppen wählte ich Studierende der Fächer Leadership, Teamentwicklung und Kommunikation.[2] Der Fragebogen ist mit sechs Items bewusst kurz, um die freiwillige Bearbeitung unkompliziert zu halten. Die Befragung erfolgte natürlich anonym. Es war mir wichtig, dass möglichst viele der ausgewählten Studierenden sich beteiligten und die Fragen sorgfältig antworteten. Der Fragebogen umfasste sowohl geschlossene Fragen mit vorgegebenen Antworten zum Ankreuzen als auch offene Fragen mit der Möglichkeit, Wortbeiträge einzutragen. Es war mir wichtig, den Studierenden – neben dem Auswählen standardisierter Antworten – den Raum zu geben, eigene Gedanken und Formulierungen bei den Antworten einzubringen. Zudem plante ich, die Eindrücke aus den vorangegangenen Diskussionen mit den gleichen Studiengruppen mit dem Befragungsergebnis zu spiegeln. In 2022 nutzte ich für die Vergleichbarkeit den gleichen Fragebogen, ergänzt um einen Bezug zur Corona-Pandemie. Ich habe diese Ergebnisse gesammelt:

Gleichberechtigte Karrierechancen in Deutschland sind nicht gegeben
Deutlich mehr als die Hälfte der Befragten sind der Auffassung, dass Männer und Frauen nicht über gleichberechtigte Karrierechancen in Deutschland verfügen. In 2016 antworteten 60 % der Studierenden mit „eher nicht".

Nur 24 % sehen das anders: Sie vertraten die Meinung, Männer und Frauen hätten tendenziell dieselben Karrierechancen in Deutschland. Nur 9,7 % waren der Meinung, dies „trifft voll zu". Diese Werte bestätigen meine Vorgespräche mit der Befragungsgruppe und weisen auf Verbesserungspotenzial hin, was die Arbeitsbedingungen von Frauen als (zukünftige) Führungskraft angeht.

---

[2] Die Befragungsgruppe wurde nach dem Zufallsprinzip zusammengestellt und bestand in beiden Befragungsjahren aus vier Studiengruppen. In 2016 nahmen 123 Studierende im Alter von 18–34 Jahren aus Bachelor- und Masterstudiengängen teil, davon 72 Frauen und 51 Männer. Das widerspricht dem deutschen Trend, nach dem in betriebswirtschaftlichen Fächern die Anzahl der Männer überwiegt. In 2022 beteiligten sich 129 Studierende im Alter von 18–34 Jahren aus Bachelor- und Masterstudiengängen, davon 86 Frauen und 43 Männer. Bei beiden Befragungen waren die meisten Teilnehmer in der Alterskohorte von 18–22 Jahren. Die Befragung erhebt aufgrund der kleinen Stichprobe keinen Anspruch auf Repräsentativität, sondern ist als ergänzende Information bzw. Vorstudie gedacht.

Dies verhielt sich in 2022 nur leicht verändert: 54 % gaben an, es sei „eher nicht" von gleichberechtigten Karrierechancen zu sprechen. Dem stehen 12 % gegenüber, die in diesem Punkt Gleichberechtigung zwischen den Geschlechtern erkennen können. Der Trend in der Wahrnehmung des Punktes ist jedoch positiv einzuschätzen.

Frauenquote überzeugt immer mehr als wirkungsvolles Instrument
Auf die Frage „Glauben Sie, dass die Frauenquote einen positiven Schritt für die Gleich-behandlung von Frauen am Arbeitsplatz darstellt?" reagierte die Befragungsgruppe in 2016 ambivalent: 58,3 % lehnten die Frauenquote ab oder waren nicht bereit, sich fest-zulegen (7,3 % antworteten mit „überhaupt nicht", 12 % mit „weder noch" und 16 % mit „eher nicht").

Nur 41,7 % der Befragten standen der Frauenquote positiv gegenüber: Davon antworteten 39 % mit „trifft eher zu" und nur bescheidene 2,7 % mit „trifft voll zu". Das numerische Ergebnis verändert sich natürlich, je nachdem, welchem Antwortmuster man die 12 % der (noch) unentschiedenen Befragten zuordnet. Die Kritiker der Frauenquote sind in dieser Befragung allerdings in jedem Fall stärker vertreten (46,3 % Kritiker zu 41,7 % Befürworter).

In 2022 ist das Bild weniger ambivalent: 34 % der Studierenden sehen die Frauen-quote kritisch, wobei 27,2 % sie „eher weniger hilfreich" finden und sie nur 6,8 % komplett ablehnen. Rund 16 % der Befragten legen sich nicht fest und antworten mit „weder noch".

50 % sehen die Frauenquote als Beitrag für mehr Gleichberechtigung. 36,3 % votiert mit „trifft eher zu", rund 13,7 % mit „trifft eher zu".

Die Akzeptanz „der Quote" hat sich demnach im Vergleich meiner beiden Befragungsgruppen um rund 8 % verbessert.

Immer mehr Motivation ist vorhanden, Führungsaufgaben zu übernehmen
Mehr als drei Viertel der Studierenden in der Befragungsgruppe von 2016 haben angegeben, dass sie als Führungskraft arbeiten möchten: 75,6 % stehen der Frage positiv gegenüber. Dieser Wert setzte sich wie folgt zusammen:

43,9 % werteten mit „trifft eher zu". Diese vorsichtige Äußerung erklärt sich damit, dass Studierende in Gesprächen häufig auf die schlecht einschätzbaren Lebens- oder Arbeitsumstände der Zukunft verweisen, die eine eindeutige Antwort erschweren. Die Motivation, eine Führungsaufgabe zu übernehmen, sei gegeben. 31,7 % waren sich bei ihrer Entscheidung bereits sicher und sie antworteten mit „triff voll zu".

In 2022 antworten sogar 89,3 % der Befragten positiv, wenn es darum geht, ein-mal eine Führungsposition anzustreben. 8,5 % antworten mit „Nein" und 2,2 % legen sich nicht fest. Bei diesem Punkt besteht die größte Abweichung zwischen den beiden Befragungsjahrgängen.

Ideales Rüstzeug einer erfolgreichen Führungskraft
Bei der Einschätzung, welche Qualifikationen/Kompetenzen aus der Sicht der Befragten grundsätzlich hilfreich für eine Karriere als Führungskraft sind, nannten die Studierenden die unten stehenden Begriffe. Ich habe sie in Themencluster sortiert und nach ihrer Häufigkeit aufgelistet:

Antworten 2022

1. Organisationstalent/Struktur im Arbeiten
2. Kommunikationsfähigkeit
3. Durchsetzungsvermögen/Überzeugungskraft im beruflichen Alltag
4. Soziale Kompetenzen wie Teamfähigkeit, Verständnis/Empathie, Fairness
5. Gute Ausbildung/Studium, Fachwissen
6. Kompetenzen der Selbstführung (z. B. Motivation, Delegation)

Antworten 2016

1. Durchsetzungsvermögen/Überzeugungskraft im beruflichen Alltag
2. Selbstbewusstsein/sicheres Auftreten
3. Kommunikationsfähigkeit
4. Gute Ausbildung/Studium, Know-how und Berufserfahrung
5. Soziale Kompetenzen wie Teamfähigkeit oder Empathie
6. Kompetenzen der Selbstführung (z. B. Disziplin oder Fleiß)

Zwischenfazit
Die Themencluster sind in 2022 und 2016 ähnlich, mit nur leichten Schattierungen. Die Gewichtung ist jedoch anders. Die Befragten in 2022 legen mehr Wert auf die Kompetenzen „Organisationstalent/Struktur" im Vergleich zu „Selbstbewusstsein", „Kommunikation" oder „Ausbildung" in 2016.

Herausforderungen für Männer und Frauen auf dem Weg nach oben
Auf die zwei Fragen „Welche Besonderheiten sehen Sie"

- „für Männer auf dem Weg in eine Führungsposition?"
- „für Frauen auf dem Weg in eine Führungsposition?"

reagierten die Befragten unterschiedlich. Das Antwortverhalten zeigte sowohl Übereinstimmung als auch Unterschiede, was die Herausforderungen der beiden Geschlechter am Arbeitsplatz angeht. Auch hier habe ich die Wortbeiträge in Themencluster sortiert und unten entsprechend ihrer Häufigkeit aufgelistet:

Männer stehen im Wettbewerb mit anderen Talenten

Männer müssen laut den Antworten der Befragten den folgenden Herausforderungen gerecht werden, wenn sie sich für die Rolle der Führungskraft überzeugend empfehlen möchten:

Antworten 2022

1. Keine besonderen Anforderungen bzw. keine Daten vorliegend
2. Umgang mit persönlichen Herausforderungen wie beispielsweise erfolgreiches Stressmanagement oder hoher Zeiteinsatz

Antworten 2016

1. Positionierung im Sinne von erfolgreicher Abgrenzung von Mitbewerbern für die Führungspositionen
2. Durchsetzungsvermögen im beruflichen Alltag
3. Keine besonderen Anforderungen
4. Umgang mit persönlichen Herausforderungen wie beispielsweise erfolgreiches Stressmanagement

Auffallend ist 2016 die Häufung der Antworten. Die Anforderungen „Fachkenntnisse" oder „Berufserfahrung" wurden nur flankierend genannt.

In 2022 enthalten mehr als zwei Drittel der Befragungsbögen *keine* Eintragungen zu dieser Frage, während bei dem Punkt der „gestellten Anforderungen an Frauen" sehr viele Antworten vorliegen. Die Antwortbereitschaft der Befragten war also grundsätzlich vorhanden.

Die Studierenden waren folglich mehrheitlich der Auffassung, dass keine besonderen Anforderungen gestellt werden bis auf die oben erwähnten im Bereich der Selbstführung. Mehrfach erwähnten die Befragten, dass „Männer unter Männern" schneller bzw. einfacher Akzeptanz fänden. Diese Aussagen kamen häufiger von weiblichen Befragten – jedoch nicht nur.

Frauen kämpfen im ersten Schritt um Akzeptanz sowie die Vereinbarkeit von Beruf und Familie

Bei der Frage zu den besonderen Herausforderungen für Frauen auf dem Weg in eine Führungsposition – und hier ist zu bedenken, dass die Befragung von männlichen und weiblichen Studierenden bearbeitet wurde – sind deutliche Unterschiede zu den Ergebnissen in Bezug auf männliche Karrieren zu erkennen. Auch hier werden sie nach ihrer Häufigkeit angeboten:

Antworten 2022

1. Akzeptiert werden vom beruflichen Umfeld, weil man Autorität/Stärke vermittelt bzw. noch immer gegen anhaltende Vorurteile kämpfen muss
2. Vereinbarkeit von Familie und Beruf
3. Know-how im Fachgebiet

Antworten 2016

1. Akzeptiert werden vom beruflichen Umfeld, weil man Autorität/Stärke vermittelt
2. Durchsetzungsvermögen im beruflichen Alltag
3. Vereinbarkeit von Familie und Beruf, die aus der Sicht der Arbeitgeber bezweifelt wird (Hier fällt auf: Aus der Sicht der Befragten scheint es weniger problematisch zu sein, die Doppelrolle erfolgreich auszufüllen.)
4. Know-how im Fachgebiet

Zwischenfazit
Besonders die Ergebnisse zur letzten Frage spiegelten meine Erfahrungen als Führungs-kraft, Expertin und Beraterin wider. Selbstverständlich ist die Befragungsgruppe zu klein, um wirklich repräsentative Daten sammeln zu können. Trotzdem lassen die Ergeb-nisse aus meiner Sicht die erste, vorsichtige Interpretation zu, dass die Kompetenzen von Frauen häufiger bezweifelt werden. Besonders interessant scheint mir zu sein: sowohl von den Frauen selbst als auch von den Männern.

Vergleicht man die Ergebnisse von 2022 mit 2016, zeigt sich sogar noch eine Zuspitzung der Ergebnisse, weil die Befragten noch weniger über fachliche Aspekte schrieben, sondern hauptsächlich über vermutete oder erfahrene Akzeptanzprobleme weiblicher Führungskräfte und die Herausforderung, Familie und Beruf zu vereinen. Die vermuteten Probleme liegen nach Meinung der Befragten also merklich auf dem Gebiet des „Systems".

Die Frage „Hat sich Ihre Meinung durch die Erfahrungen mit der Corona-Pandemie verändert?" stand im Fragebogen an zweiter Stelle und bezog sich auf die Einschätzung zu den gleichberechtigten Karrierechancen in Deutschland. Nur 9 % der Befragten gaben an, eine Meinungsveränderung durchlaufen zu haben. Der Rest meldete zurück, keinen Meinungswechsel durchlaufen zu haben („trifft überhaupt nicht zu" bis „weder noch").

Lesen Sie im nächsten Abschnitt mehr dazu, wie ich – als Angebot an Sie – die Befragungsergebnisse in meinen Erfahrungshintergrund einordne. Ich möchte Sie aus-drücklich dazu ermutigen, auch eigene Interpretationen anzustellen. Ich freue mich über Ihr Feedback.

6.2   Interpretation

Die Befragungsgruppen – das zeigen die erhobenen Daten in 2016 und 2022 – erwarten sich von der Frauenquote keinen schnellen, merklichen Beitrag zur Unterstützung weiblicher Führungskarrieren. Es besteht aus der Sicht der Studierenden ein Ungleichgewicht zwischen Männern und Frauen, was die Karrierechancen angeht. Da rund 79 % bzw. 90 % der Befragten motiviert sind, im Laufe des Berufslebens eine Führungsaufgabe zu übernehmen, besteht hier aus meiner Sicht weiterhin Handlungsbedarf.

Frauen sind also heute noch immer gut beraten, die eigenen Stärken zu kennen und für die Gestaltung der eigenen beruflichen Erfolge zu nutzen.

Das wichtigste Ergebnis ist aus meiner Sicht: Die Nachwuchskräfte stellten 2016 und 2022 das gelungene Selbstmarketing in den Mittelpunkt, um Führungskraft zu werden. Die Erwartungen in Bezug auf den sicheren Auftritt, Durchsetzungskraft und überzeugende Kommunikation sind – so die erhobenen Daten – entscheidend, um sich in der Chefetage durchzusetzen. Fachkenntnisse und weitere Kompetenzen wie Entscheidungsfähigkeit, Organisationstalent oder Motivation/Fleiß werden ebenfalls genannt, jedoch stehen sie nicht im Mittelpunkt. Anforderungen an den Arbeitgeber wie z. B. „Fairness bei Beförderungen" werden nicht genannt.

Männliche Nachwuchsführungskräfte unterliegen – nach den Rückmeldungen der Befragten in 2016 – hohen Anforderungen, um sich für eine Führungsaufgabe zu qualifizieren. Die dafür nötigen Kompetenzen sind jedoch nicht extrem. Es handelt sich dabei um die erfolgreiche Positionierung im Vergleich zu anderen internen oder externen Bewerbern. Aus der Sicht der Befragungsgruppe liegen sie im Rahmen des erwartbaren Anforderungsprofils eines anspruchsvollen Arbeitsplatzes.

In 2022 werden zu diesem Punkt wenig Rückmeldungen angeboten. In dem kleinen Datensatz überwiegen Hinweise auf persönliche Kompetenzen wie erfolgreiche Selbststeuerung, Stressmanagement etc.

Wenn es darum geht, die gestellten Anforderungen an Frauen zu beurteilen, werden in 2016 wie auch in 2022 zusätzliche Begriffe genannt: Frauen stehen vor der Aufgabe, sich die Akzeptanz der Chefs und Kollegen zu erarbeiten. Offensichtlich genügt es aus der Sicht der Befragten nicht, fachliche Kompetenz vorzuweisen und sich mit professionellem Selbstmarketing zu präsentieren. Von Frauen wird explizit in den Wortbeiträgen noch mehr erwartet: Sie müssen Autorität und Stärke im beruflichen Umfeld zeigen, sich merklich durchsetzen gegen gedankliche oder tatsächliche Widerstände.

Dies erscheint nötig, damit ihre Fachkompetenz und das Potenzial, Managementaufgaben zu übernehmen, sichtbar werden und weibliche Führungskräfte Anerkennung im beruflichen Umfeld finden.

Zu diesem Punkt erscheint mir eine weitergehende Untersuchung dringend nötig. Erwartungsgemäß wird die Vereinbarkeit von Beruf und Familie als große Herausforderung empfunden.

Die zahlreichen Antworten zu diesem Punkt in 2016 und 2022 lassen vermuten, dass ein intensives Familienleben für die Befragten wichtig ist. Da sowohl 2016 als auch 2022 nur wenige Beiträge auf die Familienfreundlichkeit der Arbeitsaufgabe in Bezug auf männliche Führungskräfte verweisen, werte ich dies als Ausdruck eher klassischer Rollenerwartungen, die bei der Befragungsgruppe auffielen.

Im Widerspruch stehen dazu aktuelle Statistiken aus Deutschland. Es nutzen immer mehr Männer beispielsweise das Angebot, einen Erziehungsurlaub einzulegen. Die Zahl hat sich seit der Einführung des Programms verzehnfacht und liegt bei jetzt bei rund einem Viertel im Vergleich zu den Müttern. Der Erziehungsurlaub der Männer ist dabei nur 3,7 Monate lang im Vergleich zu 14,5 Monaten der Mütter.[3]

Meine Befragung ging nicht darauf ein, ob die Befragten die Akzeptstörungen bei Frauen im Beruf voraussetzen, weil

- sie Frauen als (zukünftige) Führungskräfte bisher so erlebt haben.
- sie als Frauen selbst entsprechendes Feedback am Arbeitsplatz erhalten.
- das Selbstbewusstsein der Frauen (unabhängig von den Gründen) grundsätzlich in der Befragungsgruppe schwach ausgeprägt ist oder aufgrund der eher kurzen Berufserfahrung noch schwach ist.
- traditionelle Rollenbilder das Antwortverhalten an dieser Stelle beeinflussen.

Um Antworten (auch) zu diesen Fragen zu finden, sind tiefer gehende und somit auch umfangreichere Studien erforderlich. Aus meiner Sicht liefern allerdings schon diese Antworten auf ausgewählte Arbeitsfragen einen wichtigen Beitrag für weitere Diskussionen und Beobachtungen rund um die Situation von Frauen als Führungskraft.

Ziel meiner Untersuchung war es, mit den Ergebnissen Ihr Bewusstsein zu schärfen und Ihnen zu ausgewählten Punkten einen spannenden Vergleich mit Ihrer konkreten Arbeitssituation zu ermöglichen.

Weiterführende Literatur

1. Basow S (1992) Gender: stereotypes and roles, 3. Aufl. Brooks-Cole, Pacific Grove
2. Bundesministeriums für Familie, Senioren, Frauen und Jugend (2022) Feste Quote, https://www.bmfsfj.de/quote/daten.html. Zugegriffen: 20. Okt. 2022.
3. Bundeszentrale für politische Bildung (2014) http://www.bpb.de/wissen/DQIU8W,,0,Kosten_der_Arbeitslosigkeit.html. Zugegriffen: 29. Dez. 2016.
4. Kirchhoff S, Kuhnt S, Lipp P, Schlawin S (2010) Der Fragebogen, Datenbasis, Konstruktion und Auswertung, 5. Aufl. VS Verlag, Wiesbaden
5. Müller S (2010) Familienfreundliche Personalpolitik. Tutzinger. Blätter 2010(November):22–25

---

[3] Statista.de (2022).

6. Ochsenfeld F (2012) Gläserne Decke oder goldener Käfig: scheitert der Aufstieg von Frauen in erste Managementpositionen an betrieblicher Diskriminierung oder an familiären Pflichten? Kölner Zeitschrift für Soziologie und Sozialpsychologie (KZfSS) 64(3):507–534

7. Statista (2022) Infografik: Mehr Männer nehmen Elternzeit – zumindest kurz | Statista. Zugegriffen: 20. Okt. 2022.

8. Statista (2022) Frauenanteil in Führungspositionen in Deutschland nach Bundesländern im Jahr 2022. https://de.statista.com/statistik/daten/studie/182457/umfrage/frauenanteil-in-fuehrungspositionen-nach-bundeslaendern. Zugegriffen: 20. Okt. 2022.

Fazit: Umfeld optimieren, bitte!

7

Die in Deutschland geführte Debatte rund um gendersensible Personalentwicklung weckt mehr Erwartungen, als in der Realität eingehalten werden.

Warum? Die drei Testimonials im Buch haben zu meiner großen Freude erfolgreich ihren Weg im Berufsleben gefunden. In meinen Management-Seminaren zu „Female Leadership" mit deutschen oder auch multinationalen weiblichen Führungskräften schildern die Teilnehmerinnen seit Jahren immer noch ähnliche Herausforderungen: Selbst, wenn weibliche Führungskräfte im unteren oder mittleren Management vertreten sind, gelingt ihnen nur selten der Sprung in die obere Hierarchieebene der Unternehmen. So fehlt es nicht nur an Rollenmodellen, sondern auch an der Teilhabe an den Entscheidungen im Unternehmen. Das sorgt für Gefühle von Verwirrung, Frustration und nicht selten folgen Selbstzweifel oder langfristig Symptome von Burn-out bei den Frauen.

Die in meinen Seminaren und Coachings nacherzählten Gespräche aus Personalrunden oder Diskussionen zur Geschäftsentwicklung sind zudem ein Echo eigener Erfahrungen. Auch nach einer umfassenden Studie aus 2021 sehen sich Frauen in ihrer fachlichen Expertise am Arbeitsplatz häufig nicht (immer) ernst genommen oder sind versteckten Mikroaggressionen ausgesetzt. Dies passiert an Stellen, an denen in den Unternehmen Fakten sprechen sollten. Die Sender der benachteiligenden Botschaften können dabei jedem Geschlecht angehören.[1]

---

[1] Es wurden 65.000 Mitarbeitende in 88 Unternehmen der USA befragt. Diese Ergebnisse sind vermutlich in Teilen auf Deutschland übertragbar. Bei meinen unsystematisch durchgeführten Feedbackgesprächen erkannten die Frauen zahlreiche der vorgelegten Statements oder statistischen Auswertungen als plausibel auch für ihren Arbeitsplatz in Deutschland an, McKinsey (2021). Zum nachweisbaren Einfluss von Covid-19 insbesondere auf Frauen im Erwerbsleben siehe Lean in.org (2020).

S. Müller, *Frauen als Führungskraft*, https://doi.org/10.1007/978-3-658-40047-7_7

Natürlich berichten nicht nur weibliche Mitarbeitende von solchen Erfahrungen. Sie berichten jedoch deutlich häufiger von Vorbehalten gegenüber der eigenen Arbeitsleistung als andere Anspruchsgruppen.

In meinem Buch plädiere ich immer wieder und immer noch dafür, an sich zu arbeiten: mit Blick auf Ihre Stärken. Ich möchte Sie darin bestätigen, dass Ihnen durch Ihren Einsatz unabhängig von der aktuellen beruflichen Lage spannende Karrieren in der mittelbaren und sogar unmittelbaren Zukunft gelingen können. Das ist meine persönliche Erfahrung und auch die meiner Klientinnen.

Auch wenn ich Ihnen zu ambitionierter Persönlichkeitsarbeit rate, möchte ich nicht unser Umfeld entlasten. Im Gegenteil: Wir sind uns vermutlich einig, dass jede Führungskraft (ließ: Mensch) – egal ob weiblich oder nicht – lebenslang Potenzial zur Weiterentwicklung in sich trägt. Gegen ein passives oder sogar zuweilen feindseliges berufliches Umfeld hilft jedoch keine noch so gezielte individuelle Kompetenzentwicklung. An dieser Stelle ist systematische und wirklich ernst gemeinte Organisationsentwicklung das Mittel der Wahl[2]. Für die Umsetzung mangelt es nicht an bereits fertig durchdachten Konzepten oder offenen Ideenskizzen zum Thema. Es krankt an den fehlenden ernst gemeinten Entscheidungen.

Die aus den USA auch nach Deutschland kommende Diskussion über „Inclusive Leadership" mag uns hierzu einen Schritt weiterbringen. Der Begriff ist facettenreich und ermutigt sowohl zum Einsatz von mehr Psychologie im Führungsalltag (anstatt einer Steuerung der Mitarbeitenden über rein zählbare Ergebnisse) als auch dabei, alle Anspruchsgruppen im Unternehmen unabhängig von Geschlecht, Alter, Gesundheitsstatus, kulturellem Hintergrund oder sexueller Orientierung etc. gleichberechtigt im Unternehmen einzubeziehen.

In dem Kontext werden den Unternehmen Investitionen in die Werte Diversity, Equality und Inclusion (DEI) vorgeschlagen. Damit sind konkrete Personalentwicklungs- und Führungssysteme gemeint, die messbare Verbesserungen bei der respektvollen Behandlung aller Anspruchsgruppen am Arbeitsplatz bringen sollen.

Ein Handlungsfeld ist beispielsweise eine Steigerung der Zahl der Beförderungen bei Personen(gruppen), die bisher weniger in der Unternehmensführung vertreten sind. Das Konzept geht dabei davon aus, dass fachlich und persönlich geeignete Mitarbeitende in den Unternehmen vorhanden sind.

Erreicht wird der Wandel durch umfassende Programme mit speziellen Fortbildungen zu fachlichen Aspekten wie auch Punkten der Persönlichkeitsentwicklung, deren Erfolg von der Firmenleitung anhand definierter Parameter überwacht wird. Als Konsequenz ergibt sich bei ernsthafter Durchführung ein Wandel der Unternehmenskulturen. Dies sieht das Modell als Beitrag am Geschäftserfolg für heute und morgen.

---

[2] Siehe Bates, L. (2022) zu Fix the system, not the women.

Es lässt sich schon nach kurzer Forschungszeit nachweisen, dass ein inklusives Führungsverständnis besser geeignet ist, die Herausforderungen beispielsweise bei der Mitarbeitermotivation in der Phase des Fachkräftemangels und wirtschaftlicher oder gesellschaftspolitischer Disruption positiv zu beeinflussen.[3]

Literatur

McKinsey (2021) Woman in the workplace. https://www.mckinsey.com/featured-insights/diversity-and-inclusion/women-in-the-workplace. Zugegriffen: 31. Okt. 2022

---

[3] Siehe hierzu beispielsweise McKinsey (2021). Übersetzt aus dem Englischen: Diversität, Gleichheit und Inklusion.

Schluss: Selbst ist die Frau

Führungsaufgaben sind eine kontinuierliche Herausforderung: Immer wieder und immer wieder anders. Wenn Sie mich fragen: Es lohnt sich, diesen Karriereschritt anzustreben und auszuführen. Es ist allerdings alles andere als trivial, seinen persönlichen Weg zu finden.

Wachsende Berufs- und Lebenserfahrung sind hilfreich, um sich auf die Rolle der Führungskraft vorzubereiten. Das allein ist jedoch noch nicht ausreichend. Den Interessierten steht ein breites Spektrum internationaler Leadership-Literatur zur Verfügung: von wissenschaftlichen Reflexionen bis zu Praxisberichten. Nicht zu vergessen das Angebot an Seminaren und virtuellen Lernangeboten. Viel Aufmerksamkeit schenken die Rezipienten meist diesen Punkten:

- Wie qualifiziert man sich für die Rolle der Führungskraft?
- Was sind die Attribute und Methoden einer exzellenten Führungskraft?

In diesem Buch galt mein Interesse der Frage, wie sich **Frauen** für Führungsaufgaben ins Gespräch bringen und sie im beruflichen Alltag erfolgreich umsetzen können. Mein Buch plädiert dafür, sich gedanklich von einem mehr oder weniger hilfreichen Umfeld zu emanzipieren. Im Zentrum der Betrachtung steht für mich nicht, ob ein beruflicher Kontext fair, selbst- oder fremdverschuldet ist.

Mein Anliegen ist es, mit Ihnen daran zu arbeiten, wie Sie Ihre Aufgaben im Berufsalltag zu Ihrer Zufriedenheit in den Griff bekommen. Wenden Sie sich der Lösung konkreter Aufgaben und Karriereoptionen zu. Nichts empfiehlt Sie wirkungsvoller für eine Führungslaufbahn als überzeugende Arbeitsergebnisse, weil Ihre Erfahrung nicht dauerhaft ausgeblendet werden kann. Dabei geht es nicht darum, mehr zu arbeiten als bisher. Wenn möglich: arbeiten Sie „smarter".

S. Müller, *Frauen als Führungskraft,* https://doi.org/10.1007/978-3-658-40047-7_8

Mein Buch unterstützt Sie genau an dieser Stelle. Es liefert lebensnah erzählte Berufssituationen und pragmatische Lösungsansätze. Die Berufsszenen eröffnen Ihnen einen Blick auf Lernfelder, die Sie ganz oder teilweise auf Ihre Kompetenzentwicklung übertragen können. Genauso wichtig für Ihre Karriere ist es, Ihre Erfolgsgeschichten für Ihre Ziele zu nutzen: mit einem Selbstmarketing, das zu Ihnen passt und das Ihr persönliches Netzwerk unmissverständlich über Ihre Vorzüge informiert, ohne unsympathisch zu wirken.

Sicher haben Sie bemerkt, dass gezielte Kommunikation im Mittelpunkt meiner Lösungsstrategien steht. Mein Appell: Bitte schenken Sie der Kommunikation mit allen Ihren beruflichen Partnern die angemessene Aufmerksamkeit. Keine Sorge, damit meine ich nicht ausschweifende Gespräche. Ich finde es wichtig, dass Sie Ihr Kommunikationsverhalten einschätzen und die Kommunikationssituationen im Berufsalltag zutreffend – mit Blick auf Ihre Ziele – bewerten und steuern lernen.

Die tägliche Umsetzung soll sich an der Devise „so intensiv wie nötig, aber so kurz wie möglich" orientieren. Natürlich ist mir bewusst, dass zielgerichtete Kommunikation kein Patentrezept ist. Sensible Kommunikation eröffnet Ihnen jedoch mehr Aktions- und Reaktionsmöglichkeiten. Das ist eine Bereicherung gerade in Momenten der Wut, Ratlosigkeit oder Verunsicherung.

Es lohnt sich deshalb, einen Blick auf eine Auswahl der klassischen Kommunikationsanlässe (angehender) Führungskräfte zu werfen:

- Sie möchten Ihre Stärken vorstellen und für den eigenen Geschmack und den Ihrer Geschäftspartner überzeugend und sympathisch ausdrücken.
- Sie führen Kundengespräche oder sind im Dialog mit anderen Geschäftspartnern. Hier möchten Sie Ihre persönlichen und beruflichen Ziele formulieren. Auch Methoden und Abläufe möchten Sie zutreffend beschreiben.
- Sie nehmen sich vor, Geschäftsziele und Managementherausforderungen in passende Worte zu fassen, um in Strategiegesprächen Gehör zu finden und/oder Zielvereinbarungen mit Ihren Mitarbeitern zu vereinbaren.
- Es ist Ihnen wichtig, einladend um Feedback bitten zu können.
- Ihre Mitarbeiter oder Peers benötigen Feedback von Ihnen zu Aufgabenerledigung oder Verhalten.
- Sie knüpfen Kontakte, um Ihr persönliches Netzwerk zu pflegen und/oder Koalitionen zu schmieden.
- Schriftlich wie mündlich möchten Sie Ihre Rolle im Unternehmen angemessen vertreten können.

Diese Anforderungen enden nicht beim Umgang mit anderen Personen. Auch der konstruktive Dialog mit Ihnen selbst über Ihre Erwartungen an sich ist wichtig: in erfolgreichen und in weniger glücklichen Momenten. Dies alles zu bewältigen, ist im Tagesgeschäft eine große Aufgabe.

Sie möchten dieses Spannungsfeld im hektischen Alltag meistern? Dann ist es für Sie von Vorteil, Ihre weniger hilfreichen Verhaltensweisen zu kennen, um wiederkehrende Problemstellungen immer öfter zu vermeiden oder zufriedenstellend zu lösen. Dabei rate ich Ihnen, sich nicht einseitig auf Ihre Schwächen zu konzentrieren. Arbeiten Sie motiviert an Ihren Bewältigungsstrategien. Es ist wirkungsvoller, Ihre Stärken präzise zu identifizieren, um sie bewusst für Ihren Berufsweg zu nutzen.

Mein Vorschlag für jeden Tag: Erstellen Sie einen Kommunikationsplan, der Ihnen dabei hilft, ins Gespräch zu kommen und in positivem Kontakt zu bleiben. Verschaffen Sie sich mit den Reflexionseinheiten im Buch einen Überblick, welche Kommunikationsaufgaben mit Ihren Führungskräften und Kollegen, Kunden oder Geschäftspartnern sowie Ihren Mitarbeitern zu Ihrem Arbeitsalltag gehören oder ab jetzt gehören sollten. Der Kommunikationsplan unterstützt Sie dabei, sich selbst kontinuierlich anzuleiten. Sie vergessen im turbulenten Alltag niemanden und senden präzise nützliche Botschaften. So können sie festlegen, was Sie sich vornehmen, und einfach analysieren, wie zufrieden Sie mit Ihren Ergebnissen sind.

Es soll nicht darum gehen, in jeder Situation perfekt zu sein. Ich möchte Sie dazu ermutigen, Lernfelder realistisch zu benennen, um sie beherzt anzupacken. Dieses Buch liefert Ihnen dafür sowohl Analysewerkzeuge als auch übertragbare Lösungsmuster. So verfügen Sie über einen Werkzeugkasten, um sowohl bereits klar umrissene Herausforderungen zu bewältigen als auch blinde Flecken in der Selbstwahrnehmung zu erkennen und zu reflektieren.

Auf diesem Weg wünsche ich Ihnen alles Gute. Ich freue mich auf Ihre Erfolgsgeschichten oder Anregungen unter mueller@simplyahead.com.

München im Oktober 2022   Dr. Sandra Müller
                                                        Expertin für Kundenkommunikation
                                                                          und Führung

The manufacturer's authorised representative in the EU is Springer
Nature Customer Service Centre GmbH, Europaplatz 3, 69115 Heidelberg,
Germany. If you have any concerns regarding our products, please
contact ProductSafety@springernature.com

Printed and bound by CPI Group (UK) Ltd, Croydon, CR0 4YY
28/04/2026
02098513-0008